全球中文发展研究

JOURNAL OF GLOBAL CHINESE LANGUAGE DEVELOPMENT

第三辑 中文的本土与国际探索

《全球中文发展研究》编委会 编

华东师范大学国际汉语文化学院
匈牙利罗兰大学
丹麦奥胡斯大学全球研究与中国研究学系
联合主办

国家语委研究型基地"华东师范大学全球中文发展研究中心"
资助

华东师范大学出版社
·上海·

图书在版编目（CIP）数据

全球中文发展研究.第三辑,中文的本土与国际探索/《全球中文发展研究》编委会编. -- 上海：华东师范大学出版社,2024. -- ISBN 978-7-5760-5676-1

Ⅰ.H195.3

中国国家版本馆CIP数据核字第20257HK346号

中文的本土与国际探索（全球中文发展研究 第三辑）

《全球中文发展研究》编委会 编
策划编辑 王 焰
责任编辑 孙 莺 朱华华
特约审读 汤丹磊
责任校对 刘伟敏
装帧设计 卢晓红

出版发行 华东师范大学出版社
社　　址 上海市中山北路3663号 邮编 200062
网　　址 www.ecnupress.com.cn
电　　话 021-60821666 行政传真 021-62572105
客服电话 021-62865537 门市（邮购）电话 021-62869887
地　　址 上海市中山北路3663号华东师范大学校内先锋路口
网　　店 http://hdsdcbs.tmall.com

印刷者 上海锦佳印刷有限公司
开　　本 787毫米×1092毫米 1/16
印　　张 18
字　　数 277千字
版　　次 2024年12月第1版
印　　次 2024年12月第1次
书　　号 ISBN 978-7-5760-5676-1
定　　价 68.00元

出版人 王 焰

（如发现本版图书有印订质量问题，请寄回本社客服中心调换或电话021-62865537联系）

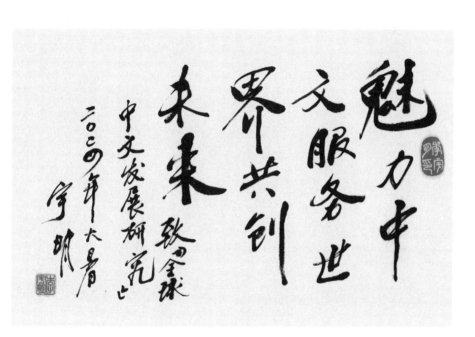

李宇明教授题辞

《全球中文发展研究》编委会

主　　　编：潘文国

联 合 主 编：[匈牙利] 郝清新（Hamar Imre）

副　　主　编：叶军、丁安琪

本期执行主编：丁安琪

编委会成员（国籍·工作单位）（按音序排列）

　　　　　白乐桑（Joël Bellassen）（法国·巴黎东方语言文化学院，Institut National des Langues et Civilisations Orientales）

　　　　　储诚志（美国·加州大学戴维斯分校，University of California, Davis）

　　　　　古川裕（Yutaka FURUKAWA）（日本·大阪大学）

　　　　　顾有信（Joachim Kurtz）（德国·海德堡大学，Ruprecht-Karls-Universität Heidelberg）

　　　　　郭　熙（中国·暨南大学）

　　　　　洪历建（澳大利亚·莫纳什大学，Monash University）

　　　　　李　泉（中国·中国人民大学）

　　　　　李　嵬（英国·伦敦大学学院，University College London）

　　　　　李宇明（中国·北京语言大学）

李政涛（中国·华东师范大学）

刘　康（美国·杜克大学，Duke University）

陆俭明（中国·北京大学）

孟柱亿（韩国·韩国外国语大学，한국외국어대학교）

苏新春（中国·厦门大学）

王　峰（中国·华东师范大学）

王丹萍（新西兰·奥克兰大学，University of Auckland）

吴勇毅（中国·华东师范大学）

徐大明（加拿大·南京大学）

袁博平（英国·剑桥大学，University of Cambridge）

张涛甫（中国·复旦大学）

张西平（中国·北京外国语大学）

张新生（英国·伦敦里士满大学，Richmond American University London）

赵蓉晖（中国·上海外国语大学）

赵世举（中国·武汉大学）

朱　梅（Mette Thunoe）（丹麦·奥胡斯大学，Aarhus Universitet）

编辑部主任：俞玮奇

编　　　辑：张虹倩、刘弘、张媛春、易兰

目 录

卷首语

在研究中深入　在应用中发展　/潘文国　/3

中文发展研究

汉英语法系统中五种主要对立关系试析　/王菊泉　/15
汉语拼音字词的形义象似性与语言类型学障碍：兼论汉字在文化传承中的
　　核心地位　/侯广旭　/39
清中晚期诗人新名词意识的觉醒和在旧体诗中的实践　/周荐　/63
晚清至当代国际中文教育事业形象演变的定量分析
　　/徐艺玮　牟璇　饶高琦　/81

全球中文使用研究

港式中文的英文渊源　/石定栩　/ 111
中日语言学交流术语使用问题——基于日本国立国语研究所官网资料的
　研究　/刘海燕　/ 123

区域国别中文发展研究

东盟"中文＋跨境电商"人才需求分析与培养模式构建
　/刘振平　戴一绚　/ 147
哈萨克斯坦中资企业对"中文＋"人才素养需求的调查研究
　/[哈]何　丹　丁安琪　/ 167
5W理论视域下汉语及中国文化在泰国的传播研究述略　/肖　路　/ 185
西班牙中文教育标准化探究　/王小令　/ 199

汉学家专栏

主持人语　/梁　霞　/ 221
学中文　/[美]何谷理　/ 223
我是如何学中文的　/[美]莫大伟　/ 235

国家通用语言文字推广普及研究

西藏自治区国家通用语言文字推广普及问题的研究思路　／王宝红　／249

《全球中文发展研究》征稿启事　／268
《全球中文发展研究》杂志刊例　／271

卷首语

在研究中深入　在应用中发展

潘文国*

2024年12月24日是著名语言学家吕叔湘先生120周岁诞辰,本刊第三辑特地刊发吕先生高足王菊泉教授为这个特别日子专门撰写的文章,以表达对这位德高望重的前辈学者的敬意。

吕叔湘先生对中国语言学发展的贡献是全方位的,其中包括与本刊宗旨密切相关的国际中文教育与对比语言学两个学科。甚至可以说他就是当代中国这两个学科的先驱和开拓者。中国第一个对外中文教学的机构是1950年12月开设的"东欧交换生中国语文专修班",吕叔湘就是这个班的班主任。许多扬名世界的汉语教学家就出自这个班。1989年初我去英国剑桥大学,遇到了汉语研究专家保罗·克拉托奇维尔(Paul Kratochvil)先生,他告诉我说他是捷克裔,当年就是受吕先生亲炙的学生中的一个。就对比语言学而言,早在1942年出版的《中国文法要略》里,吕先生就已经提出了对比研究的思想:"文言里一句话,白话里怎么说;白话里一句话,文言里怎么说,又是一种比较。一句中国话,翻成英语怎么说;一句英语,中国话里如何表达,又是一种比较。只有比较才能看出各种语文表现法的共同之点和特殊之点。"①但真正开辟了中国对比研究新潮流的是1977年5月他在北京语言学院作的报告《通过对比研究语法》,这正是借助

---

* 潘文国,华东师范大学国际汉语文化学院教授,华东师范大学终身教授,博士生导师。中国英汉语比较研究会名誉会长。
① 吕叔湘:《中国文法要略》,北京:商务印书馆,1982年,"上卷初版例言(1942)"第1页。

了国际中文教学发展的东风。1978年,吕先生又率先在全国招收英汉对比方向的研究生,收了三名弟子,王菊泉教授就荣幸地成了这三名弟子中的一个。吕先生的对比研究有两个特色:一是强调求异,从求异中发现被比语言各自的特点;二是注重细节,常能见人所未见,发人所未发。这两个特色在王菊泉教授的研究中也能看到,譬如本刊所收的这一篇《汉英语法系统中五种主要对立关系试析》。从表面上来看,这篇文章是谈理论的,与吕先生的文章更喜欢分析语言事实不同,但在这两个方面却毫无二致。

该文的核心是谈对比研究的方法论,强调"系统中的对立"。这一思想,其实就是求异思想的另一种说法,甚至可以说,是"求异"的实际操作过程。所有的"范畴",在各自语言中都是系统中的一部分,受着系统的制约,因此在进行对比时,其范畴是不可能一一对应的。这是语言差异的根本原因。而把汉英语法系统中的多种对立关系细分为"对立的空缺,对立的假对应,内部对立的不对应,大对立与小对立,强对立与弱对立"五大类,则是重细精神的具体体现,其中一些例子非常有意思,如"几"在英语中没有对应词等,确是见人所未见。这篇文章很值得一读。

提到吕先生,我想起了1978年3月16日《人民日报》上,吕叔湘对当时的中小学语文教学有个批评:"十年上课总时数是9 160课时,语文是2 749课时,恰好是30%。十年的时间,2 700多课时用来学本国语文,却是大多数不过关,岂非咄咄怪事……这是一个不容忽视的严重问题。"①这可以说是"吕叔湘之问"。四十多年过去,国内的语文教学进步多少我不敢说,但反观我们的国际中文教学,是不是也存在过或存在着这种少、慢、差、费的现象呢?其原因与解决方案何在?欢迎大家就此发表高见。

本辑"中文发展研究"栏目除王菊泉的文章外,还收了另外三篇文章,分别从不同侧面探讨了中文发展问题。

侯广旭教授文章的标题比较长,《汉语拼音字词的形义象似性与语言类型学障碍:兼论汉字在文化传承中的核心地位》,这是真正谈中文的"发展"的,因为

---

① 吕叔湘:《当前语文教学中两个迫切问题》,《人民日报》1978年3月16日。

曾几何时,汉语的发展方向一直被认为就是拼音化,因为这是"全人类语言共同的发展方向"。1986年发布的《全国语言文字工作会议纪要》为汉语拼音化踩了刹车,2000年全国人大常委会通过的《中华人民共和国国家通用语言文字法》强调了《汉语拼音方案》作为"拼写和注音工具"的地位。在这个前提下,如何理解汉字与汉语拼音的关系?如何利用好汉语拼音这个工具?这就是中文发展的一个大问题。侯教授此文以汉英对比为依据,谈了三个观点:一是汉语拼音化的根本不足不是同音字词太多,而是失去了所有语言都有而汉字更突出的形义象似性;二是语言类型学和文字类型学的研究证明,拼音文字适合于形态语言而汉字适合于汉语;三是汉字的文化价值,放弃汉字将严重损害中华文化的完整性和传承性。侯教授关于所有语言都有形义象似性的观点比较新鲜,这使我想起了前辈学者江枫的学术观点。大家都知道江枫是一位杰出的翻译家,恐怕很少有人知道他同时还是一位有独立见解的语言文字专家。他的最重要学术主张便是与"拼音化是人类语言发展方向"针锋相对的"拼形表意"才是"世界文字发展的共同方向"。他认为拼音文字在形成之初确实是拼音以记录语言;但在其形成之后便会发展成直接以形表意而不必借助语音的视觉符号系统。越是历史悠久的成熟语言越是如此。例如英语创制新词已不是通过字母的排列组合,而是利用既有语言的丰富字形资源,进行表形构件的拼装组合。① 这个观点与侯教授在文中说的"不搞拼音取代汉字,英汉两种语言的音义与形义象似性是旗鼓相当的"如出一辙。

侯教授撰写此文的原因之一是有人希望扩大《中华人民共和国国家通用语言文字法》中规定的《汉语拼音方案》"用于汉字不便或不能使用的领域"的功能,将其扩展至"对少数民族和对外汉语教学"中,这就与本刊的宗旨有了直接的关联。事实上,在本刊发起的关于学习中文难/易的讨论中,几乎有一个共识,就是认为"汉语易,汉字难",因而学习中文难易的问题就变成了如何突破汉字教学的问题。有人主张既然汉字难学,那一开始就要强化汉字学习;有人主张既然汉字难学,不如从纯汉语拼音教起;还有人则认为既然汉字难,对有些学汉语的人来

---

① 参见江枫:《拼形表意:世界文字发展的共同方向》,《江枫论文学翻译及汉语汉字》,北京:华文出版社,2009年,第235—259页。

说可以根本不学汉字,只学拼音。我们打算就此再组织一场讨论,欢迎大家各抒己见。

周荐教授的《清中晚期诗人新名词意识的觉醒和在旧体诗中的实践》一文,则从词汇的角度,回溯了中文在历史上"发展"的一个断面:旧诗文的新名词使用。这些在今天看来平平淡淡的现象,在当时可谓惊心动魄。因为诗、文是旧时文人最顽固的阵地,这个阵地的被攻破,形象地再现了李鸿章感叹的"千年大变局"。中国历史上外来词语的猛增,有几个突出的阶段:两汉的通西域、南北朝至唐宋的佛经翻译、明清之际的传教士翻译、19世纪的洋务运动,20世纪初以后及新时期以后,更是狂飙突进般地输入。新名词、新概念,乃至新句式、新构词法的输入,极大改变了中文书面语的面貌,推动了汉语的现代化。这一历史是非常值得总结的,鉴古可以知今,对于展望中文今后的发展,会有一定的启示意义。当然这一工作必须非常细致地进行。赵元任先生说:"说有易,说无难。"证明一个新词确实是"新",而不是旧词新用甚至旧词旧用,需要精到的眼光。周荐教授是研究词汇学的专家,这篇文章给我们带来了许多新意。

这个问题还可以换一种方向去看:看中文如何进入外语。近现代来自西方的汉语外来词大量增加,是西学东渐的结果;而文化交流不是单向的,随着新时代中华文化的复兴和中国国际地位的飙升,中国的国际影响也越来越大,有人说现在正处在一个中学西传的时期,则中文词语的进入世界也是一个必然的过程。对中文词语进入世界的研究,特别是数量、地域、方式、影响等定量研究,是新时代中文发展研究的一个重要课题,期待能见到更多的成果问世。

徐艺玮等的《晚清至当代国际中文教育事业形象演变的定量分析》一文,以近代和现当代历时最久、影响最大的《申报》和《人民日报》为例,以语料库的方法,分析了国际中文教育自晚清以来的形象与发展变化。这篇文章的新意在于第一次把国际中文教育史的调查拓展到一个以前较少关注的时期,同时第一次运用语料库方法进行了定量研究,其对"关键词"特别是"共现词"的选择处理颇见匠心。相信这篇文章只是个起点,引起人们对这一时期国际中文教育史的兴趣,更广的范围(更多的中外文报纸)、更多的专题(特别是相关机构、学校、教材、个人著述等)的研究会持续涌现。

"全球中文使用研究"栏目刊登了两篇文章。一篇是石定栩教授的《港式中文的英文渊源》。香港由于其特殊的"两文三语"政策,世界使用人口最多的语言(中文及其方言变体)以及使用范围最广的语言(英语)在此碰撞,因而成为语言接触、语言交融、语言变化和语言发展研究的宝藏。石教授的文章梳理了这一政策的形成过程,特别是在港英当局统治时期的"强制翻译"造成的生硬中文,生动地阐释了中文在使用中发展的曲折历程。其实这种"生硬翻译"就像"格义"一样,在语言接触的特定时期是必然会有的现象。在佛经翻译中有过这种现象,在20世纪二三十年代的翻译中也有过这种现象。只是后来翻译比较成熟了,人们便淡忘了。香港的特殊情况使我们又一次注意到这一点,相信在今后中文走向世界的过程中也会有这种现象,值得我们随时进行总结,以推动中文健康地发展。

刘海燕教授的《中日语言学交流术语使用问题——基于日本国立国语研究所官网资料的研究》涉及了全球中文使用与发展的一个重要侧面,她称为"语言文化研究的东亚视角"或"基于汉字视角"。出于历史的原因,东亚一些国家在历史上都使用过汉字,形成了所谓"汉字文化圈",至今在语言中仍有着深厚的汉字积淀。日本尤其是典型。在明治维新"脱亚入欧"过程中,日本曾利用汉字,翻译创造了许多新词语,反过来影响到中国,对20世纪现代汉语的形成产生了重大作用。直到如今,日本在引进西方外来语时,仍同时采用片假名音译和汉字意译两种方式。而后者与汉语引进外来语主要靠意译,有时会产生同名异译的情况,特别是在两者都采用"硬译"手法的情况下,在中文包括汉字走向世界的过程中,是一个不容忽视的问题。刘教授以语言学术语为例,建议中日双方要加强交流,尽量达成一致。文章还附了一张两百多个术语的英、日语对照表以及她的中译建议,提供了一个讨论基础。这是很有意义的。

"区域国别中文发展研究"栏目收了4篇文章,分别涉及东盟、哈萨克斯坦、泰国、西班牙4个国家和地区。刘振平、戴一绚的《东盟"中文+跨境电商"人才需求分析与培养模式构建》涉及跨境电商这一新的领域的中文需求及人才培养,时代气息很浓。作者进行了细致的调查分析。我注意到针对两种对象的调查结果的矛盾:面向东盟中文学习者的调查结果是"88%的调查对象表示,如果有机会,愿意从事与中国有关的跨境电商工作";而面向跨境电商中资企业员工的访谈结果是"仅有53%的受访企业更倾向于选择交易目的国本土人才"。这说明中文的全球使用在扩大,而中文的国际推广与教学还有待跟上。这恐怕不仅是某个地区和某个领域的问题。

与上文调查对象的"跨境性"("学习者"主要在境外,"企业"主要在国内)不同,哈萨克斯坦博士生何丹等的文章《哈萨克斯坦中资企业对"中文＋"人才素养需求的调查研究》所作的调查对象和范围比较集中,"以哈萨克斯坦最知名的人才招聘网站 HEADHUNTER 的招聘信息为数据来源",以"中文"为检索关键词进行搜索。调查针对性强,分析细致,因而其结果也有一定的普遍意义。我最感兴趣的有两条。一条是英文在哈国中资企业人才素养要求中的权重。本来,依哈国的历史渊源及中资的特殊性质,重视中文、哈文以及俄语应是题中之义,没有英文什么事,但调查结果却显示英文的权重并不低。对经理岗人才,"若应聘者英语水平较高,中文则可作为加分项(49%)",本应作为主体的中文成了"加分项";对助理级人才,"最好会中文,不会,英语也可以(61%)"。隐然英文的要求还在中文之上。这告诉我们即使在传统非英美势力范围的地方,英文的准国际通用语地位还难以撼动,国际中文教育人才培养过程中,英语能力还不容忽视。另一条是调查显示,"与中文的口语及书面语表达能力相比,'中文＋'人才的口译能力(100%)和笔译能力(71%)才是中资企业关注的重点"。对翻译人才的渴求,使我想起了曾为开创我国对外汉语教学事业作出过重要贡献的吕必松先生多次说过的话,"对外汉语教学要办好三个专业,一个是面向中国学生的对外汉语教学专业,一个是面向留学生的汉语言专业,还有一个是汉外翻译专业"。但在他生前,大约只有华东师范大学是唯一一家实现了这一设想的学校。1985年华东师大开设对外汉语教学专业,1996年开设汉语言本科专业,2002年开设全国第一家以汉译英为主的翻译学本科专业。不过随着本科专业目录的调整,2006年华东师大的翻译学专业由对外汉语学院转至外国语学院,之后在国际中文教育这一条线上恐怕很难再开设翻译专业。但从这份调查报告反映的实际需求来看,恐怕在国际中文教育专业及汉语言专业内加强翻译课程的建设和教学是今后必须引起足够重视的。国内外都是如此。

肖路的《5W理论视域下汉语及中国文化在泰国的传播研究述略》一文依据传播学大师拉斯韦尔(Harold Lasswell)的5W理论,介绍了中文和中国文化在泰国的传播。从文中来看,泰国可能是中文在海外传播得最好的地方之一,前景更是让人看好。但欠缺的是,文中似乎没有谈到泰国中文教育中是否存在问题以及如何解决。我的感觉可能与所依据的理论有关。因为这个5W理论看起来有5个方面,其实只回答了一个方面,what,即研究对象的现状如何,对现状何以造成(why)及下一步如何发展(how)却没有回答。我倒觉得对泰国的中文发展,在总体持乐观态度的前提下不妨从深层次再挖掘一下,看还有什么不足,以做得更好。

从某种角度看,王小令的《西班牙中文教育标准化探究》与上文形成了互补。两个国家与中国的关系,地域上一近一远,文化历史上一亲一疏,甚至在语言类型上也处于两个极端,因而在中文的传播上前者较顺利而后者困难重重。这里刊登的两篇文章的研究方法也各不相同。如果说上一篇对现状性的"what"讲得比较多,则这一篇在探源性的"why"和对策上的"how"上下的功夫比较足。它以"推拉规律"解释了中文教育在西班牙得到快速发展的动力问题;又直面《欧洲语言共同参考框架》(简称《欧框》)与《国际中文教育中文水平等级标准》不兼容的事实,以解决国际中文教育在西班牙的发展问题。中欧标准的不兼容是很明显的。以词汇量为例,《欧框》乃至全世界几乎所有语言的教学都以词为计量单位,而中文的教学却兼采字词甚至以字为主要计量单位。以代词为例,中文"我、你、他、们、的"5个汉字,可以组成"我、你、他,我们、你们、他们,我的、你的、他的,我们的、你们的、他们的"12个词。对应于英语,则有"I, me; you; he, him; we, us; they, them; my, mine; your, yours; his; their; our, ours; theirs"18个词。西班牙语可能更多。仿照《欧框》,学生学了12个中文词,也许非常高兴,但实际上只学了5个汉字而已。中文词语的组成大多如此。因此与欧洲语言对应的汉语词如果有几千个,但实际学到的汉字却只有几百个。这就是文中说"以《欧框》为标准的中文教育体系内学生水平相对偏低"的原因。为解决这个"西班牙的中文教育的发展瓶颈期"问题,作者提出了"西班牙中文教育标准化"的命题,建议参照欧洲有些国家正在试行的《欧洲汉语能力基准》,建立"西班牙中文能力基准",培训教师,开发教材等。这些都是很有积极意义的,也为其他地方中文传播提供了思路。

　　本辑的"汉学家专栏"由美国华盛顿大学东亚系梁霞教授主持,邀请了何谷理(Robert E. Hegel)和莫大伟(David Moser)两位著名汉学家谈他们学习中文的经历和经验。两位学者我都闻名而未谋面,但文章写得亲切而又生动。我甚至预见,这两篇回忆录会是本辑文章中最受欢迎的,因为现身说法远比枯燥说教更有吸引力。

　　二人中,何谷理与我几乎同龄,经历也相似。他1961年从中学毕业,我只比他晚一年;他进入耶鲁大学读中文,我进入复旦大学读英文。只是他1965年离开研究生院后便得到去中文环境(中国台湾)工作和学习的机会,而我1967年毕业后20年才得到这种机会去英国。他启蒙老师王鹏麟的历史专业背景使他较早接触文言文并感受文言文之美,而我1978年回大学读研的专业就是古汉语。因而他在文中谈到的一些体会我特别感同身受,同时也能感受到半个多世纪来国际和国内语言观、中文观、中文教学观等变化。有的是前进了,有的却未必。许多问题值得再思。譬如他说他学中文第一年就学了1 000个汉字,可能现在很多地方认为是不可能的;譬如他说一个正确的发音极其重要,但在平常交际时又不必苛求(这使我想起刚进复旦时我们花了6个星期什么事都不做就是学正音,但之后从不就发音问题一直死缠烂打,以免影响学生进行口语交际的积极性);譬如他说学习中文一定要"四会",即使在现代能够电脑打字的条件下,如果要真正了解中国的传统和文化,仍然一定要能识繁体字,要能写中国书法;他能熟练利用《康熙字典》的214个部首,并认为这轻而易举(比我这古汉语专家还厉害);他说语言能力在于实践,他的口语能力在读研究生时是下降的,但到台湾两年后迅速变得流利(这与我的感受相同,我离开复旦后20年英语口语几乎已忘光了,但到英国后不久似乎一下子就捡了回来),因而在中文环境下写作和翻译也是他"学中文"的组成部分。他那一代学中文的美国人还遭受各种中文罗马化拼法的纠缠:耶鲁拼法、威妥玛拼法、法文拼法以及汉语拼音,这大概是我们所感受不到的。文中最后一段特别重要,他说尽管中文有口说有书写,有文有白,有俗有雅,但它们在形成中国文化时共同发挥着作用。认为研究当代中国与学习中国古代经典无关,这是短视的。这可说是这位老汉学家对今天国内外中文学习者的谆谆忠告。

莫大伟的学中文之路给我们提供了另一种,同时也是难以复制的模式。他自接触中文以来,这么多年里没有上过一天正式的中文课程,完全是自学成才,却成了相声专家,与加拿大的大山等共同登上了中国春晚的舞台,受到亿万中国观众的喜爱(他的文章的最后附有 1999 年他与大山等春晚演出的链接),同时担任了中国的大学副教授。尽管他把他的成功归结为"缘分",但实际上他的经验也提供了许多有益的启示。我认为最重要的有两条。一条是"immersion",即沉浸在目标语的环境中。他在学习过程中既主动利用,也不断为自己创造"沉浸"的环境,他的不少独特经历既有"贵人相助",其实也是他积极争取的结果。例如刚开始学中文就被派到北京大学参与翻译校对,原文与翻译稿竟成了他学习中文的"教材"。汉字难认,而他的汉字"教材"竟是几百页的汉字手写体!再比如北大的汪景寿教授把他引入了相声之门,让他结识了不少中国一流的相声演员,并拜在丁广泉门下成了大山的同门师弟,但得到这一机遇的前提是此前他在美国时已收集并学习了大量的相声录音带。另一条启示是他说每个人都有自己的语汇(vocabulary),他认为每一个个体都是独一无二的,都拥有独一无二的语汇,这个语汇反映他的兴趣、才能、追求,甚至成长史。对他来说,他的语汇就是中国幽默文学,尤其是相声。他认为一般的中文教材枯燥乏味,他是从对中国的游戏文学的喜爱走上学中文之路并最终获得成功的。事实确实如此,每个个体不一样,对中文的需求也不一样,在教学中以一种同样的刻板模式去要求,也许结果会适得其反。

他的独特的学中文之路也导致了他对学中文的独特看法。我们在本刊第二辑的卷首语中曾提到过莫大伟的名字,把他归入学中文"难"派的外国人中的代表,并提到他的名文《中文为什么这么难?》。这里莫大伟自己也提到了这篇曾在海外产生很大影响的文章。但同时他也提到,对于学中文的一般外国人来说特别难的汉字声调,对他这个有音乐天赋的人来说却一点都不难。这也是非常有趣的。学习汉字的声调甚至对中国方言地区的人来说也不容易,莫大伟的经验不知对他们会有什么启示。

本辑最后一个专栏是"国家通用语言文字推广普及研究"。我们把国内的语言文字发展也看作全球中文使用和发展的一个组成部分,希望相关的研究能够互相启发、互相促进、互相推动。本辑刊登的是王宝红的《西藏自治区国家通用语言文字推广普及问题的研究思路》一文。该文总结了实施双语教育政策以后西藏在推广国家通用语言文字、保护藏语言文化方面的成就。随着西藏经济社会、交通通信等领域的跨越式发展,西藏的国家通用语言文字教育也实现了跨越式发展。令人感到十分鼓舞。

中文发展研究

汉英语法系统中五种主要对立关系试析*

王菊泉**

提要：本文根据索绪尔（Ferdinand de Saussure）的系统中的对立思想讨论汉英语法系统中五种主要对立关系的对应情况。文章以汉英语法对比的实例为素材，从系统中的对立的视角对实例体现的多种对立关系进行梳理和分析，并把它们粗线条地分为五大类，即对立的空缺、对立的假对应、内部对立的不对应、大对立与小对立、强对立与弱对立。对五种对立关系在汉英语法系统中的对应情况的对比分析表明，汉英语法各自独立，自成系统，对应系统中的对立关系很难一一对应，有的此有彼无，有的此强彼弱，更多的是系统内部对立的种种不对应，彼此之间的对应情况错综复杂，呈犬牙交错状。

关键词：系统中的对立；汉英语法对比；对立关系的对应

---

* 谨以本文纪念恩师吕叔湘先生（1904—1998）120周年诞辰。本文初稿曾蒙陈平先生提出修改意见，笔者向他表示真诚感谢。文中如有疏误和问题，概由本人负责。
** 王菊泉，上海海事大学外国语学院教授，研究方向为英汉对比与翻译。

引　言

本文根据索绪尔（Ferdinand de Saussure）的语言系统中的对立理论讨论汉英语法系统中五种主要对立关系的对应情况。本文主体部分分为三个小节：第一小节概要介绍语言系统中的对立的概念；第二小节一般论述语言对比的系统意识和系统中的对立的分析方法；第三小节为本文重点，以部分汉英语法对比为实例，从系统中的对立的视角对实例体现的多种对立关系进行梳理和分类，并对各类对立关系在汉英语法系统中的对应情况展开讨论。

一、语言系统中的对立关系

1. 对立关系的要义

系统中的对立（opposition within the system）是索绪尔的核心观点之一。索绪尔认为，语言只是一个由纯粹价值（value）构成的系统。① 在这个系统中，各个要素相互依存，各个要素的价值完全取决于与之同现的其他要素之间的关系。要理解一个词语的价值，必须把它和与它构成对立关系的其他词语相比较。作为系统的一个成分，一个词语不仅被赋予了意义（signification），尤其是还被赋予了价值。而意义和价值是大不一样的。例如，法语中的"mouton"和英语中的"sheep"意义相同，都表示"羊"的意思，但这两个词在各自系统中的价值不同。尤其是用来指称端上餐桌的一道菜时，英语只能说"mouton"②，不能用"sheep"。价值产生于系统。当我们说价值与概念相当，意思就是所涉概念纯粹是起区别作用的。对所涉概念的界定并不取决于它们的正面内容，而是从负面的角度看

---

① F. Saussure, *Course in General Linguistics*, New York: Philosophical Library, 1916/1959, pp. 111-122.
② 法语"mouton"作"羊肉"解时在英语中多说"mutton[ˈmʌtn]"。

它们与系统中其他要素的关系,即所涉概念最确切的特征在于它们不是其他别的东西;换言之,要确切描述那些概念的本质特征,最精确的说法不是说它们是什么,而是说它们不是什么。索绪尔认为,上面的这些话不但适用于词汇成分,而且适用于所有的语言成分,包括语法成分。例如,法语的复数和梵语的复数尽管一般都表示复数意义,但它们的价值并不一样,因为梵语有三数而不是双数。在索绪尔看来,语言单位的价值就和象棋中的棋子一样,并非由其物质性(如声音的物理性质)来决定的,而是由系统的规则和语言单位互相之间的关系来决定的。棋子也好,语言单位也好,其价值全在于能够在系统中相互区别开来,相互产生对立。

无论是在语言单位的横向组合中,还是在它的纵向聚合中,都存在着对立关系。就横向组合而言,"一个要素在句段中只是因为它和前面的或后面的,或前后的所有要素相对立才取得它的价值"。① 我们不仅要考虑一个句段各部分之间的相互关系,而且要考虑整体和部分之间的关系。例如,法语"contre tous"(反对一切人)中,不仅"contre"(反对)和"tous"(一切人)相互对立,而且"contre tous"作为一个整体,一方面和"contre"对立,另一方面又和"tous"对立。②

聚合关系也是如此,要素间的对立也同样产生价值。如在"she sang"的组合中,我们可以根据需要选用"danced、laughs、is dancing、was singing、is laughing"等一系列以不同形式出现的动词替换"sang"。这些在纵向平面上以不同形式出现的动词在"价值"上各不相同,互相对立,构成了一个聚合体。与组合关系不同,聚合关系要经过联想、类推来实现。通过联想、类推而实现的聚合体就其本质而言是属于同一语言单位的一组成员,这些成员在其上一级单位的结构中可以占据某一相同的位置,如动词短语的一组成员可以在短语的上一级单位即小句中占据谓语的位置。同一形式类的一组成员因为在价值上各不相同,互相对立而形成聚合体,构成了语言中的某个系统,如动词系统、名词系统等。而聚合体还可以根据不同的标准划分出数量有限而相互对立的类别。例如,英语的动

---

① F. Saussure, *Course in General Linguistics*, New York: Philosophical Library, 1916/1959, p.123.
② Ibid., p.124.

词系统还可以根据不同的标准进一步区分为限定动词和非限定动词,及物动词和不及物动词,动态动词和静态动词,等等。

索绪尔关于语言系统中的对立的思想历来受到语言学界的高度重视。如许国璋认为,"用一句话归结,索绪尔语言学是研究对立关系的语言学"。① 又如陈平也有类似的观点,"如果说必须把索绪尔的结构主义理论思想凝练成一句话,那就是语言符号的价值,取决于它在语言系统中与其他成分的关系,主要是对立关系"。②

2. 对立关系与标记理论

标记理论(Markedness Theory)是 20 世纪 30 年代由布拉格学派的音位学家特鲁别茨柯依(Nikolay Trubetzkoy,1890—1938)首创的一种理论。按照传统标记理论,处于对立关系的两个语言单位,一个是有标记项(marked item),带有区别性特征,另一个是无标记项(unmarked item),不带区别性特征;无标记项比有标记项更基本、自然和常用。③ 如音位/b/和/p/互相对立,/b/有区别性的浊音特征,是有标记的,而/p/无此特征,是无标记的。又如,英语单复数形式中,复数形式-s 是有标记的(two/the/my, etc. books),单数形式是无标记的(a/the/my, etc. book)。标记理论还可以应用于语言分析的其他层面。如在词汇语义层面,对于"高/矮""长/短""深/浅"这一类成对的反义形容词,一般都把表示高值的一项定为无标记项,表达中性意义,把表示低值的一项定为有标记项,表达标记意义。如我们一般说"张三跟李四一样高",不说"张三跟李四一样矮",除非有意明确两人个子矮。再如在句法层面上,常式结构与偏离常式的变式结构形成对立,常式是无标记的,变式是有标记的。如在英语中,SVO 语序是无标

---

① 许国璋:《许国璋论语言》,北京:外语教学与研究出版社,1991 年,第 122 页。
② 陈平:《系统中的对立——谈现代语言学的理论基础》,《当代修辞学》2015 年第 2 期,第 1—11 页。
③ J. Lyons, *Introduction to Theoretical Linguistics*. Cambridge:Cambridge University Press, 1968, p.79.
J. C. Richards, J. Platt & H. Platt, *Longman Dictionary of Language Teaching and Applied Linguistics*, London:Longman, 1992, p.220.

记结构，OSV 是有标记结构（如"Beer，I like."）。标记理论还能应用于语用层面。如两人初次见面，互道一声"How do you do?"是约定俗成，因而是无标记的；如果另一方用沉默（或者其他任何形式）表示则是有标记的。①

　　随着研究的深入，研究者发现有标记和无标记的对立是个程度问题。如"数"的范畴，除了单数和复数，不少语言还有双数（dual）和三数（trial），有的语言还有少量数（paucal），表示"几个"。② 研究还发现，传统标记理论仅限于对单一范畴内标记现象的研究。实际上，一个范畴中标记性的确定往往依赖于与之关联的其他范畴。如按照传统标记理论，单数是无标记项，复数是有标记项。但是，跨语言研究发现，对于许多语言中的名词的子范畴来说，情况正好相反，单数是有标记项，复数反而是无标记项。以英语为例，个体名词和集合名词的单复数就互相关联，比较复杂，单凭传统的单一模式是难以概括的。例如，集合名词如 deer、moose、fish、trout、salmon 等用作复数更为常见（如 fish and birds、wild salmon），用作单数的情况（如 a deer、a fish、a salmon）反而少见得多。③

　　针对传统标记理论的局限性，语言类型学出于语言共性研究的需要，提出以"相对模式"和"关联模式"为主要特点的新标记模式。相对模式是指把传统的绝对的二分模式变为相对的多分模式。例如，按照相对模式，不同语言中数范畴的对立现象便可用"单数＞复数＞双数＞三数/少量数"这样的等级来表示。所谓关联模式，是指由一个范畴的标记模式变为两个或多个范畴相互关联的标记模式。例如，为了解决个体名词和集合名词在数的标记性问题上的矛盾，便可在数和名词这两个范畴之间建立一种关联：在名词这个范畴内，个体名词是无标记项，集合名词是有标记项；在个体名词范畴内，单数是无标记项，复数是有标记项，而在集合名词范畴内，情形则相反。④

　　从以上关于标记理论的简要介绍中可以看出，我们在把系统中的对立作为

---

① J. Lyons, *Introduction to Theoretical Linguistics*, Cambridge: Cambridge University Press, 1968, p.415.
② W. Croft, *Typology and Universals*, Beijing: Beijing Foreign Language Teaching and Research Press, 1990/2000, p.66.
③ Ibid., p.66, pp.144-145.
④ 沈家煊：《不对称和标记论》，南昌：江西教育出版社，1999年，第26页。

语言分析的一种基本方法时,有必要吸收标记理论的研究成果,以利于拓展研究的深度和广度。

二、语言对比的系统意识与系统中的对立的分析方法

1. 语言对比的系统意识

语言对比要有系统意识,中外语言学界对此都有共识。如法国著名历史语言学家梅耶(Antoine Meillet)指出,"语言里头每一项事实都是一个息息相关的整体的一部分。我们不应当把一件琐碎的事实和另一件琐碎的事实拿来比较,而应当把一个语言系统和另一个语言系统拿来比较"。① 不仅如此,由于语言是个复杂的巨系统,还可以分成语音、词汇和语法等子系统,每个子系统又可以根据不同的标准划分出不同的类别,因此,我们无论选择哪个层面的系统作为比较对象,都不能忘记"它本身可能属于一个更大的系统,而它内部的各个成员也应系统地分析"。②

就语法层面而言,所谓的语法的系统性指的是一种语言中语法形式项的各种关系和意义。诸如句法结构的单位及其层次关系;句法片断的结构关系,如并列关系、修饰关系和补足关系等;句子成分之间的结构关系;句子成分和词类的对应关系,等等。③ 语法对比中要重视系统性,指的也就是要重视不同语言的语法形式项的各种关系和意义。例如,汉语和英语中都有状语和补语的句法成分,分别体现不同的句法结构关系和意义。但在我们熟悉的传统语法分析体系中,汉语和英语中的状语和补语又都是研究者根据汉英句法结构各自的特点进行划分的结果,二者在句法概念和运作方式上既有不少的共性,也存在着不少重要的

---

① 梅耶:《历史语言学中的比较方法》,岑麒祥译,北京:世界图书出版公司,2008年,第13—14页。
② 朱磊、杨春雷、许余龙:《对比语言学十讲》,上海:上海外语教育出版社,2019年,第13页。
③ J. C. Catford, *A Linguistic Theory of Translation*, London: Oxford University Press, pp.35-36. 另参见吕叔湘:《汉语语法分析问题》,北京:商务印书馆,1979年。

差异。概括来说,汉语状语是谓词性成分的修饰成分,位于它的前面,如"快走",而补语是谓词性成分的补充说明成分,位于它的后面,一般表示前一个成分的结果、程度和趋向等①,如"钟走快了"。与汉语相比,英语的状语作为修饰成分既可以出现在谓词性成分之前(如"I very much like skiing."),也可以出现在它的后面("I like skiing very much."),前置还是后置由多种因素决定;英语补语(也称"补足语")(complement)指置于动词之后对句子结构起补足作用的一种成分,语义上主要是对人或事物作出描述或说明,最常见的有位于系动词之后的主语补足语(如"He is very angry.")和位于部分动词的宾语之后的宾语补足语(如"The news made him very angry.")。② 由此粗略比较即可看出,汉语和英语虽然都有状语和补语,但彼此之间的关系错综复杂,既涉及汉英状语的异同关系,又涉及汉英补语的异同关系,还涉及英语状语在汉语中的表达,以及汉语补语在英语中的表达,等等。由此也可推及,我们要弄清楚汉英状语和补语的本质异同,就得把它们放到各自的系统中去进行比较;如果仅限于就事论事地比较一下汉英状语的位置,或者仅根据"补语"(complement)的名称,简单地把汉语补语比附英语补语,或者走到另一个极端,认为二者之间没有可比性,无可比较,那就很难揭示它们彼此之间的对应关系和本质异同。值得提出的是,以上说明的前提,是我们分析和比较汉英状语和补语基本上都是在传统语法和结构主义语法的架构中进行,如果涉及不同的语言理论模式,那二者的可比性就更成问题了。

2. 系统中的对立的分析方法

语言对比不仅要有系统意识,还要有意识地运用系统中的对立的分析方法。在这方面,不少语言学家都给予了极大关注。如陈平明确指出,"语言成分在系统中的相互关联和对立关系,是决定语言成分价值的本质要素,这个思想,既是以结构主义为基础的现代语言学的理论核心,也是语言分析方法的核心"。③ 作

---

① 丁声树等:《现代汉语语法讲话》,北京:商务印书馆,1961年。
② R. Quirk et al., *A Comprehensive Grammar of the English Language*, London: Longman, 1985.
③ 陈平:《系统中的对立——谈现代语言学的理论基础》,《当代修辞学》2015年第2期,第1—2页。

者身体力行,经常运用系统中的对立的分析方法进行汉语句法研究和汉英对比研究。如陈平基于系统中的对立思想对汉语的主谓谓语句进行句法分析,提出汉语主谓谓语句有基本句式和非基本句式之分。① 又如陈平应用上述分析方法探讨汉语"荤(菜)"和英语 meat 的词义异同及互译问题,为语言研究和语言的对比研究,尤其是词义的对比研究提供了深入的观察和不少有益的启示。② 又如,张德禄以系统功能语言学关于语言的符号系统和意义系统的理论为指导,聚焦语言符号的聚合关系的系统特征,通过汉英语言符号系统的对比来研究符号系统的特点以及符号系统与语言意义之间的关系。③ 作者指出,语言的意义是以符号系统的形式在语言中存在和被选择的;符号的聚合关系就是符号的选择关系,符号的聚合项之间是对立关系;每种语言都具有其独特的词汇语法系统,不同的词汇语法系统具有不同的意义组织方式,从而具有由词汇语法体现的不同的意义系统;不同的语言运用不同的意义编码系统,在层次、抽象程度、类别等方面都存在差别。无疑,系统功能语言学的这些观点对于我们立足于语言系统,并有意识地运用系统中的对立的分析方法进行语言对比具有极其重要的指导意义。再如俄罗斯著名语言学家加克(B. Гак)也明确指出,语言系统"以不同语言单位的对立为基础,但是一种语言并不利用所有可能的对立现象"。④ 他还具体指出,在系统范围内,不同语言之间存在着三种典型差异:(1)存在于某种语言中的一种范畴(语音的、语法的或语汇的),很可能在另一种语言中不存在;(2)同一范畴内部可以有不同的次范畴;(3)同类范畴同其他范畴的结合方式可能不同。汉英对比研究发现,加克所概括的不同语言之间由范畴引起的三种典型差异在汉语和英语中都普遍存在。为避免重复,具体例子我们将在下文列举。

---

① 陈平:《汉语双项名词句与话题-陈述结构》,《中国语文》2004 年第 6 期。
② 陈平:《从结构主义语义学角度看"荤(菜)"与 meat 的释义和翻译》,《翻译研究与跨文化交流》,台北:书林出版社,2013 年,第 111—122 页。
③ 张德禄:《符号的系统性与语言的意义系统——汉英语言符号系统对比》,《外语学刊》2003 年第 1 期。
④ 加克:《须从系统、规范和惯用法三个层次上进行语言对比研究》,韦德福译,杭州大学外语系课题组编:《外汉语言对比研究》,上海:上海外语教育出版社,1991 年,第 69—79 页。本文译自 Le français daus le monde 1989 年 4 月号,46—50 页,篇名为 "Système, norme et usage: études contrastives"。

值得提出的是,加克关于在对比研究中把系统中的对立和语言范畴紧密联系在一起的论述对于语言对比研究来说具有十分重要的指导意义。因为语言范畴常被用作语言对比描述的共同出发点或参照点,也就是共同的对比基础(Tertium Comparationis,简称 TC)。[1] 语言范畴门类众多,而且因学科流派而异。就本文所关注的语法范畴而论,最普通的有两类。一类主要指由显性的词的屈折形态变化所表示的语法意义的聚合,包括名词的性、数、格,以及动词的时、体、态、语气等显性范畴。随着语言研究的深入,虚词、语调、语序等其他形式手段也已用来进行语法分析。于是,诸如肯定/否定、传信/传疑(evidentiality)、定指(definiteness)/不定指(indefiniteness)等语言成分现在也已被视为语法范畴的新成员。还有一类就是一般所说的广义的语法范畴,主要指名、动、形等词类,以及主、谓、宾等句子成分。[2] 如果从功能着眼,以上两类语法范畴还可以进一步概括为"语言中一类或一组能够完成相同或相似语法功能的语言成分"。[3]换言之,无论是上面所说的第一类语法范畴,还是第二类广义的语法范畴都可看成语法手段所表达的种种功能意义的不同类别。由此可见,语言对比从范畴出发,同时运用系统中的对立的分析方法来进行是大有可为的。

把语言范畴作为对比基础,同时把着眼点放在系统中的对立上面,不仅为我们应用系统中的对立的分析方法进行语言对比提供了一个操作平台,同时也为我们开启了从系统中的对立的视角考察分析不同语言之间的种种差异的一个窗口。借助这一窗口,我们可以发现不同语言的语言范畴如何运作,如何自成系统,以及不同语言的对应系统是否利用同样的对立现象;借助这一窗口,我们可以发现不同语言对应系统中存在着错综复杂的对立关系,可以发现不同语言对应系统内的对立关系存在着种种不对应现象,等等。我们认为,从系统中的对立的视角来考察分析由不同的对立关系引起的不同语言之间的种种差异这样的工作不仅有助于我们在语言对比研究中有效运用系统中的对立的分析方法,对于

---

[1] 许余龙:《对比语言学》,上海:上海外语教育出版社,2010 年,第 27 页。
[2] 参见陈平:《汉语定指范畴和语法化问题》,《当代修辞学》2016 年第 4 期,第 1—2 页。
[3] J. C. Richards, J. Platt & H. Platt, *Longman Dictionary of Language Teaching and Applied Linguistics*, London: Longman, 1992, p.162.

不同语言的本体研究也是十分有益的。有鉴于此,下一节我们就以汉英语法对比的一些实例为素材,尝试从系统中的对立的视角对实例讨论的汉英语法差异及其反映的汉英语法系统中的不同对立关系进行梳理、归类和分析,并展开适当讨论。

三、汉英语法系统中的五种对立关系试析

在以往的汉英语法对比研究(包括以汉语研究为主,而以英语为主要参照的研究)中,不少学者都在不同程度上运用系统中的对立的分析方法对语法单位进行分类,进行句法分析,区分不同的句式,或者在对比研究中发现和解决问题,等等。从中我们根据本文需要选取了若干实例,从系统中的对立的视角对实例讨论的汉英语法差异进行梳理和分析,并把由此归纳出的汉英语法系统中的多种对立关系粗线条地分为五大类,即对立的空缺、对立的假对应、内部对立的不对应、大对立与小对立、强对立与弱对立等。下面就分别讨论这五类对立关系。

1. 对立的空缺

语言对比研究发现,某些意义系统在两种语言中都存在,但系统中可供选择的特征可能不同,在某些系统中留下空位;某些系统在一种语言的系统网络中存在,而在另一种语言中则不存在,从而出现意义系统的空位。[①] 不同语言对应系统内某一范畴的此有彼无会直接造成对立关系的此有彼无。这在汉英语法系统中可说是十分常见。

例如,汉英对比发现,在汉语的疑问词系统中有"几"和"第几",分别用于询问(不大的)数目和排序,二者在纵向聚合关系平面上形成对立。而英语中却没有和汉语"几"对应的疑问词;"几"在英语的语义场中是一个词汇空缺(lexical

---

[①] 张德禄:《符号的系统性与语言的意义系统——汉英语言符号系统对比》,《外语学刊》2003年第1期。

gap)。汉语用"几"询问数目时,英语多用 how many 表示,如"房间里有几个人? How many people are there in the room?"。由于这一缘故,汉语用"第几"询问次序时,英语只能通过"which、what、where、how"等疑问词加上合适的动词迂回地表达,如"你跑了第几名? Where did you come in the race?""你在班上第几名? How did you rank in your class?"。由此可见,汉语疑问词系统的纵向聚合关系平面上"几"与"第几"的对立在英语中是一个空缺。值得一提的是,在汉语中,除了"几",还能用"多少"来询问数量,但在用法上有所区别。如"几"一般用于询问不太大的数目,而"多少"不受此限。又如,"几"后面必须有量词,而"多少"后面的量词可以省略,有时还不能使用。可见在汉语句法的纵向聚合关系平面上,询问数量的"几"与"多(少)"也形成对立。由于英语中没有汉语"几"的对应词,上述汉语中的对立对于英语来说也是一个空缺。

又如,汉语有丰富的语气词,英语没有,因而汉语中由不同的语气词以及是否使用语气词所构成的对立就成了英语中的空缺。如汉语的一般疑问,根据需要,我们可以通过"V-不-V"的格式来表示,也可以通过语气词"吗""吧"等来表示。不同格式之间、不同语气词之间都构成不同的对立,但表达的语气各不相同。比较:"你是不是学生/你是学生吗/你是学生吧?"据赵元任观察,用"吗"的疑问句对于肯定的答案抱有或多或少的怀疑,即可能性在 50% 以下,而"V-不-V"格式是不偏于哪一边的。① 与上述两种格式相比,用"吧"的疑问句"往往不是单纯的提问而有揣测的语气"②,对于肯定的答案比较乐观。

值得提出的是,从语言对比角度看,对立的空缺并不意味着所涉项目无可比较。事实上,在对立空缺的情况下,语言对比还是大有可为的。方法就是设法找到一个合适的上位(superordinate)范畴作为共同对比基础(TC)。③ 如汉语语气词既然在功能上用于表示陈述、疑问、祈使、感叹等种种语气,那我们就完全可以把人类语言所共有的语气(mood)范畴用作对比基础,比较"语气"的范畴意义在

---

① 赵元任:《汉语口语语法》,吕叔湘译,北京:商务印书馆,1979 年,第 356 页。
② 吕叔湘主编:《现代汉语八百词》,北京:商务印书馆,1980 年,第 52 页。
③ V. Gast,"Contrastive Linguistics: Theories and Methods",ResearchGate,2012. Retrieved from http://dx.doi.org/.

不同语言中的表现方式，找出二者的异同。如胡壮麟即是在韩礼德(Halliday)的系统功能语法的框架内，把语气范畴用作英汉对比的 TC，探讨了英汉语疑问语气系统的多层次和多元功能特征。① 文章认为，无论是英语还是汉语，疑问语气都是在多层次上体现的，即除了词汇语法层，还包括音系层。主要区别在于在词汇语法层，英语疑问语气主要通过主语和定位成分(finite element)的位次(即主谓是否换位)来体现，而汉语主要通过在句末添加疑问语气词来体现；在音系层上，英语主要使用升降调来表达疑问语气，汉语虽然也通过语调的升降来表达，但由于受到声调的制约，就不如英语那么明显。

不言而喻，在上述情况下进行语言对比，系统中的对立仍然是一种基本的分析方法。例如，在英汉疑问语气系统中都有选择问和是非问，互相对立，但选择问在各自系统中的地位并不相同，从而导致对立关系的不完全对应。（详见本节第 4 目）

2. 对立的假对应

另有一种对立表面上看在两种语言中是互相对应的，而实际上并不对应，因而不妨称为"对立的假对应"。陈平关于汉语主谓谓语句的基本句式(canonical clause)②和非基本句式(non-canonical clause)③的讨论便可用来说明这种现象。为了避免在有关争议上表现出倾向性，此文把汉语的主谓谓语句称为"双项名词句"(记作 NP+NP+VP)，如"这几本书你读得很仔细"。作者指出，英语有主题化句(topicalized sentence 或 topicalization)(如"This house, he likes very much."），结构上和汉语的双项名词句相仿。但是，英语主题化句"NP + NP + VP"是非基本句式，除了极少数的例外情况，在纵向聚合关系平面上都有一个相对应的"NP + VP + NP"基本句式(如"He likes this house very much.")，二者

---

① 胡壮麟：《英汉疑问语气系统的多层次和多元功能解释》，《外国语》1994 年第 1 期。
② 陈平：《汉语双项名词句与话题-陈述结构》，《中国语文》2004 年第 6 期。
③ 这里关于文章要点的介绍和有关术语的使用已根据陈平《系统中的对立——谈现代语言学的理论基础》一文（《当代修辞学》2015 年第 2 期）做了适当的调整和补充。如果不考虑研究者的研究取向和理论模式，基本句式与非基本句式的对待也可以理解为常态句式与非常态句式或者无标记句式与有标记句式的对待。

呈对立关系。英语主题化句主要用来表示一些特殊的语义或话语功能,如对比等。作者进一步指出,汉语双项名词句"NP + NP + VP"和英语主题化句"NP + NP + VP"不是一回事,就是因为英语主题化句是非基本句式,而汉语双项名词句却是一种非常普通的句式,只是有的著作将其称为"主谓谓语句",有的称为"宾语倒装句"。作者明确提出,和英语每一个"NP + NP + VP"主题化句都对应一个"NP + VP + NP"基本句不同,现代汉语里基本上不存在与"NP + NP + VP"双项名词句相对立的"NP + VP + NP"句。为了证明这一观点,作者列举了一组典型的双项名词句,发现其中只有少数有对应的SVO句,在大多数情况下,谓语前的名词性成分都无法挪回到动词后面去。如"这几本书你读得很仔细"移位就变成"你读得很仔细这几本书",像初学汉语的外国人说的汉语,不合汉语语法。又如,"这笔钱你交学费"移位成"你交学费这笔钱",根本不通。总之,没有任何证据能够证明汉语的"NP + NP + VP"双项名词句是经过主题化转换而来,因而相当于英语的主题化句。

由此可见,如果我们把英语的主题化句和汉语的主谓谓语句等同起来,认为汉语中也存在着英语的主题化句和正常的SVO基本句式那样的对立,那我们就在二者之间建立起了一种"对立的假对应"。既然是假对应,那就是事实上不存在,也就意味着英语中的那种对立对于汉语来说是一个空缺。

陈文还发现,在汉语中虽然基本上不存在在英语中那样的对立,但对双项名词句来说,却存在"NP1 + NP2 + VP"和"NP2 + NP1 + VP"的对立,即第一个名词和第二个名词是否转换语序之间的对立;也就是说,有"NP1 + NP2 + VP",一般就有相应的"NP2 + NP1 + VP",两种句式在纵向聚合平面上呈对立关系。同英语主题化句一样,汉语中的这种对立带来了新的意义,主要是对比意义。例如,a句"这笔钱你交学费"和b句"你这笔钱交学费,那笔钱零用"两种句式比较,不带特殊意义的a句是基本句式,带特殊对比意义的b句是非基本句式。文章还发现,汉语双项名词句本身可以是汉语中的基本句式,也可以是非基本句式,取决于两个NP的语义属性以及它们在"施事>感事>工具>系事>地点>对象>受事"这一优先序列上的相对位置:如果NP2在这个序列上位于NP1的左边,即NP2施事位于NP1受事的左边,那"NP1 + NP2 + VP"构成基本句式,如"这笔钱你交学费",否则构成非基本句式,即NP2受事位于NP1施事的右边,如"你这笔钱交学费(,那笔钱零用)"。同理,汉语"NP1 + NP2 + VP"和"NP2 + NP1 + VP"的对立在英语中也是一个空缺。

"汉语里边有主谓谓语句,现在已经没有人否认了。可是这种句式的范围有多大,内部结构能复杂到什么程度,看法还不一致。"[1]陈文根据系统中的对立观分析了呈对立关系的两种主谓谓语句句式及其相互关系,并提出汉语主谓谓语句有基本句式和非基本句式之分,可以把各语义成分在句中的相对位置关系作为鉴别基本句式和非基本句式的最重要的语法手段,这样的句法分析方法既加深了我们对汉语主谓谓语句的内部结构和使用特点的认识,也有助于我们进一步了解汉语中的这类句式和英语中相似句式的本质差异。

如同语言对比中的比附比较常见一样,对立的假对应现象也并不鲜见。上文我们曾经举了汉英状语和补语的例子来说明语言的系统性以及语言对比要有系统意识。其实,这个例子也可用来说明汉英语法系统中的对立的假对应现象。概括来说,汉语的状语和补语与英语的状语和补语之间不能等量齐观,二者各自在横向组合中构成的对立关系也并不对应。如果仅凭它们在传统语法或结构主义语法架构内所用的名称相同,认为汉语状语和英语状语没有多大区别,或者仅仅因为汉语补语的英译名用了"complement",和英语补语的名称一个样,也就认为汉英补语的概念无异,那就是在二者之间建立起了一种对立的假对应。

3. 内部对立的不对应

不同语言的系统对应,系统内部的对立关系却往往不对应,这种现象在语言对比研究中极其常见。王菊泉关于英汉形容词等级比较格式的对比研究便是一个很好的例子。[2] 文中列出了英汉形容词等级比较的主要格式及其大致对应关系,即如表1所示:

---

[1] 吕叔湘:《汉语语法分析问题》,北京:商务印书馆,1979年,第81页。
[2] 王菊泉:《比较》,《汉英对比语法论集》,赵世开主编,上海外语教育出版社,1999年,第90—170页。

表 1　英汉形容词等级比较主要格式对应关系表

比较关系	英　　语	汉　　语
最胜过	the most A of Y's	最 A 的 Y
胜过	more A than Y	比 YA
同等	as A as Y	(a)跟 Y 一样 A；(b)有 Y(那么)A
不及	less A than Y	【没有 Y(那么)A/不如 Y(那么)A】
最不及	the least A of Y's	【最不 A 的 Y】

说明：1. Y 为比较对象，被比较对象 X 为简明起见隐去。
　　　2. 比较关系为最胜过或最不及时，被比较对象 X 为比较对象 Y 的成员之一，故英语用 Y's 表示，如"John is the brightest of the three boys"。
　　　3. 英语形容词的比较级和最高级有综合形式和分析形式之分。这里一律用分析形式 more/less 作为比较级标记，用 most/least 作为最高级标记。
　　　4. 【】表示无对应表达格式，但可借用括号内格式表达相应语义。

从上表中可以归纳出以下几点异同：(1) 相对于按逻辑划分的五级，英语由于有形态标记之便利，每一级都有相应的表达格式，而汉语只有在最胜过、胜过和同等三级上才有相应格式；(2) 英语同等级只有一式，而汉语却有两式；(3) 汉语没有不及级格式，代之以同等级(b)式的否定式，即"没有 Y(那么)A"或"不如 Y(那么)A"；(4) 汉语没有最不及的格式，相应意义通过"最不 A"表示，实际上是借用了最胜过级的格式。

从系统中的对立的角度来分析，可以看出英汉形容词的等级比较格式呈现出参差不齐的系统内部对立的不对应现象。其中较为明显的是，英语中有表达不及和最不及语义的专用格式，在纵向聚合平面上分别同最胜过、胜过和同等格式构成种种对立，这种种对立在汉语的系统中则是一个空缺。不过，在对立空缺的情况下，汉语另有表达方法。如表 1 所示，汉语中最不及意义通常使用"最不 A 的 Y"格式来表达。但正如赵元任所指出的那样，"最不 A"的直接成分分析，总的还是以分析为"最 + 不 A"为好(即把"不 A"视为一个复合词)，而不是"最不 + A"；也就是说，"最不 A"从形式上仍宜视为表示最胜过关系的格式，只不过在意义上跟"最 A"相反罢了。① (比较：最/好；最/不好)比起对立空缺来，系统

---

① Yuen Ren Chao：*A Grammar of Spoken Chinese*，Berkeley：University of California Press，1968，p.686.

中更值得注意的是英语同等级只有一式,而汉语却有两式,即 a 式"(X)跟 Y 一样 A"和 b 式"(X)有 Y(那么)A"。赵元任早就注意到了这两种格式,并从语义上把它们做了区分,分别称为"同等"(equal degree)和"企及"(equaling degree);所谓"企及",就是"X 从低处往高处爬,爬到跟 Y 一样高"。① 汉语的两式既然从形式和语义上都可以相互区分,也就构成了对立,而英语却没有对应的格式,只能满足于"as A as Y"一种格式。不仅如此,汉语由于没有表示不及义的专用格式,不得已借用同等级中表示企及的格式的否定式,也即"没有 Y(那么)A"或"不如 Y(那么)A"来表达。这两个格式在语义和使用上也有差异,口语多用前者,带评价意味时多用后者(比较:"这次他的成绩没有上次好"和"这张照片不如那张好")。② 这样,汉语中表达不及语义的两个代用式也就构成了对立(虽然不是那么明显)。值得注意的是,汉语的两个代用式本来是同等级 b 式的否定式,而英语同等级格式"as A as Y"也有否定式"not as … as …"和"not so … as …"两个格式,这就牵涉到英语同等格式的两个否定式和汉语两个同等格式的否定式之间的异同和对应关系。这里讨论的英汉形容词等级比较的主要格式中,除了汉语中用来表达不及义的两个代用式,都只是肯定式,并没有包括否定式在内。③ 限于篇幅,这里就不展开了。

此外还有一个问题值得讨论,那就是:汉语的"没有 Y(那么)A"和"不如 Y(那么)A"既然借用来表达不及义,那它们和英语中表达不及义的专用格式"less … than …"相比,在语义上是否相等呢?据克洛斯(R. A. Close)考察,英语中虽然也常用同等级格式"as A as Y"的否定式"not as/so … as …"格式来表示不及义,但在较为正式的文体中,还是多用"less … than …"来表示。④ 这就意味着,"less … than …"既然作为一种专用格式,就必然有它区别于其他格式的语义,而与其他格式构成对立。由此我们也完全可以推出这样的结论:尽管汉语的"没有/不如……(那么……)"作为同等格式的否定式可以用来表达不及义,

---

① 赵元任:《汉语口语语法》,吕叔湘译,北京:商务印书馆,1979 年,第 301 页。
②③ 王菊泉:《关于英汉语法比较的几个问题——评最近出版的几本英汉对比语法著作》,《外语教学与研究》1982 年第 4 期,第 9 页。
④ R. A. Close, *A Reference Grammar for Students of English*, Harlow: Longman, 1975, p.156.

但它毕竟只是一种替代形式,在语义上和英语中表达不及义的专用格式"less ... than ..."只是相近,并不等同;换言之,同样表达不及义,英语就比汉语多了一种选择。

另如尚新也颇能说明所比系统内部对立的种种不对应现象。① 此书在语言类型学的视野下探讨英汉时体范畴的异同。作者立足于语法时体的系统性,充分利用了语法时体范畴据以构建起来的对立关系,对英汉时体范畴进行了深入的对比研究。作者提出,汉英语言存在着时体类型学的差异,集中体现为英语是时态凸显语言,而汉语是体态凸显语言。作为时态凸显语言,英语中存在两种时态,即过去时与非过去时,并形成了"缺省对立模式",即过去时有标记,而非过去时无标记。一般认为,汉语动词没有时的区别,也就无所谓过去时与非过去时的对立,即这种对立在汉语中是一个空缺。就体态而言,英语和汉语都存在完整体(perfective)与非完整体(imperfective)的对立,二者分别体现说话者对情状或事态的完整观察和非完整观察。不同的是,英语作为非典型体态语言,完整体与非完整体的对立仅简单体现为完成体和进行体的对立,而汉语作为体态凸显语言,其体态系统内部不仅体现为完整体与非完整体的对立,而且在完整体内部还存在不同体态的对立,即由体标记"了"与"过"分别体现的终结体与经历体的对立;在非完整体内部也还存在不同体态的对立,即由体标记"在"与"着"分别体现的进行体与持续体的对立,以及由体标记"起来"与"下去"分别体现的起始体与接续体的对立。上述英汉体范畴内部对立关系的对应情况大致如表2所示:

表2 英汉体范畴内部对立关系对应情况示意表

英　　语		汉　　语				
完整体	非完整体	完整体		非完整体			
(have + V-en)	(be + V-ing)	终结体	经历体	进行体	持续体	起始体	接续体
		(了)	(过)	(在)	(着)	(起来)	(下去)

---

① 尚新:《英汉时体类型与翻译策略》,上海:上海人民出版社,2014年。

英汉时体范畴的对比是一项艰巨而复杂的工作。此书根据语言类型学理论，立足于英汉时体的系统性，并把系统中的对立作为对比分析的主要方法，揭示了英汉时体系统的主要异同以及体范畴内部对立的对应情况，为深入探索英汉时体系统的本质异同和对应关系提供了很好的启示和参考。

4. 大对立与小对立

不同语言对应系统中的对立差异有时可能出现在不同的层次上。对比汉英疑问句的分类便可说明这一点。按照通常的分类，英语疑问句分为一般疑问句、特殊疑问句、选择疑问句和反意疑问句四种。汉语疑问句一般分为是非问、特指问(也叫特殊问)、选择问和反复问四大类。① 表面看来，汉语的是非问、特指问、选择问和英语的一般疑问句、特殊疑问句、选择疑问句分别对应；反复问(也叫正反问)与英语的反意疑问句也大致对应(比较"这支笔是你的，是不是？"和"This pen is yours, isn't it?")。但深入考察一下，可以发现英汉疑问句在分类上还存在着不少值得注意的差别。沈家煊指出，英语的选择问采用的是跟是非问同样的句法手段(主—谓换位等)，差别只在于选择问列举不止一个选择项供选择，所以选择问是是非问的一个小类。② 汉语的情形不同，是非问用句尾"吗"，选择问不能用"吗"，却可以跟特指问一样用"呢"，如"你吃米饭还是面条呢？""你吃什么呢？"，所以选择问是独立的一类。汉语还有反复问(也叫正反问)，如"你去不去？"，是选择问的一个小类即"正反选择问"。由于汉语重视"并置"(juxtaposition)，而选择问(包括反复问)本质上是"并置问"，所以在汉语里地位重要，单独成为一类。

我们认为，沈家煊根据词汇语法层上的标准把英语的选择问视为是非问的一个小类，把汉语的选择问视为独立的一类，并把反复问视为选择问的一个小类，很好地凸显了英汉疑问句的系统性差异，而这一差异还可以用系统中的对立关系来加以分析。概括说来就是，英语的选择问和是非问在语法词汇层都由同

---

① 丁声树等：《现代汉语语法讲话》，北京：商务印书馆，1961年；吕叔湘主编：《现代汉语八百词》，北京：商务印书馆，1980年。
② 沈家煊：《汉语的逻辑这个样，汉语是这样的——为赵元任先生诞辰120周年而作之二》，《语言教学与研究》2014年第2期，第8页。

样的句法手段(主-谓换位等)生成,所以不存在大的对立,可以归为一类;但从回答的角度看,却又存在小的对立,因为选择问不能像是非问那样用"yes"或"no"回答。而由于定谓成分出现在主语之前主要体现是非问的语义①,是非问的地位高于选择问,所以宜把选择问视为是非问的一个小类,而不是相反。相比之下,汉语选择问和是非问在语法词汇层上的主要区别在于句尾可跟的语气词不同,存在着大的对立,二者是"平起平坐"的关系,属于不同的类别。所以,从对立关系着眼,英语选择问和是非问是小对立,而汉语选择问和是非问是大对立。

英汉语疑问句的分类表明,语言系统中的对立可以有层次上的区别,我们不妨把层次较高的对立称为"大对立",把层次较低的对立称为"小对立";语言系统不同层次上的对立是语言系统进行分类和再分类的依据;不同语言对应系统之间可能存在着层次上不对应的对立现象,这些不对应的对立现象反映出不同语言之间的系统性差异。

5. 强对立与弱对立

前面提到,标记理论发现,语言中有标记项和无标记项的对立只是个程度问题,并不总是那么单纯,尤其在跨语言进行比较的时候,更是会发现各种复杂的情况。事实上,一般意义的系统中的对立也是如此。在我们搜集到的英汉语法对比的实例中,除了前面讨论所提到的几种情况,我们还发现,无论是在一种语言的语法系统内,还是在和其他语言的对应系统进行比较的时候,语法项目或语法概念的对立都有一个强度问题,有的对立较强,具有刚性,有的相对较弱,带有柔性。下面我们选用汉英语法中的并列/主从概念的例子来说明。②

印欧语富于形态,注重形式,借助屈折形态和关联词语等显性标记表示语言成分间的语法意义或逻辑关系是一种常态,而不用显性标记,让语法意义或逻辑

---

① 胡壮麟:《英汉疑问语气系统的多层次和多元功能解释》,《外国语》1994年第1期,第1页。
② 在我国英语学习者心目中,汉英语法最值得注意的重大差异恐怕莫过于意合与形合的相互对待了。但由于意合/形合这对概念在界定上还存在着种种争议(参见王菊泉:《关于形合与意合问题的几点思考》,《外语教学与研究》2007年第6期),我们这里选用与之紧密相关的并列/主从概念作为例子。

关系隐含在语境中则是一种变态,相对少见。出于这一原因,英语在句法的连接方式上就形成了"coordination"和"subordination"的对立,前者表示并列关系,后者表示主从关系,二者通常都使用显性的连接标记。① 在英语中,句子分为简单句(simple sentence)和多重句(multiple sentence)。简单句为一个独立的小句(clause),只包含一个主谓结构,各成分都只由单词或短语构成。多重句可分为并列(复合)句(compound sentence)和主从(复杂)句(complex sentence)。英语简单句受制于主谓一致原则,以限定动词(finite verb)为中心,构建起 SV、SVO、SVC、SVoO、SVOC 五种基本句型。② 并列句由两个或两个以上并列的独立小句组成,一般都由并列连词"and、but、or"等连接。主从句由一个独立的小句(即主句)和一个或一个以上作为其成分的从属小句(简称从句)组成。在主从句中,从句由关系词或从属连词等词语引导;从句按照其在主句中所担任的成分,可分为名词性从句(包括主语从句、表语从句、宾语从句、同位语从句等)、形容词性从句(即关系从句,原称定语从句)和副词性从句(即表示时间、地点、方式、条件、原因、结果、目的、比较、让步等语义的各种状语从句)。值得提出的是,英语小句根据其谓语动词是否受制于主谓一致原则而可分为限定小句(finite clause)和非限定小句(non-finite clause);后者可进一步分为不定式小句、-ing 分词小句和 -ed 分词小句。概括来说,英语凭借主谓一致原则构建起句子的基本框架或者说主干,并根据表达需要,通过"coordination"和"subordination"的连接方式把简单

---

① 英语母语者一般把 parataxis/hypotaxis 和 coordination/subordination 看成是两对彼此相当的术语。R. Quirk et al., *A Comprehensive Grammar of the English Language*, London: Longman, 1985, p.919. 但是,传统上 parataxis 指对等成分的排列,hypotaxis 指有主从之分的成分的排列,通常具有显性连接标记的 coordination 与 subordination 只是这两种句法排列方式的特例而已(pp.918–919)。不仅如此,parataxis 作为一种对等单位的排列方式,可以有连接性词语,也可以没有(pp.918–919),而在不用并列连词的情况下,parataxis 形式上虽然并列,在语义上却还可以有主从之分(p.1425)。

② R. Quirk et al., *A Comprehensive Grammar of the English Language*, London: Longman, 1985, p.53. 除了这 5 种基本句型,此书还列出了两种次常见的基本句型,即 SVA 和 SVOA。事实上,英语动词句型有多少种,各家处理方式也不一样,少的是 5 种,多的如 COBUILD 基于对动词进行的全面分析,收录了 700 余种动词句型,中国学生比较熟悉的《牛津高阶学习词典》(*Oxford Advanced Learner's Dictionary*)早期版本也列有 25 种。

句中的单词扩展为短语,或者把简单句扩展为并列句,或者在小句内再套小句,在句子主干上衍生出各种分支结构,构成结构复杂而主从分明的长句。由此可见,"coordination"和"subordination"是英语中举足轻重的一对句法范畴,正是通过这对范畴的对立,英语句法的并列关系和主从关系才从形式和语义上得到明确区分,没有二者的对立也就无从体现出英语的结构特点。

相比之下,汉语没有严格意义的形态,体现在造句方式上,既无所谓主谓一致原则,一般也不认为有限定小句和非限定小句之分。朱德熙认为:"汉语句子的构造原则跟词组的构造原则基本上是一致的","按英语语法的观点来看,它是和词组相对立的东西。汉语的主谓结构实际上也是一种词组,跟其他类型的词组地位完全平等。它可以独立成句,也可以做句法成分"。① 在表达语法意义或逻辑关系(包括词语和小句的并列和主从关系)方面,在词汇语法层面上,英语中必得通过限定和非限定小句以及各种关联词语表达的场合,汉语既无对应的形式机制,关联词语的使用也往往缺乏强制性,同样的语义和逻辑关系常常通过隐性方式,也即一般所说的"意合"方式来表达,尤其在口语中更是如此。英语动词在谓语位置上是限定形式,在主、宾语位置上要用非限定形式;汉语的情形不同,动词和动词结构不管在哪里出现,形式完全一样。

当然,汉语语法中也并非没有并列和主从的概念。但是,由于汉语在造句方式上缺乏英语那样的形式机制,并列和主从概念就不如英语那么重要,二者对立的程度也就不如英语那么泾渭分明。这一差异可以用汉语复句分类中存在的问题来说明。根据传统分类,汉语复句分为"联合"与"偏正"两大类,部分对应于英语的并列(复合)句和主从(复杂)句。但不少学者指出,这种分类是因袭了西方语言学的分类,不太符合汉语的实际,也"违背了逻辑分类的基本原则,而且无法概括内部各个分句之间的类型本质共性"。② 刘丹青更是具体分析了汉语复句的传统分类和西方语言学分类的不对应之处。他认为,在西方语言中,并列句内小句的地位平等,互不相属,主从句内的从句依附于主句;而在汉语文献中,不仅

---

① 朱德熙:《语法答问》,北京:商务印书馆,1985年,第3、5、6页。
② 邵敬敏:《建立以语义特征为标志的汉语复句教学新系统刍议》,《世界汉语教学》2007年第4期,第95页。

联合复句和偏正复句的语法界限模糊,甚至单句和复句本身的界限就很模糊,谈到偏正复句,一般也都不涉及偏句和状语的对应关系;有些通常被归在同一类的复句(如同为转折或同为因果)本身在句法上就横跨联合和偏正的大界,很多复句其实当属主次关系而不宜归入主从范畴。作者特别强调了复句中的主次关系,认为汉语复句领域已形成了主次、并列(联合)与主从三足鼎立的格局,主次复句作为显赫范畴侵占了并列和主从复句的很多领地,并且模糊了并列和主从复句之间的界限,"主次句的特点是语义关系或逻辑关系跟某种主从复句相同或相近,但是次要分句在句法上因为不受连词的管辖而并不处于从属依附的地位,有着自身的独立性"。① 如"虽然我都求他了,但是他还是不答应"和"我都求他了,但是他还是不答应"这两个句子,前者属于主从复句,而后者只能算是主次(复)句,因为前者的前分句(偏句)有让步连词,而后者的前分句没有连词,与单句无别;二者的后分句(主句)则使用同样的转折连词。作者认为,汉语复句的分类之所以出现这样的局面,根本原因还在于汉语缺乏标示从句的形态,连词的使用缺乏强制性。

汉语复句的分类多少年来一直是让汉语语法学界深感头痛的问题之一,时至今日也没有得到很好的解决。我们上面的讨论无意就汉语复句的分类提出新的观点或者表示出一定倾向,而仅在于借以说明英汉语法中并列和主从这对概念在对立程度上的明显差异。概括说来就是,英语的"coordination"与"subordination"的对立十分显赫,清楚地显示了并列关系和主从关系在形式和语义上非此即彼的对立,是一种"强对立"。相比之下,汉语中并列与主从这对范畴的对立并不明显,对于汉语句法的制约力较小,可以说是一种"弱对立"。

结　语

本文结合汉英语法对比实例,对汉英语法系统中的五种对立关系的对应情

---

① 刘丹青:《汉语的若干显赫范畴:语言库藏类型学视角》,《世界汉语教学》2012年第3期,第291—305页。

况进行了初步分析和讨论。因为系统中的对立现象的复杂性,也由于我们对系统中的对立的分析方法还缺少足够的实践,所以本文对汉英语法系统中的对立关系的分类还比较粗疏,讨论也不够深入,在此诚恳欢迎读者批评指正。

本文的实践表明,从系统中的对立的视角对汉英语法差异进行考察分析,能促使我们去发现隐藏在两种语言背后的各种对立现象。这些对立现象错综复杂,门类众多,参差不齐,鲜有完全对应的情况,而且往往都是我们平时习焉不察的。我们认为,这样的工作不仅有助于我们在汉英语法对比研究中有效应用系统中的对立的分析方法,对于两种语言的本体研究也是十分有益的。因为这样的工作能使我们发现汉英语法对应系统之间在结构分类、结构层次、抽象程度等方面的重要差异,从而为英语和汉语语法的系统性的研究,尤其是为有关结构的分类提供依据和参考。沈家煊指出,"调查一种语言的语法,重要的是找出这种语言自身重视的区分,而不是去寻找我们碰巧熟悉的语言所具有的区分"。[①] 上面讨论中涉及的英汉疑问句的分类以及汉语复句分类中存在的问题便是很好的例子。

A Tentative Study of Five Major Categories of Opposition within the Chinese and English Grammatical Systems

WANG Juquan

College of Foreign Languages, Shanghai Maritime University

Abstract

Based on Saussure's opposition theory, this paper discusses five major categories of opposition within the Chinese and English grammatical systems. From the perspective of opposition within the system, we made an analysis of quite a number of observable

---

[①] 沈家煊:《形式类的分与合》,《现代外语》2015 年第 1 期,第 13 页。

cases of opposition in some previous contrastive studies between Chinese and English grammar, and had them roughly divided into five categories; namely, opposition vacancy, false opposition, non-correspondence of opposition within subsystems, opposition of different magnitude, and opposition of different intensity. The whole study shows that Chinese grammar and English grammar are self-contained systems, and are independent from each other, and that oppositions within the equivalent grammatical systems can hardly achieve a one-to-one correspondence. It is not unusual that an opposition in one language is found absent in the other, or that an opposition is rigid in one language, while it is flexible in the other. More often than not, we find non-correspondence of opposition, which mostly occurs within the subsystems, and in highly intricate and complex manners.

Key word

opposition within the system; Chinese-English contrastive grammar; correspondence of opposition

汉语拼音字词的形义象似性与语言类型学障碍：兼论汉字在文化传承中的核心地位[*]

侯广旭[**]

>**提要**：在20世纪初，众多学术先贤急于摆脱汉字的局限，并对汉语拼音（包括国语罗马字等）抱有过度乐观的态度。到了50年代，知名学者们虽认为汉字与拼音利弊互见，但对汉语拼音寄予厚望。80年代一些权威文献确认了"表形—表意—表音"文字发展规律，但学术界未及时质疑及普及否定性研究成果。民间乃至学术界对国家以法律文件正式发布的《汉语拼音方案》的实际功用缺乏深入的了解，以往文献对汉语拼音字词的语言学障碍评估多集中于汉语同音字难以规避的问题。本文利用英汉对比等方法，探讨汉语拼音字词的形义象似性、语言类型学等方面的障碍，旨在拨正认识误区，正确使用与推广《汉语拼音方案》。
>
>**关键词**：拼音字词；汉语拼音方案；形义象似性障碍；语言类型学障碍；文化传承

---

[*] 感谢匿名审稿人的细致评审和宝贵意见，这对笔者完善论文起到了重要作用。
[**] 侯广旭，南京农业大学外国语学院教授、硕士生导师。

引　言

晚清以降,曾出现过一股试图用拼音文字全面取代传统方块汉字的运动,该运动在20世纪20年代达到一个小高潮。这种趋势在中华人民共和国成立后依然持续存在,并引发了一定程度的讨论。1986年5月31日国家教育委员会和国家语言文字工作委员会《全国语言文字工作会议纪要》决定在一个时期保持汉字形体的稳定,这实际上结束了对废除方块汉字的争议与讨论。《中华人民共和国国家通用语言文字法》(2000年10月31日第九届全国人民代表大会常务委员会第十八次会议通过)第十八条正式明确了"国家通用语言文字以《汉语拼音方案》作为拼写和注音工具"的地位。《汉语拼音方案》的三大职能分别是：拼写汉语、为汉字注音以及在汉字不便或不能使用的领域发挥作用。① 撇开过去曾有人试图用拼音替代汉字的运动或讨论,我们可以看到,汉字与汉语拼音跟英语与其注音系统国际音标的关系不完全相同,尽管它们都是彼此一主一辅,各司其职,但是,除它们的文字部分有非表音文字与表音文字的区别外,汉语拼音毕竟留有一个在特殊情况下作为文字使用的空间,比如给不会汉字的人传达简单信息,或者在没有汉字输入环境的情况下,可以临时作为文字使用。再如,马庆株坚持国家对《汉语拼音方案》的定位,从完善注音功能的《汉语拼音方案》的角度出发,把国家关于《汉语拼音方案》三大职能中的"在汉字不便或不能使用的领域发挥作用"的职能拓展到在"对少数民族和对外汉语教学"中,也就是"扩大《汉语拼音方案》的应用范围","整合创新,用汉语拼音方案所用的字母,为汉语制定了一个可作为文字系统使用的拼写方案"。②

---

① 李宇明:《中华文化迈出国际新步伐——写在中文罗马字母拼写法国际标准(ISO7098:2015)修订出版之时》,《光明日报》(第7版),2016年5月1日。
② 马庆株:《整合创新,促进中国语文现代化——汉语拼写方案的必要性、科学性和可行性》,《中国语文》2014年第6期,第559—573页。

汉语拼音字词的形义象似性与语言类型学障碍：兼论汉字在文化传承中的核心地位

在探讨汉字与汉语拼音的关系时，我们不可避免地会触及一些深层次的语言学问题。本文聚焦于无论是在过去试图以拼音全面取代汉字的讨论中，还是"在汉字不便或不能使用的领域发挥作用"中，汉语拼音所面临的形义象似性与语言类型学的障碍。因此，本文的写作是为了贯彻国家法规规定的汉语拼音使用规则，突出汉语拼音的主要功能，合理使用其在特定情况下的特定功能，从学理角度证明历史上选择放弃拼音文字改革道路的明智性与正确性，从而避免无谓的实验性尝试，并深刻认识到汉字在世界语言发展历史中所占据的独特而重要的地位。

用拼音取代汉字的支持者的理论支撑源于20世纪初国语罗马字的创制者，当时，面对汉字的复杂性和学习难题，许多学术先贤急于寻求变革，对用拼音替代汉字持有极高的期望。赵元任认为，"我们要用字母文字，其中一个大好处就是可以借用文字快快地输入别国文明的特色来增富我们底文明"。① 林语堂指出，罗马字"能使译名问题自然解决"，"便于行文中引用西文，采取西语"。② 陈独秀和钱玄同都认为"汉字革命"是难免的，汉字为"腐毒思想之巢窟，废之诚不足惜"。③

20世纪五六十年代著名学者对汉语拼音取代汉字的态度审慎，平衡利弊后认为时机不成熟，但寄希望于未来。王力写道："未经大众口语化的新复音词，写成拼音文字后，读者在了解上将感受加倍的困难……若干年后，全民的语言已经近于一致了，这时实施拼音文字，才是顺水行舟毫不费力。"④ 吕叔湘认为，"拼音文字的优点超过缺点"，所以要解决汉字繁难的问题，简化汉字只治标不治本。但他也认为，汉字有"通四方，通古今"的优势，目前还没有对汉字体系进行拼音化改革的必要。⑤

继1955年全国文字改革会议后，1986年1月，国家在北京召开全国语言文

---

① 赵元任：《新文字运动底讨论》，《国语月刊》1924年第1期。
② 林语堂：《国语罗马字拼音与科学方法》，《晨报副刊》，1923年9月12日。
③ 湛晓白：《现代文化转型视野下的汉字拼音化实践——以国语罗马字为中心的考察》，《北京师范大学学报（社会科学版）》2021年第5期，第111—125页。
④ 王力：《汉字改革》，太原：山西人民出版社，2014年，第115—116页。
⑤ 吕叔湘：《语文常谈》，北京：生活·读书·新知三联书店，2006年，第107—115页。

字工作会议,又一次明确了汉语拼音作为汉语学习工具的地位。但之后也有学者从不同角度对用拼音取代汉字持积极态度。有的文章将废除汉字、改用拼音文字的目标没有实现的原因诉诸用拼音取代汉字运动中语言文字表象之外的深层次社会文化制衡,字里行间暗含了对汉语成为表音文字语言的些许期待。[1] 权威辞书《简明不列颠百科全书》和《语言文字百科全书》均认同世界文字发展的"三段论",即世界文字发展"遵循着由词符文字、音节文字、字母文字这个唯一的顺序"[2],"'词符文字、音节文字、字母文字'这三种类型代表文字发展的三个阶段"[3],间接地为用拼音取代汉字提供了理论依据。

近年来,学界主流已否定用拼音取代汉字。以往文献多指出,汉语拼音方案难以有效区分汉语书面语中的同音字词,因此无法全面替代汉字作为书面形式和知识载体。[4] 然而,学界对《汉语拼音方案》功能与地位的深入解读稍显滞后,缺乏语言学多学科视角下的全面分析,对世界语言文字发展"三段论"的质疑及研究成果普及也显得不足。因此,民间及部分学界仍存在用拼音取代汉字的声音。在评估汉字拼音的障碍时,学界除考虑到汉字全面被拼音取代后的文化传承成本外,从语言学角度的认知主要集中在汉语大量同音字词的难以区别问题上。

通过与典型的拼音文字英语对比,本文拟探讨拼音作为文字的形义象似性、语言类型学等方面的障碍。通过分析这些以往文献缺乏讨论的问题,本文希望能够拨正认识误区,回归对《汉语拼音方案》的正确推广与使用。

---

[1] 赵春燕:《关于汉语拼音运动的新思考》,《中国社会语言学》2012年第2期,第73—79页。
[2] 中国大百科全书出版社《简明不列颠百科全书》编辑部译编:《简明不列颠百科全书》,北京:中国大百科全书出版社,1986年,第270页。
[3] 中国大百科全书总编辑委员会、中国大百科全书出版社编辑部编:《语言文字百科全书》,北京:中国大百科全书出版社,1994年,第326页。
[4] 柳英绿、关黑拽:《汉语拼音化运动的历史进程与现实困境》,《吉林大学社会科学学报》2014年第2期,第160—167页;苏培成:《汉语拼音化的反思》,《汉字汉语研究》2018年第3期,第97—106页;湛晓白:《现代文化转型视野下的汉字拼音化实践——以国语罗马字为中心的考察》,《北京师范大学学报(社会科学版)》2021年第5期,第111—125页。

一、汉语拼音字词的最大障碍在于语言形义象似性的丢失

英语等表音文字在进化过程中,尽管都同时受到经济省力象似性(economical iconicity)等原则的控制,但都没有"懒"到用"一招鲜吃遍天"的方法来兼顾文字上的表音与表意的功能,如英语没有用"raɪt"作文字来无差别地完成发音均为/raɪt/的"right"(对的)、"write"(写)和"rite"(仪式)的表意。不过,英语词面在最大程度上兼顾了表音和表意。汉语这种以表意为主的语素文字在被拼音取代后,原有能兼顾字形与字义联系的形声字那点不太可靠的语音提示[1]就会让位给貌似完整描写了语音的拼音,但是,拼音字词的同音词或语素的字面区别度缺失会造成歧义丛生、语义表达不细腻(如"篡改"与"窜改"的区别)等问题。然而,这只是问题的一个侧面,英语单词与汉字所构成的词汇系统在表意功能上经过千年滋濡繁生,都已经进化出成熟而发达的形义象似性(morpho-semantic iconicity)。在英语中,很多单词既符合发音规则,又在拼写形式上反映了其意义。这种兼顾表音和表意的特点使得英语学习者在记忆单词时,可以通过词缀、词根及形态变化的拼写(也可包括其语音形式)和意义之间的联系来加深记忆。由于汉语的形义象似性主要体现在汉字的形体造字理据即"六书"上,因此,当初有人主张的用拼音全面替代汉字的方案一旦得以实施,汉语原有的形义象似性便会随之消失,导致拼音字词之间的形义联系模糊,字词的文化色彩丢失,字词的可理解性、可记忆性、可传播性大大减弱,使用者的语言文化快感会大打折扣。

(一)英汉语言的形义象似性理据

符号学创始人之一皮尔斯(Charles Sanders Peirce)把符号(sign)分为三种:

---

[1] Xiuli Tong & Catherine McBride, "Toward a Graded Psycholexical Space Mapping Model: Sublexical and Lexical Representations in Chinese Character Reading Development", *Journal of Learning Disabilities*, 2018, No. 5, pp. 482–489.

当人们发现某符号可以代表(represent)其对象(object)的某种共同品质时,人们就生成了一种符号与对象之间的复制关系的解释义项(interpretant),具有此种解释义项的符号就是一种图标符(icon)。如,某人的肖像即代表某人,因此,某人的肖像就是图标符。当人们发现某符号可以代表与其对象的某种因果关系时,人们就生成了一种符号与对象之间的因果关系的解释义项,具有此种解释义项的符号就是一种指示符(index)。如,风向仪的读数就是指示符,因为它是由风向与风速的变化导致的。当人们发现通过社会约定使某符号代表与其对象的象征关系时,人们就生成了一种符号与对象之间的象征关系的解释义项,具有此种解释义项的符号就是一种象征符(symbol)。① 如,各国的国旗是相关国家的象征符,它们通常代表各自国家的历史、文化和价值观。图标符依赖于与指涉对象的物理相似性,指示符依赖于与指涉对象的因果关系,而象征符则依赖于社会约定的意义,从认知角度看,三种符号代表了认知层次的逐步复杂化。

皮尔斯又提出了无限衍义(infinite semiosis)的概念,即在符号的接收者心中,每个解释项都有可能变成一个新的再现体,构成一系列无尽头的相继的解释项。皮尔斯无限衍义说可以更好地解释语言不断超越图标符、指示符和象征符的狭窄范畴,用越来越抽象的符号来再现对象的过程。②

20世纪初,索绪尔在结构主义语言学中正式提出了语言符号的任意性原则,紧随其后,符号学家也正式提出了语言符号的象似性原则,后一概念在20世纪80年代初正式创立的认知语言学中得到完善。在皮尔斯的无限衍义的过程中,我们能够同时看到这两种原则的影响和应用。任意性(arbitrariness)指的是语言符号中能指(外在形式)和所指(语言符号所表达的概念或意义)的联系具有任意性,是基于社会的、约定的联系。因此,世界上有数千种语言,同一个概念或意义在不同语言中或在同一语言中都可有不同语音或书写形式的表达。而语言

---

① Charles Sanders Peirce, *A Chronological Edition*, Volume 2: 1867 – 1871, Bloomington: Indiana University Press, 1984, pp. 53 – 54.
② Ibid., p. 193.

的象似性(iconicity)指的是符号的形式和意义两个方面之间的相似关系。①

从游牧民族依赖动物蹄印来追踪猎物,到通过观察烟雾来判断火源,再到用房顶装饰物鸽子作为和平的象征,再到使用无限衍生意义的复杂语言符号来表意,人类的符号系统逐渐放开了音/形义联系的限制性,发展了象似性。如,象征符心形符号被广泛用来表示爱、浪漫、关心、友谊和喜爱等情感。随着现代语言学研究的深入,语言学家们首先普遍认同了语言的任意性规律,随后又认同了语言的象似性机制。两者是并行不悖的关系,它们分别是从两个不同层面对于语言本质属性的哲学概括②,这就像婚姻在法律上是自由的,而在不违法的前提下又存在一定的民俗习惯一样。

随着从结构主义语言学到认知语言学等研究范式嬗变与研究深入,象似性问题的研究范围已由音义象似性(phono-semantic iconicity)扩大到包括其他类型的语言实体,出现了诸如形义象似性(morpho-semantic iconicity)、句法象似性(syntactic iconicity),甚至篇章象似性(discourse iconicity)等专题的研究。③

世界上有大约三分之一的语言有文字,在语言的进化中,文字最大程度地反映了口头语言的默契的音义联系与约定俗成。文字系统,相较于语言的口头形式,尽管历史短,但也在音义象似性的基础上又获得了进一步的形义象似性。如,"子""字""孳""籽""孜""仔""芋"等都含有"子",提示着我们如何发音,有的偏旁如"米"等还提示意义的类型。若继续分析这些共享相似音的"字"包括声旁,可发现它们都含有音义的数量象似性。宋人王圣美提出了"右文说",指形声字的声符本身具有一定的意义,可以与本字的意义相通。④ 古人用小口型、小(发音)动作、小音量的齿龈擦音加前高元音来模拟什么东西一点一点冒出来的声音,后来又用这个音来表达"持续不断""滋生多个"等彼此联系的含义。"子

---

①③ Irit Meir & Oksana Tkachman,"Iconicity",27 March 2014. Retrieved from https://www.oxfordbibliographies.com/display/document/obo-9780199772810/obo-9780199772810-0182.xml.
② 侯广旭:《汉英象似性研究的不足与出路》,《南京审计学院学报》2013年第2期,第97—104页。
④ 应学凤:《右文说与语音象似性》,《江西省语言学会2006年年会论文集》,江西省语言学会编,2006年,第380—384页。

(女)"、"字"(《说文》说:"字,乳也。"即"字"的本义是生孩子)、"籽(粒)"这三类事物的共同特点都是"从一到多、持续不断、孳乳浸多"。再看英语 water(水)、wave(波浪)、whirl(回旋)、whirlpool(旋涡)、wind(弯曲前进)、wrench(猛扭)、wring(绞动)、wrinkle(皱纹)、wrestle(摔跤)、wreath(花环)、snake(蛇)、serpent(蛇)、spiral(螺旋)、snarl(混乱)、orb(环)、orbit(轨道)、oology(鸟卵学)、opal(蛋白石)、oral(口的)、oval(椭圆形)、oven(烤炉)、T-shirt(T恤衫)、mountain(山)、crescent(月牙)、leg(腿),等等,且不说其中整体词形,单从首字母形象上看,w 示旋转、缠绕、弯曲等意义,s 示婉转、曲折等意义,o 示圆形等意义,m 示山形等意义,c 示月牙形等意义,l 示细长等意义。注意,这些词开头字母的发音甚至包括整个词的发音的舌唇齿动作也远超随机概率地模拟了相应的语义,如圆唇音/w/、/ɔː/、/əʊ/等与圆形义素有关。这些词形、语音上的理据把词语的形式和意义联系在一起。①

英汉词语形义象似性的生成大多有悠久的词源历史支撑,英汉词语形义象似性理据驱动了大量字/词丛(cluster)的形成,它们蕴含了英、汉两个民族对于客观事物与意念的概念化(conceptualization)与分类化(characterization)的思维方式与文化特色,构成了相应语言口头形式与书面形式的说写与学习的降难因素,生成了两种语言各自的文化快感。如上述汉语里的"子"字丛。来自拉丁语与希腊语的英语前缀 pro-,有"向前"[如 proclaim(宣告)、proceed(继续)],"事前"[如 prohibit(禁止)、provide(提供)]等积极、主动、正面的意义,把几十个带有这个前缀的英语单词串在一起了②,并与古希腊神话中把火种带到人间造福人类的"Prometheus"(普罗米修斯,字面意思是"先见之明")产生了文化联想。而同样来自拉丁语、希腊语的前缀 epi-在英语中通常与"在某物之上"有关,也可以表示"超出正常范围或位置"。它所串联的词丛大多具有被动、负面、严肃的意义,如 epidemic(流行病)、epigram(警句)、epicenter(震中)、epilepsy(癫痫)、

---

① 侯广旭:《人名性别倾向的音义象似性理据》,南京:南京大学出版社,2015 年,第 71 页。
② Douglas Harper, "Etymology of pro-." Online Etymology Dictionary, https://www.etymonline.com/word/pro-. Accessed on 12 February, 2024.

epilogue(尾声)、epidural(硬膜外麻醉)、epic(史诗)、epitaph(墓志铭),等等。①该词缀也与古希腊神话里的"Epimethues"(埃庇米修斯,字面意思是"后见之明")形成文化联想。在古希腊,这两个神常用作人类的象征,埃庇米修斯代表人类的愚昧,而普罗米修斯则代表人类的聪明。

(二) 汉语拼音字词丢失了汉字原有的形义象似性

结合认知语言学的形义象似性理论与英汉字词音形义结构的巨大差别,本文把汉语拼音字词对汉字形义象似性的可移植度分成两类。汉语原有的音义象似性从理论上讲是可移植到汉语拼音字词上的,如"这""近"与"那""远"中的音义象似性对比(小口型音指近,大口型音指远)不会因为转写为拼音而失去。本文中,由一个字母构成的英语单纯词(罕见,如 A,意为"优等"等),以及除联绵字(少见)或音译词等之类仅用于表音的字以外,所有具有明确意义的单音节语素汉字(例如"捷"),包括那些能够独立成词的单纯词(如"快"),都立体展现了字词的形义象似性,本文姑且称为"立体形义象似性"。本文把由一个以上字母构成的英语单纯词或复合词或一个以上汉字构成的汉语复合词包括联绵词等单纯词的形义象似性,姑且称为"线性形义象似性"。如"teacher"(教师)、"house"(房子)、"home"(家)、"hut"(棚子)、"hotel"(旅馆)、"hovel"(小破屋)、"habitat"(栖息地),等等,后六个单语素单纯词里面既都含有与 house 形成形义联想的线性字母组合,也都含有象征房屋的字母 H。② 这样看来,英语单词的形义象似性主要是线性的,而汉语字词的形义象似性兼具立体与线性,如果从字本位角度看,汉语的形义象似性以立体为主,因为单个汉字单纯词的"六书"理据大部分包含了立体形义象似性,如形声字(河)、会意(武)、指事(上)、象形(月)。因此,汉语复合词转写为拼音后仍可保留一定的形义象似性,如"权利""权力""法制""法治"等词中含有的语素之间的并列关系或偏正关系上的线性形义象似性理据在

---

① Douglas Harper,"Etymology of epi-." Online Etymology Dictionary,https://www.etymonline.com/word/epi-. Accessed on 12 February,2024.
② Margaret Magnus,"What's in a Word? Studies in Phonosemantics",PHD thesis,Trondheim:Norwegian University of Science and Technology,2001.

拼音字词中会得到保留，但仍会受到立体形义象似性即汉字"六书"理据的缺失与同音字的干扰。

从英汉字词的对比来看，一般来说，英语文字中有意义的部分（语素、词）是由既表音又表意的拼音符号组合承载的，而汉语文字的有意义部分（字、语素、词）是由表意的非拼音符号运载的。也就是说，汉字的字形包括偏旁部首依据"六书"理据运载了大量词义或词义提示，但偏旁部首却不是语素，而这部分词义运载或提示巧妙地构成了关乎汉语书面语的可学性、可解性、表意性的形义象似性。在汉语拼音字词中，单个汉字所构成的立体形义象似性无法被有效移植，导致原有汉字的字形与偏旁部首的表意功能丧失，同时，由于音节数量有限，同音词变得难以区分，因而形成了"难解难分"的瓶颈。

前述由前缀 pro-等造词能产度高的词根、词缀分别生发或串联起来了由几十个英语词构成的词丛（族）。同样地，汉语象形理据的提手或"手"等造词能产度高的偏旁部首串联起来了几百个多为形声字组成的字（词）丛（族），其原义多与手或动作有关，如"拿""把""打""拉""持""推""找""投""挂""摆""扶"，等等。在转写为拼音时，像这样的形义象似性理据汉字（词）丛（族）就被打散了，成为不可移植的形义象似性。而那些承载了民族理念和信仰的汉字的形义象似性的丢失，就会大大削弱民族文化的传承。如"仁"运载了"仁者爱人"的中华民族崇尚道德与人伦的传统美德；"福"通过"一口田"的组合和"衤"字旁祈福含义的提示，反映了中华民族对幸福生活的普遍追求；"财"，通过"贝"与"才"的组合，传达了财富不仅仅是金钱的积累，还包括个人的才能和能力的观点。而一旦这三个字被分别写成"rén、fú、cái"，则原来字面的丰富文化形义象似性理据就丢失了。

汉语不断地使用假借法来借先有的汉字生成或当作新汉字，借这借那，就是没借生成性极强的表音符号，造成汉语汉字在表音模糊的轨道上彼此联系固化，最后"积重难返"。譬如说，甲骨文"求"的形状指一件皮裘的"求"，"求"后又被借去构成"祈求"等词，为了表示"求"的原始义，就再借来个"衣"字放在下面作意符，造成了新字"裘"。汉字普遍定型年代较早，本身就不是靠拆解语言语音并用表音字母反复排列组合来既表音又表意的汉字，又要遭遇跟不上音读历史变化的瓶颈，如形声字"江"，经过历史变迁，意符仍然生效，声旁音读早已"面目皆非"。

尽管形声字的字音提示存在不可靠之处①,且缺乏系统性与符号普遍性,但是,它们占据了显著的地位,成为表达形义象似性的核心手段。据《现代汉语通用字表》统计,在收录的7 000个汉字中,形声字约占80%。② 当然,其余的20%还有象形、指事、会意、转注、假借等形义象似性理据支撑。因此,在汉语的学习、使用与传承中,我们还是要依赖、启动、发挥这些业已成熟的汉字形义理据。英语词源网(Word-origins)介绍说,在任何一本英语词典中,大约80%的词条源自拉丁语,超过60%的英语单词都有拉丁或希腊词根。③ 也就是说,不搞拼音取代汉字,英汉两种语言的音义与形义象似性是旗鼓相当的。

考虑到英汉两种语言各自在漫长的语言进化历史中获得的丰富的形义象似性,我们不难想象,一旦用拼音取代汉字,汉语在文字形义象似性上会遭受多大的损失,会远远落后于典型的表音文字英语。再考虑到同音词难以规避、可能伤及原有语法系统稳定性等问题(见下一部分讨论),我们认为用拼音取代汉字暂时不可行。

二、汉语拼音字词的语言类型学障碍

任何语言系统,如音系、形态、语法、词汇、语用和语义等,均可作为语言类型学对比的起点,以发现不同语言间的重复模式。④ 下面谈谈汉语拼音在哪几个语言类型学侧面对其作为文字形成障碍。

---

① Xiuli Tong & Catherine McBride, "Toward a Graded Psycholexical Space Mapping Model: Sublexical and Lexical Representations in Chinese Character Reading Development", *Journal of Learning Disabilities*, 2018, No. 5, pp. 482–489.
② 史艺:《面向对外汉字教学的形声字声旁分类研究》,硕士学位论文,北京:北京第二外国语学院,2020年。
③ Dictionary.com, "What Percent of English Words are Derived from Latin?", 7 October 2015. Retrieved from https://www.dictionary.com/e/word-origins.
④ Viveka Velupillai, *An Introduction to Linguistic Typology*, Amsterdam/Philadelphia: John Benjamins Publishing Company, 2012, p.15.

（一）语言形态类型学障碍

从传统语言构形形态类型学视角来看，汉语属于分析语（analytic language），又称孤立语（isolating language）或词根语（radical language），其语法关系主要通过语序和虚词来表达，而非像综合语（synthetic language，也叫屈折语，inflectional language）那样依赖词的形态变化。与汉语不同，英语作为一种综合分析语，既保留了部分综合语的特征，如通过词的构形形态变化来表达语法关系，又具备分析语的特点。

在英语中，词的构形形态（inflection）变化十分丰富，如动词 astonish 可以通过添加不同的屈折性词缀来形成多个不同的构形形态词形，以表达时态、语态、数等语法关系。① 然而，在汉语中，词缀构词数量相对较少，且类型有限。汉语主要通过独立的虚词（甚至空论元）和固定的词序来表达语法意义。

1. 拼音字词对虚词语法功能的弱化

虚词在数量上虽然要比实词少得多，但是其使用频率高，在语法关系提示上的重要性大于实词。当代类型学研究发现，尽管汉语的构形形态变化较少，但形态在汉语中仍然发挥着重要作用。例如，在汉语中，存在各种形态标记，如标记模式、宾语标记、距离标志、重度标志、松紧标志、并列标志等，这些标记或标志在理解和表达汉语法关系时不可或缺。② 这些标记很多是由虚词担当的，而拼音常不能直观地显示某些构形形态标记。如果后面的补语很复杂，"得"就成了必需的补语重度标记，请对比"画逼真了吗？"和"画得非常逼真了吗？"。间接宾语标记之一的"给"在引导后置间接宾语时也是必须标记，如"捎一个包袱给他"。会意字"得"指行走的人"彳"用"手"得到了"贝"，进而表达"获得"的意义，后来"得"也词汇化为补语助词，作补语重度标记使用，即在动词或形容词后引入表示动词或形容词所"获得"的程度或结果的补语。"给"的甲骨文和金文字形中包含

---

① 连淑能：《英汉对比研究》，北京：高等教育出版社，2010 年，第 25—26 页。
② 应学凤、陈昌来：《语言类型学与汉语研究四十年》，《汉语学习》2024 年第 1 期，第 52—63 页。

有表示丝线、手或类似的符号,后经会意造字演变,其字形中的各个元素共同表达了给予、传递的动作,后来也词汇化为宾语标记词。当这些高频使用的重要语法标记词被转写为拼音时,原来的形义理据就会随之弱化,甚至丢失,句子成分之间的语法关系会变得模糊,如当分别为定语、状语、补语标记词"的""地""得"一律转写为拼音 de 的时候。经由实词虚化而形成的表示动作完成或完毕的助词"过"(偏旁"辶"提示"经过"的实词义)和"了"(小篆字形"了"像是一个襁褓中的婴儿,提示"结束、完成"的实词义),经由字形与字义的关联而虚化为表示动作起点的介词"从"(字形像两人跟随),由字形像人躺在席子上而获义"依靠"后又虚化为表示因果的介词或连词"因",它们都会因为分别转写为 guò、le、cóng 和 yīn,而失去其原有的字形形义象似性理据而弱化其句子成分之间语法关系的提示功能。

2. 拼音字词对实词语法功能的弱化

尽管汉字本身没有像英语那样多而明显的构词形态词缀(deviational affix,如名词后缀-tion、形容词后缀-tive、否定性前缀-un),当然也没有传递数、时、体、态等语法关系或语法范畴的屈折构形词缀(inflection,如上文例词动词 astonish 所带的动词语法屈折后缀),但是汉字的"六书"理据,还是能够给读者提供些许词性语法提示的。如象形和指事字:一些汉字从原始的象形图案发展而来,比如"山""水",这些字通常代表具体的事物,而指事字则是一些抽象的概念或动作,比如"上""下",这些字可能是动词也可能是名词。再如会意和形声字:会意字是由两个或多个独体字组成的,通过组合的意义来表达新的意义,比如"看",由"手"和"目"组成,表示用手遮住眼睛远望的动作,所以是动词。形声字则是由一个表示意义的"形旁"和一个表示音节的"声旁"组成,比如"闻",形旁是"耳",表示与耳朵有关,声旁是"门",这里"闻"既有动词的意义(听见),也有名词的意义(听到的内容)。因此,句子中的汉字的形义象似性理据不但提示词义也提示词性或充当何种句子成分的语法意义,这些提示作用在汉字转换为拼音后必然会弱化。再如,英语词"limitedness"和汉语词"有限性"都含有位置固定、语义虚化的名词性词缀(-ness 和"性"),但是可能出于词干突出且重读、词缀弱读的规律及多音节排列对比的原因,英语的-ness的派生词缀感明显强于汉语三音节均匀排列的词"有限性"里的词缀"性",而当"有限性"转为拼音词"yǒuxiànxìng"后,其名词词缀感就更弱了。

(二) 音系类型学障碍

基于对比德内—高加索化(音系复杂但平均音节少)和夏威夷化(音系变简,平均音节多)两个假说①,有些学者认为汉语音系简单,再考虑汉语平均音节少,因此他们认为汉语同音词过多难以避免。虽然该推论在学界争议很大,但也不妨作为汉语拼音作为文字的困难来源的一个假说层面的参考来源。

汉语的基本音节在不考虑声调的情况下有405个,这些音节涵盖了《通用规范汉字表》中的8 105个通用汉字的读音。由于一个音节常常对应多个汉字,因此在没有上下文的情况下,一个音节平均代表超过20个汉字,这就不可避免地导致了歧义。②《现代汉语同音词词典》共收录现代汉语中的同音词(声母、韵母、音调都相同的单音节、双音节、三音节词以及成语、熟语等)近7 000组,收词总数达15 000余条。③ 各类同音词典以及基于各类语文词典的统计,普遍指出常用单纯词或复合词中词素 yì 音的同音字的数量最多,从五十几个到一百多个不等。如果当初汉语拼音或国语罗马字被"扶正"作为文字,就要有自己的词典,那么,未来汉语拼音文字词典要用拼音字解释同一个 yì 所含有的至少几十个作为单纯词或复合词语素的相关意义,如"艺(艺术)""抑(压抑)"等。冯志伟提出的"拼音音节歧义指数"(I)的计算公式为:$I=N-1$。其中N代表一个拼音音节所能表示的汉字数。④ 根据上述数据,如果不考虑声调,一个汉语拼音音节平均

---

① 卢哥 super:《为什么一门语言"德内高加索化"或者"夏威夷化"之后,就会废掉?》,知乎,2024年3月10日,https://zhuanlan.zhihu.com/p/686204681?utm_psn=1779118969003946976。
② 冯志伟:《国际标准 ISO 7098〈中文罗马字母拼写法〉修订纪实》,《语言政策与规划研究》2022年第1期,第1—28页。
③ 《中国地市报人》编辑部:《〈现代汉语同音词词典〉出版》,《中国地市报人》2010年第1期,第27页。
④ 冯志伟:《国际标准 ISO 7098〈中文罗马字母拼写法〉修订纪实》,《语言政策与规划研究》2022年第1期,第1—28页。

可以表示20个汉字,那么平均歧义指数就是19。尽管在书写时采用词式拼写可在一定程度上减少歧义,但是使用智能手机智能联想输入法的用户会发现,即使不考虑声调不同的同音词,像"公示""公式""公事""公室""攻势""工事""宫室"这样的双音节纯同音词仍然带来不少困扰。

(三) 文字类型学障碍

从结构主义视角出发,吕叔湘认为,世界上的文字可分成三类。一类是音素文字,一个字母代表一个音素(又叫作音位)。英语、法语等所用的拉丁字母即音素字母。第二类是音节文字,一个字母代表一个音节,就是辅音和元音的结合体。日语的字母(假名)属于这一类。音素文字和音节文字都是拼音文字,拼音文字的字母原则上都是没有意义的。第三类文字是语素文字,它的单位是字,不是字母,字是有意义的。汉字是这种文字的唯一代表。① 当然,本文第二部分所介绍的认知语言学视角上的音义象似性原理揭示的是所有语言都存在的一种模糊笼统的、相似的、倾向性的对应性音义感知,不是结构主义词汇学意义上的音义联系。

作为语素文字,汉字几乎有字就有义,因此,"见字见意"已深入人们的语言习惯。汉字若转为拼音,缺乏如英语等拼音文字用规律性很强的音节结构与长度变化来承载丰富语素的特点,将导致"望文"不能"生义"。汉语在吸收外来词汇时常常从最初的音译逐渐过渡到更符合汉语表达习惯的意译,这种转变不仅使词汇更易于理解和记忆,也从侧面反映了语素文字对于汉语语言结构的类型匹配。如,"民主"的初译"德谟克拉西"(译自希腊文 demokratia),"科学"的初译"赛因斯"(译自英文 science),"电话"的初译"德律风"(译自英文 telephone)。试对比,"汉字的特点是每个语素多由单独的字来表达"(排除联绵字和音译词等字词里的非语素字),它的拼音行文"hànzì de tèdiǎn shì měi gè yǔsù duōyóu dāndú de zì lái biǎodá"和它的英语译文"The characteristic of Chinese characters is that each morpheme is mostly expressed by a separate character"。如果我们对汉字、拼音和英文的熟悉程度大致相同,那么,对于以上相同意思的

---

① 吕叔湘:《汉语文的特点和当前的语文问题》,《吕叔湘全集》(第11卷),沈阳:辽宁教育出版社,2002年,第201页。

三个句子——一个是由"六书"驱动的汉字语素文字构成,一个是由仅表示汉字发音和音调但已脱离原有"六书"形义理据的拼音文字构成,还有一个是由既表音又依赖于众多词缀词干的成熟英文表音文字构成——哪一或两个句子更能让人"望文生义",并容易识别出或感受到字词间的语法关系呢?

汉语的字本位观点和英语的词本位观点的提出,其实就等于强调了英汉两种语言的字词音形义构词与构形形态的不同。莱昂斯(John Lyons)认为,"词是传统语法理论中的顶级单位"。就拼音文字英语来说,词是英语说写的音形义及语法特点的统一体。① 英语中的词通常由多个字母组成,代表一个特定的意义,并且词的形态变化(如时态、语态、单复数等)在表达语法关系和意义时起着重要作用。徐通锵认为,字是汉语的基本结构单位。② 汉字是音形义三位一体的,几乎每个汉字都有独立的音节和意义,呈现出非线性结构的性质。在汉语中,字是语义表达的核心,句子的生成和理解都以字为基础。徐通锵认为,不同的语言都有其特定的语言结构基点。对于印欧语系,这个基点是词,而对于汉语,则是音节。印欧语言常是一种多音节的间接编码语言,其编码过程首先是形成多音节语素,然后是进一步构成词,最后是进行句子的组合。相对地,汉语是一种直接编码语言,它可以直接在音节的基础上进行句子的组合,通过"合二为一"的方式,将词组转化为词,进而组成句子。③ 汉英语言的词(word)如"白菜"、cabbage(卷心菜),都具有结构稳定性(structural stability)、语义完整性(semantic unity)和一定的语流边界性(word boundary),当然多数词还有成语性(sentence-forming)等特征(极少数例外,如"和""an"等虚词)。英汉语言也都视语素为最小语义单位,其中的自由语素可以构成单纯词,黏着语素不可以构成单纯词。作为汉语书面语的基本"建材单位",除了如"澎湃""约翰"等极少数联绵词或外语音译词等里的字,绝大多数单一汉字是有意义的语素,却是单音节的,而英语的语素也是有意义的,音节数量不等,长短不一。英语"word"没有字词之分,在行

---

① John Lyons, *Introduction to Theoretical Linguistics*, Cambridge: University of Cambridge Press, 1968, p.194.
② 徐通锵:《"字"和汉语的句法结构》,《世界汉语教学》1994年第2期,第1—9页。
③ 徐通锵:《语义句法刍议——语言的结构基础和语法研究的方法论初探》,《语言教学与研究》1991年第3期,第38—62页。

文书写上有空格,学习语言、识读文字、编词典、说写造句等一律主要以词为单位。而汉语在行文书写上只能分清字,分不清词,学习语言、识读文字、编词典、说写造句等一律主要以字为单位。结果就出现了类似"学识何如观点书"的"小考",有点学问的人才能分辨出来教具"黑板"是个词不是词组。汉字中的独立语素(如"手"),既可独立成词,又可构成复合词(如"手机"),少数是不能独立成词的黏着语素(如"了")。所以,单个汉字可以分别对应英语多音节词里的单个自由语素或黏着语素[如"教"/teach(er)]、英语里的单音节单语素词(如"吃"/eat),或多音节单语素词(如"竹"/bamboo)。当然,多个汉字可对应英语里的多音节多语素词(如"出口"/export)。

因此,汉字的形义象似性为汉语语法关系与构词的表达提供了直观性,完全匹配汉语的语言类型学特征。汉字若被拼音字词取代,由于缺乏英语那种灵活多变的构词与构形形态变化的补救来维持语言构词与语法要求,语言结构合理性就会被破坏。

此外,除去英语包含的大约三成的屈折语成分,剩下七成的英语与汉语虽然同属分析语,但在分词书写上存在巨大差异。汉语在进化过程中并没有借鉴世界文字文明中分词书写的传统,截至目前汉语书面语的不分词书写仍然是绝对(absolute)特征而非多数性即统计性(statistical)特征。但是,关于汉语多音节词(组)、成语以及一些专有名词(组)到底应该被归类为词还是词组,学术界并没有一个统一的标准。2012年颁布的国家标准《汉语拼音正词法基本规则》,尽管其主要原则是分词连写,但是"制定分词连写的规则除了参考语法上的词类区分外,还要考虑听觉心理(语感)和视觉心理的要求。因此,汉语拼音的写法和传统语法并不完全一致",如同样后接方位词,"树下"(shù xà)和"地下"(dixia)的分写习惯不同。而在中世纪之前,希腊人和罗马人已经对单词的概念有了明确的认知。在语言的演变过程中,英语等印欧语系的语言普遍采纳了词间留空书写的规则。然而,值得注意的是,即便这些语言在特定情境下并未在单词之间明确留出空格,人们仍能够轻松地识别出单词的边界。这主要得益于英语等印欧语系语言中词头、词干、词尾、音节等构词与构形规则的明确性和规律性。

(四) 文字起源类型学障碍

首先,普通人很少能认识到汉语拼音与拼音文字两个术语的本质区别在于,汉语拼音只具备还算较好的表音功能但不具备充分的表意功能,而像英语这样的拼音文字既具有表音又具有表意功能。也就是说,人们多从拼(表)音文字的字面去理解拼(表)音文字。《中华人民共和国国家通用语言文字法》第十八条正式明确了"国家通用语言文字以《汉语拼音方案》作为拼写和注音工具"的地位。实际上,用拼音形式记录汉语的语音资源,和拿这种拼音形式当作通行文字不是一回事。有学者总结了中外关于文字的定义,并指出,尽管"文字曾经只是极少数人才能掌握的符号",但"文字不能脱离社会","它和一定的自然语言在一起"。[①] 汉语拼音确实跟自然语言联系在了一起,但它还不是被社会乃至法律文件认可的文字。《百度百科》"文字"条总结得很好,"文字是不同民族和国家创造的约定俗成的字符系统,个人自创的不被民族和国家广泛认可的字符不算真正的文字"。

民间包括学界都有拿邻邦语言放弃汉字的案例为用拼音取代汉字助力的,殊不知他们可能忽视了或不知道汉字是一种自源文字的事实,其独特的结构和表达方式体现了汉语语言类型特征。他们也忽略了或不知道某些邻邦语言文字时而吸收汉字时而放弃之是借源文字、拼合文字甚至拼盘文字使用现象,其语言所属的语言类型没变。自源文字通常具有悠久的历史,在它们的起源与进化过程中,与所承载的语言的语音、词汇、语法结构等,在语言类型学角度上实现了相对完美的融合与结合。相比之下,借源文字则是在已有文字的基础上,通过借鉴或参照其他文字的形体或系统而创建的。如汉字是日语的借源文字之一,与假名共同构成了日语书写系统。如上文所述,超过60%的英语单词都有拉丁或希腊词根,而这些借源文字的引进并没有显著影响与语素文字汉语大不相同的音节文字日语、音素文字英语等语言的固有音形义联系与语法结构,或者即使有某些影响,也已被语言内部的代偿系统抵消或在不断地微调中降低。

[①] 白小丽、邓章应:《文字的定义、属性、特点和作用》,《中国海洋大学学报(社会科学版)》2015年第6期,第109—114页。

语言的语音也会发生变化。如果使用拼音取代磨合已久的自源文字汉字，当语音发生变化时，文字是否需要随之改变就成为一个问题。不改变可能导致文字与实际发音不符，而频繁改变则可能造成书面上的混乱，如"曝光"旧读"pùguāng"，现读"bàoguāng"。

笔者认为，换个角度看，当我们说汉字"通古今通四方"时，汉字的优点和缺点就同时显现出来了。实际上自源文字汉字是具有超级"表音功能"的文字。汉民族几千年生息地半径很大，加之山河的天然屏障及封建割据，造成使用者不能同时相互听懂的方言众多，人们对同一个汉字包括形声字的声旁的读音常常不一样，但是，恰好这些"允许"各种方言音读的汉字在书写表意方面把大家统一到一起了。如果这些字早就写为拼音，那么好多方言的"拼音文字"就可能难以互相看懂了。这就是汉字在这方面的优点。但是，汉字缺点也由是而生。汉字的表音缺乏像字母或音节表那样的规律性、普适性。

三、汉字在文化传承中的核心地位

历史上那些曾经主张用拼音全面取代汉字的人士，可能并未充分预见到，如果轻率地实施这样的改革，汉字所承载的深厚文化内涵有可能逐渐消失，总有一天就不能像现在这样一边默默地享受着汉字媒介教育的知识"红利"与汉语字词在语义区别及其形义象似性等方面的"红利"，一边来显摆自己完全可以用国语罗马字或拼音交流的技能。到了那一代人，汉字或成陌路，词典将悉数以罗马字母撰写，而书刊也将转以汉语拼音承载。到那时，人们就不得不面对丢弃汉字可能造成的汉语同音词难辨和缺乏形义象似性理据的问题了，甚至要面对汉字断代导致文化断代的情景。

邻国进行拼音文字改革后的现状和问题，可以为我们提供关于用拼音取代汉字后可能出现的问题的参考。日语的书写系统融合了表意文字（汉字）和表音文字（平假名和片假名），还可以通过罗马字进行拉丁字母转写。明治维新后，受崇洋媚外思潮的影响，日本文部省在1900年限制了初等教育中使用的汉字数量为1 200余个,旨在逐步废除汉字,使文字体系更接近西方。第二次世界大战结束后,日本人总结战败的原因,认为战争的失败不仅是军事和经济实力的失败,也是文化的失败,具体来说就是语言和文字的落后。由此,关于"废除汉字"并改用具有表音性质的假名以趋近西方拼音文字的争议愈演愈烈。然而,也正是因为日本人急于发展经济技术,汉字成了日本西洋化的媒介。用汉字词汇翻译西方先进的概念,是近代日本吸纳新知识的主要方式。日本政府于1946年进行了文字改革,文部省公布了《当用汉字表》,其中规定了1 850个当用汉字,到了2010年11月,《常用汉字表》(由《当用汉字表》改名而来)再次改版,日本文部省颁布了最新的《改订常用汉字表》,规定了2 136个常用汉字。① 目前,汉字在日本的使用,既满足了正式文件、法律文件和学术著作对于文字严谨性和正式性的高要求,也是日本传承自古传入的中国文化(特别是儒家文化和佛教文化)的关键桥梁。自韩语谚文诞生以来,韩国推行了自己的语言文字改革,其中包括一定程度的文字罗马化。然而,汉字并未被韩国社会完全淘汰。这主要是因为汉字具有独特的表意功能和丰富的文化内涵,在韩国当代语言生活中仍然发挥着重要的辨义澄清作用。因此,在诸如身份证姓名书写、政治媒体新闻报道、建筑物命名书写以及祭祀用品用字等方面,汉字的使用仍然是必不可少的。② 阿塞拜疆在将一种拼音文字基里尔字母文字改为另一种拼音文字拉丁字母文字后,许多原本使用基里尔字母书写的技术文献都被逐渐淘汰或转译为拉丁字母版本,这一变化给文献的连续性和可访问性带来了相当大的挑战。③ 1945年废止汉字后不过几十年,"越南古建筑刻了许多文字,越南当地人不认识,中国游客却认识"④。

---

① 马莹:《日语常用汉字的发展》,《江西电力职业技术学院学报》2018年第5期,第151、152、154页。
② 边婷婷、晁亚若:《韩国语言景观中的汉字分布及其意义表征》,《语言与文化研究》2024年第1期,第8—11页。
③ 《哈萨克斯坦将改用拉丁字母——专家解读信号意义》,《参考消息》2017年4月14日。
④ 宁东生活:《越南古建筑刻了许多文字,越南当地人不认识,中国游客却认识》,网易号,2018年9月11日,https://m.163.com/dy/article/DRDN67370525TRHB.html。

古埃及的圣书字和苏美尔楔形字虽已失传,但因其时代久远,文化传承的成本相对较低。而我国的一些少数民族,如苗族、壮族、侗族等,原先没有自己的文字或使用借源文字或自创文字,普及度不高,他们迅速建立了自己的与汉语拼音方案相一致的文字系统①,文化传承的成本也相对较低。然而,汉语汉字则不同。作为拥有几千年历史的自源文字,汉字不仅是中华文化的载体,更是连接着亿万华夏儿女的精神纽带。一旦放弃汉字,意味着要转写几千年来积累的庞大文化,这将是一个无比庞大且昂贵的工程。更重要的是,放弃汉字将严重损害中华文化的完整性和传承性,这样的损失是无法用金钱来衡量的。

另外,民间包括学界也有人认为汉语拼音文字和汉字可以都作为通用文字并行不悖,这样说等于混淆了汉字的通用文字地位和汉语拼音具有上文说的三大辅助功能的工具地位。这些在语言与文字使用关系上的认识盲区或误区也同样受到先贤知名学者模糊认识的影响,如赵元任曾说,就是"研究中国文学史跟中国历史当然也非用中国汉字不可。可是在多数——刚刚是'有限'的反面儿——在多数文字用处的场合,比方说是自然科学啊、工啊、农啊、商啊、军事啊、普及教育啊,这些用处上呐,我觉得现在就可以用国语罗马字拼音文字"。②若按赵元任的说法去做,我国就会出现汉字和国语罗马字并用(即"一语双文")的语言国情,必然造成文理学科与相关行业相互交流乃至社会语言生活的混乱,教育、出版等成本陡增,而且这种做法等于是强令语言迁就文字的倒反做法。作为在地域与领域上应用最广泛的汉语普通话没有必要拥有同一种语言的两种文字,更不能强制两种文字分头负责本来文理相通的社会语言交际。

先贤学者缺少观察语言文字的形义象似性、语言类型学等视角,造成他们对于汉语与汉字关系上的偏见。如20世纪50年代,张世禄说:"汉字有应用书写形体来区别同音词的地方,也正是代表它的落后的一面。"他的最后

---

① 冯志伟:《国际标准 ISO 7098〈中文罗马字母拼写法〉修订纪实》,《语言政策与规划研究》2022年第1期,第1—28页。
② 赵元任:《赵元任全集》(第1卷),北京:商务印书馆,2002年,第121—122页。

结论是:"我们必须有组织,有计划,有步骤地把汉字改革成为拼音文字。"①

目前一些声称完全可以用国语罗马字或汉语拼音替代汉字进行交流的微信/QQ群群主在选择参与者时,没有确保他们在现代汉语书面语的读写知识和能力上具有相似的背景。如果参与者已经熟练掌握汉语书面语,并接受了汉语媒介的良好教育,那么他们在汉字读写与国语罗马字或汉语拼音读写上,很容易彼此产生依赖与联想,表面上是用拼音聊天,实际上也可以说是在不断依赖还原汉字书面语及经由此媒介获得的知识在聊天。他们要具有所谈话题的语言语境知识(如词义、语法)、语篇语境知识(如文内上下文知识)和文化语境知识(文外文化背景或学科背景知识)等认知语境知识,才能保证交流成功进行,而这些知识的获取或教育语言媒介在国内主要是以汉字运载的现代汉语书面语。当某群友用拼音或国语罗马字写出某人姓名或称谓时,该群友肯定事先读过那个人的姓名或称谓的用字,否则他或她怎么知道"Zhao Zhuren"究竟是指"赵铸仁""赵祝仁""赵筑仁",还是指"赵主任"呢?尽管在一般生活场景的口语交际里,发话者和受话者似乎不难区分同音词,如,"请把兔子抓回到笼子里",谁会把这句话理解成把兔子放到"聋子"里呢?但是,随着社会的文明进步、学术语言的复杂化,依赖文字来精准区别同音(字)词则对不受干扰地学习、交流学科知识显得十分重要。国语罗马字聊天群的参与者常常认为,只要教师按照事先用国语罗马字写成的讲稿来讲课,学生不也同样能听懂吗?然而,他们未曾意识到,当学生能够真正听懂教师关于"权利/权力"和"法制/法治"等话题的讲座时,这实际上是建立在双方事先都深入阅读了大量相关话题的、记载更为精准的书面语学术书刊资料的基础之上的。这与那些没有文字的民族仅凭口耳相传的方式来传承和生成知识的过程有着显著的不同。复杂文化与学术文化的生成与传播,是无法独立于书面语而存在的。要记住,一旦全面用拼音替代并废止汉字后,我们就可能不再学习汉字,也无法通过拼音还原相应表意性更强的汉字了。所以,这种实验要求找到实验对象的"适格主体"。我们当然不能在国内

---

① 张世禄:《汉字改革的理论和实践》,北京:文字改革出版社,1957年,第36、39页。

人为制造文盲,这是违法行为,而海外华人或其他民族人士的汉语学习又基本都是二语习得。

在语言规划、文字改革这项千秋大业上,我们要做到"莫负明天愧子孙"。

结　语

本文利用英汉对比等方法,揭示了汉语拼音字词的形义象似性、语言类型学等方面的障碍,对于《汉语拼音方案》的正确推广与使用具有一定的意义。

近年来,中外关于汉字加工神经机制的研究正在热烈地展开。有研究显示,汉语有着许多拼音文字并不具备的语言学特质,所以汉语神经语言学家们倾向于认为中文认知加工存在独特的神经机制和学习策略,大脑中参与处理中文的神经回路也可能具有一定的特异性,不一定遵循"通用加工机制"①,因此,我们不应该轻易对本族汉字与他族拼音文字的孰优孰劣下结论。

如同化学学生不应厌烦化学周期表一样,我们亦不应轻视汉字这一我们语言与文化之基石。石锋认为,"认读汉字并不难,甚至越是笔画多的字越是好认好记。难的是用手一笔一划地写出来。这就如同看一幅一幅的图画,记住画面和画的题目并不难,照样再画一幅就很难了……在现今的信息时代……不论是写中文,还是写英文,大多数人都是用'电写'"②,通过这一系列的改革与创新,汉语很有可能从最难学难写的语言转变为最易学易写的语言之一。这也使得用拼音取代汉字更没有必要。

---

① 李辉、王晶颖:《汉字加工神经机制的特异性与一般性问题》,《当代语言学》2016年第4期,第568—580页。
② 石锋:《电写汉字是信息时代的大势所趋》,"实验语言学 Elinguistics"微信公众号,2024年5月21日,https://mp.weixin.qq.com/s/dkT1eRWbAAGuwFfb7sbaDA。

The Morpho-Semantic Iconicity and Linguistic Typological Barriers of Pinyin Words: A Discussion on the Central Role of Chinese Characters in Cultural Transmission

HOU Guangxu

College of Foreign Studies, Nanjing Agricultural University

Abstract

At the beginning of the 20th century, many academic sages were eager to get rid of the limitations of Chinese characters, and had an overly optimistic attitude towards Chinese pinyin. By the 1950s, although the well-known scholars believed that the advantages and disadvantages of Chinese characters and their pinyin as writing systems were mutual, they had high hopes for the latter. In the 1980s, some authoritative literature confirmed the law of the development of "pictographic-ideographic-phonetic" characters, but the academic circle did not question and popularize the negative research results in time. The folk and even the academic circles lacked a due understanding of the actual function of the "Chinese Pinyin Scheme" officially issued by the state as a legal document. In the past literature, the assessment of linguistic obstacles in Chinese pinyin mostly focused on the problem that Chinese homophones are difficult to avoid. This paper discusses the morpho-semantic and linguistic typology obstacles of Chinese pinyin words by means of contrast between English and Chinese, in order to correct the misunderstanding and correctly use and promote the "Chinese Pinyin Scheme".

Keywords

pinyin words; Chinese Pinyin Scheme; morpho-semantic obstacles; linguistic typology obstacles; cultural transmission

清中晚期诗人新名词意识的觉醒和在旧体诗中的实践*

周 荐**

提要：新名词在清代中期开始大量涌现,到清末达至之前从未有过的高峰。新名词在不同时代出现的数量多寡不一,在语言使用者各人的表现上也不相一致,这在很大程度上肇因于掌握话语权和不掌握话语权的人们对新名词态度的不同。虽然是习惯了传统话语模式的社会,在门户开放时代,从事洋务者嘴里频现新名词,时人不感讶异;士大夫的政论、散文著作中偶现新名词,闻者也不足为奇;而能诗者在所作旧体诗中用上新名词,在之前的任何时代都是难以想象的,在清中晚期的道咸同光四朝涌现,更不啻是石破天惊之举,非有十足的勇气不可为,今日看来仍觉难能可贵。此一时代的一些士人在旧体诗中用新名词反映其所处时代,时代的变革也在他们的诗作中留下愈益深刻的烙印和痕迹,今人或可从中一窥新名词意识在其心中的觉醒,探寻他们将新名词写入旧体诗

---

* 基金项目：国家社会科学基金重大项目"中西交流背景下汉语词汇学的构建与理论创新研究"(项目编号：21&ZD310)的阶段性成果。
** 周荐,北京师范大学文理学院教授。

中这种崭新的语言实践活动，或可归纳出全球中文发展的某种规律。

关键词：清中晚期；新名词；旧体诗；语言意识和实践

一、帝国政治上的衰落和新名词的滋生

从道光开始，到咸丰、同治、光绪这八十七年，属于清王朝的中晚期，是这个王朝乾嘉盛世结束后不久迅速走向衰败的时期。道光、咸丰、同治、光绪四帝中，同治不但短命，且时运不济，他虽贵为天子，却似乎生不逢时，在他出生前十余年间，乃祖道光皇帝、乃父咸丰皇帝治下的大清即在列强坚船利炮的逼迫下签署了一系列丧权辱国的条约。这些条约构成了中国不平等条约体系中一块块重要的基石，将近代中国一次次推向苦难的深渊。载淳出生后，列强对中国的欺凌有增无已，又逼迫清政府签订一些不平等条约。载淳即位成为同治帝之后，清政府也与俄国政府签订了《中俄勘分西北界约记》等不平等条约。同治驾崩，载湉即位成为新君，开始了长达三十四年的光绪朝。光绪帝虽有变法之志，却乏改革之谋，无论主事还是傀儡，经他手也签署了一系列不平等条约，如光绪二年七月二十六日（1876 年 9 月 13 日）清政府与英国在烟台签订的《中英烟台条约》（又称《滇案条约》《中英会议条款》），光绪廿一年三月二十三日（1895 年 4 月 17 日）清政府与日本政府在日本的马关（今山口县下关市）签订的《马关条约》，光绪廿四年四月二十一日（1898 年 6 月 9 日）清政府与英国政府在北京签订的《展拓香港界址专条》《第二北京条约》），清政府与英、美、俄、法、德、意、日、奥、比、西、荷十一国政府的外交代表，于光绪廿七年（辛丑年）七月二十五日（1901 年 9 月 7 日）在北京签订的《辛丑条约》（亦称《辛丑各国和约》《北京议定书》）。一个个丧权辱国的条约的签订，昭示着一个古老的封建帝国在外力冲击下由盛而衰的过程，也从一个侧面预示着新名词在这个古老民族的话语体系中的滋生和发展。

道咸同光四朝从时间上看构成清中晚期的主体,是清朝由中兴迅速走向衰落的屈辱期,也是国人日益觉醒的时代。随着门户洞开,表现西方文化的新名词在中国社会的各个阶层程度不等地使用开来,给汉语造成不小的冲击,汉语词汇面貌为之丕变。士大夫中的一些人用他们手中的笔记录下家国的命运,记录下时代运行的轨迹,也记录下语言的变迁。四朝能诗的士大夫不可胜数,到同治、光绪年间甚至出现了"同光诗派",然而使新名词入诗的作品却并不见于人人的笔下,出现新名词的时人诗作最初也并不十分常见。但是士大夫们面对潮水般涌来的新名词所取的态度随社会的发展而变化,新名词在他们多数人心中的地位愈趋重要,新名词也反映着他们与其所处时代和社会互动的关系,一定程度上折射出家国的命运、时代的特点、语言发展演变的轨迹。

二、士人们对新名词所取的态度在诗文中的反映

　　中国社会在很长一段历史时期里是言文不一致的社会。言文分离是社会阶级分化的明显表现,是封建贵族垄断教育、社会底层人民受教育的权利被剥夺的直接后果。历史上曾出现过的中国小说语体变革,反映出社会对言文一致的普遍要求①,也对清中晚期以后新名词在全社会的广泛使用有直接的促进意义。黄遵宪(1848—1905)有句被后世视为口号的著名的诗——"我手写我口",出自他的《杂感》②。流俗语入诗,黄遵宪是做到了,他《山歌》一诗就直白如话:"买梨莫买蜂咬梨,心中有病没人知。因为分梨故亲切,谁知亲切转伤离。"黄遵宪之前,已有不少人对流俗语入诗大加提倡,如比黄遵宪早出生约半个世纪的何绍基(1799—1873)就说过:"诗是自家的,便要说自家话。"③流俗语每个时代都有,它一般是底层人民所操的俚俗词语,多被士大夫阶层视为不登大雅之堂的用语单

---

① 刘晓军:《近代语言革新与小说语体的变革》,《文艺理论研究》2019年第4期。
② 收入黄遵宪:《人境庐诗草》,北京:朝华出版社,2018年。
③ 《东洲草堂文钞》卷三《符南樵寄欧馆诗集叙》。

位。流俗语和新名词不同,后者一般指的是西风东渐、门户洞开的时代开始在社会各阶层逐渐使用开来的表示与西方文明相关的新观念、新器物甚至新地、新人等的词语。随着通商口岸开放,人员往来增多,习洋务者不乏其人,新名词在他们口中自然而然地使用开来。士大夫阶层历来是一个倾向于固守传统的群体,不肯轻易放弃自小习得的话语体系,也不大容易主动接受舶来的思想观念、语言词汇。在西方文化大潮的冲击下,士大夫们的口语表达或许能够比之前稍稍宽松一点,而他们的书面表达却相对来说仍旧趋向保守。近代以来,尤其是清晚期的同光时代,新名词入诗,毕竟已渐成风气。汪荣祖《史家陈寅恪传》谈到寅恪之父三立(号散原),谓"散原并非避新名词的旧诗人",又说"同光诗人多有以新名词入旧格律者"。① 细究起来,同光之前的诗人,确实已有新名词入旧体诗与不入旧体诗的两种情形;但即使同为同光诗人,也有主动将新名词入诗和固守传统不将新名词入诗两种不同的表现,三立显非前者。

大抵而言,士大夫们对新名词的态度是随着时代的发展而变化的,随家国的命运而有不同的选择。清中期时能将新名词入诗者凤毛麟角,这有诗人们个人的因素,更是时代使然。张维屏(1780—1859),一生绝大多数时间是在道光年间度过的。道光十九年(1839),钦差大臣林则徐奉旨到广东查禁鸦片,一到广州即与他共商禁烟大计。张维屏时为学海堂学长,又受聘主讲东莞宝安书院。出于维持宁静生活的愿望,他劝林则徐"毋开边衅"。然而,边衅岂自我开?不久英国侵略军发动鸦片战争的炮声粉碎了他的和平美梦,张维屏疾书《书愤》诗,表达了"鲰生惟痛愤,洒涕向江流"的激愤心情。他关注这场战争,创作了《三元里》《三将军歌》等长诗,真实记述了广州人民抗英斗争的史实,成为中国近代文学史上辉煌的史诗。他能引新事物入诗,如写火轮船、世界地图等,表现了近代诗突破传统题材、展拓诗境的趋向;诗中也使用了少量新名词,如《三元里》"三元里前声若雷,千众万众同时来"中就出现了"三元里"这个近代史上著名的地名词。林则徐(1785—1850),曾任湖广总督、陕甘总督和云贵总督,两次受命钦差大臣,因主张严禁鸦片及抵抗西方列强的侵略而有"民族英雄"之誉。林则徐少而能诗,因

---

① 汪荣祖:《史家陈寅恪传》,台北:联经出版事业公司,1984年,第22页。

政务繁忙，不暇为诗，息肩后才有更多时间从事诗歌创作，他自称"先政后文"，"苟利国家生死以，岂因祸福避趋之"即其名句。林则徐懂英文、葡萄牙文，政务之暇也写些翻译文字。他及其幕僚所写的一些文字后交魏源辑入《海国图志》一书中。《海国图志》是散文体著作，所写又都是海外珍闻，其中自然充斥新名词。林则徐本人的政论性文章，也有不少新名词，如《焚剿夷船擒获汉奸折》①中的"火船""兵船""烟枪"等。而林则徐所作的诗中却罕见新名词。新名词入文不入诗，大概是同时代不少人的特点，魏源(1794—1857)即同样的例子。魏源是近代中国"睁眼看世界"的士人之一，主要生活在嘉庆、道光年间，著名的《海国图志》就完成于道光廿二年(1842)。魏源今天留下来的数十首诗多寄情山水之作，其中鲜见新名词。这与他《海国图志》中出现大量新名词(如"地球"、"公司"、"水手"、"天炮"、"墨瓦兰"[今译"麦哲伦"]、"英圭黎"[今译"英吉利"])的情况形成鲜明的对照。与上述诸位态度比较接近，对新名词心理上不排斥，新名词或在诗中或在文中使用的，是龚自珍(1792—1841)。龚自珍主张革除弊政，抵抗外国侵略，曾全力支持林则徐禁除鸦片。他在诗文中主张"更法""改图"，揭露清统治者的腐朽，洋溢着爱国热情，被柳亚子誉为"三百年来第一流"②。龚自珍有诗 800 余首存世，《己亥杂诗》尤其著名，共 315 首，"九州生气恃风雷，万马齐喑究可哀。我劝天公重抖擞，不拘一格降人才"，即其中第 125 首。龚自珍一生大部分时间在嘉庆、道光两朝度过，《己亥杂诗》就完成于 1839 年至 1840 年间。龚诗中偶现的新名词，如《己亥杂诗》第 70 首"解道何休逊班固，眼前同志只朱云"中的"同志"，第 85 首"津梁条约遍南东，谁遣藏春深坞逢"中的"条约"。

与张、林、魏、龚生活的时代很接近的一些士大夫，对新名词的态度似乎有所不同，他们极少有新名词入诗。何绍基，一生主要生活在嘉庆、道光、同治三朝，诗集今有曹旭校点本《东洲草堂诗集》③出版。何绍基能诗，也喜作对联，惜哉甚少见新名词在其诗中出现。张际亮(1799—1843)是鸦片战争时期享有盛誉的爱

---

① 参见林则徐:《林文忠公政书》，北京：朝华出版社，2018 年。
② 出自柳亚子的《论诗三绝句》，1908 年。
③ 何绍基:《东洲草堂诗集》，曹旭校点，上海：上海古籍出版社，2012 年。

国诗人,与魏源、龚自珍、汤鹏并称为"道光四子"。张际亮主要生活的时代是道光年间。道光廿年(1840)鸦片战争爆发,张际亮力主抵抗侵略,反对妥协,写下《传闻》《芑川有诗枉赠酬和》《寄姚石甫三丈》《东阳县》《迁延》《邹钟泉太守招饮剧谈时事辄赋》《陈忠愍公死事诗》等一系列反帝爱国诗篇,怒斥侵略者"五月妖氛暗虎门",给中国人民带来"千室困苦"的罪行;强烈抨击投降派"金戈玉勒无颜色"的嘴脸,热情歌颂三元里等"义民争自起东山"的抵抗精神。姚莹在台湾率领士民严守海关,盘查走私,严禁鸦片入境,击退侵略者,张际亮闻悉后欣然题诗,向老友庆贺。张际亮逝世后,姚莹为他书写生平传记《张亨甫传》,阐发其身负"狂名"而胸怀远志,尤其称赞他"力振颓风,可谓矫矫矣"。何绍基也写了一副挽联:"是骨肉同年,诗订闽江,酒倾燕市;真血性男子,生依石甫,死傍椒山。"①张际亮一生创作诗文上千卷"万余首",流传至今的还有32卷3 078首。其诗较多反映了社会现实,揭露了腐败清王朝的政敝民贫,表达了除弊济民的愿望。与何绍基十分相似,张际亮也很少有新名词入诗。汤鹏(1801—1844)是道光年间著名的思想家、文学家,与同时期的龚自珍、魏源、张际亮同被誉为"京中四子"。他文章"震烁奇特",被夸称为"凌轹百代之才",诗文表现出相当强烈的批判特色。汤鹏不仅是时文能手,也有全面诗才。从道光九年(1829)到十七年(1837),"和诗三千余首,删存二千余首",辑之为《海秋诗集》前后集。他的政治诗,多数着眼于当下形势,抒发感慨,有歌颂,也有谴责。第一次鸦片战争失败后,他奋笔写道:"三年海上太披猖,鼍作鲸吞故故狂。上将功名徒画虎,中原天地屡亡羊。独推国士为韩信,能系人情是李纲。四战居然摧虏胆,鸡笼鹿目有辉光!"汤鹏对追逐名利、谄媚无耻之徒恨之切齿。龚自珍在《书汤海秋诗集后》评论汤鹏诗时说:"诗与人为一,人外无诗,诗外无人。"与何绍基、张际亮一样,汤鹏诗中也很少有新名词出现。

生活在同、光时代的士大夫,身处"千年未有之大变局"(李鸿章语),扑面而来的新名词令他们目不暇接。他们中的一些人选择了直面新名词的态度,新名词入诗的情况在这一时期已较为普遍。郑观应(1842—1922),与唐廷枢、徐润、

---

① 见《何绍基联集》。

席正甫并称晚清"四大买办",他在代表作《盛世危言》(下略作《盛世》)一书里首次要求清廷"立宪法""开议会",实行立宪政治,在国内较早使用"宪法"一词,由此开启了中国最高法意义上的宪法理念时代。书中还主张习商战、兴学校,对政治、经济、军事、外交、文化诸方面的改革提出了切实可行的方案,是以富强救国为核心的变法大典。这部著作问世后社会反响极大,时人称此书"医国之灵枢金匮",对光绪帝、康有为、梁启超、孙中山、毛泽东等人产生了影响,蔡元培也对《盛世》倍加推崇。郑观应还创作有不少旧体诗,诗中更不乏新名词。下一节专门对郑观应做介绍。黄遵宪,字公度,晚清诗人,外交家、政治家、教育家,为"诗界革命"的主将,是嘉应州的一代诗宗。他曾辑录了客家民歌9首,收入《人境庐诗草》①中,大大地提高了客家歌谣的社会地位。梁启超在《饮冰室诗话》中评价黄遵宪,"近世诗人,能镕铸新思想入旧风格者,当推黄公度","公度之诗,独辟境界,卓然自立于二十世纪诗界中,群推为大家"。黄遵宪不仅工诗,且喜以新事物熔铸入诗,有"诗界革新导师"之称。黄遵宪主要生活的时代是同、光二朝,曾出使外国,因此诗中有不少外国地名词和职官名词,其二十"萨摩材武名天下,水户文章世不如"的"萨摩""水户",其三十二"议员初撰欣登席,元老相从偶跨间"的"议员",其四十四"多少判官共吟味,按情难准佛兰西"的"佛兰西"。他诗中的西方文化影响十分明显,如《香港感怀十首·酋长虬髯客》中"金轮铭武后,宝塔礼耶稣"的"耶稣","官尊大呼药"后特地加注"官之尊者亦称总督",《纪事》中"斜纹黑普罗,杂俎红氍毹"的"斜纹""普罗",《海行杂感》中"倘亦乘槎中有客,回头望我地球圆"的"地球"。

或因生活的时代跨越到了民国,新名词在这一时期的一些士大夫的诗中有了更不同凡响的表现。康有为(1858—1927),出身于官僚家庭,主要生活的时代是同、光两朝和民国;光绪五年(1879)开始接触西方文化,光绪十四年(1888),康有为再一次到北京参加顺天乡试,借机第一次上书光绪帝请求变法,受阻未上达;光绪廿一年(1895)得知《马关条约》签订,联合1 300余名举人上万言书,史称"公车上书";光绪廿四年(1898)戊戌变法失败后逃往日本,自称持有衣带诏,

---

① 北京朝华出版社2018年出有影印本。

组织保皇会，鼓吹开明专制，反对革命；辛亥革命后，作为保皇党领袖，他反对共和制，一直谋划溥仪复位，1917年张勋发动复辟，拥立溥仪登基，他是参与策划人之一；康有为晚年始终宣称忠于清朝。康有为有《延香老屋诗集》等，后收入《康有为全集》①。他的诗作中不乏新名词，例如《大同书成题词》中"万年无进化，大地合沉沦"的"进化"，《爱国歌》中"江南十里必有川，深广可以泛汽船"的"汽船"，《顺德二直歌》中"同志礼曹罗凤华，义填胸臆照红霞"的"同志"，《桂林风洞与门人曹仲俨、龙赞侯、况晴皋、黎少峰、汤觉顿看雪，怀梁卓如，兼示麦孺博。时二子皆在上海，卓如将为美游》中"他时对雪华盛顿，辒轩所采传诗筒"的"华盛顿"，《三月乘汽车过落机山顶，大雪封山，雪月交辉，光明照映，如在天上。其顶甚平，译者请名之，吾名为太平顶》中"身世直登太平顶，峰峦直走美洲南"的"美洲"。梁启超（1873—1929），是中国近代维新先驱，清末民初杰出的政治家、思想家、史学家、词汇发明家乃至誉驰国际的"百科全书式"大家。梁启超和乃师康有为一样，生活的时代主要是同、光两朝和民国。作为新时代的"词汇发明家"，梁启超的诗中有不少新名词。例如《二十世纪太平洋歌》中"亚洲大陆有一士，自名任公其姓梁"的"亚洲"，"誓将适彼世界共和政体之祖国，问政求学观其光"的"共和"与"政体"，"乃于西历一千八百九十九年腊月晦日之夜半，扁舟横渡太平洋"的"西历"与"太平洋"，"蓦然忽想今夕何夕地何地，乃是新旧二世纪之界线，东西两半球之中央"的"世纪"与"半球"，"独饮独语苦无赖，曼声浩歌歌我二十世纪太平洋"的"二十世纪"与"太平洋"。此外，"西伯利亚""门罗主义""北美合众国""四大自由"等，甚至梁氏的西语自译词，如《赠别郑秋蕃兼谢惠画》中"君持何术得有此，方驾士蔑凌颇离"的"士蔑""颇离"，他注释为"英人阿利华士蔑（Oliver Smith），近世最著名画师也"，"希腊人颇离奴特（Polygnotus），上古最著名画师也"，也都出现在他的诗中。

不是生活在同一时代即有同样的语言表现。比郑观应、黄遵宪稍晚，比康有为、梁启超稍早的翁同龢、陈三立，虽也是政界、学界领袖，但在对待新名词入诗这个应取的积极态度上却表现得似乎不尽如人意。翁同龢（1830—1904），咸丰

---

① 康有为：《康有为全集》，姜义华、张荣华编校，北京：中国人民大学出版社，2007年。

六年(1856)状元,同治、光绪两朝帝师,官至户部尚书协办大学士。翁同龢有《瓶庐诗稿》八卷①行世。其中一些诗间有新名词,例如《醇邸示近作次韵三首》:"客路曾经勃碣东,上书无策负深衷。薰街置邸今通款,铁轴摧轮夙著功。破敌固应资利器,人谋终可夺天工。画图未敢轻传播,郑重然犀一炬红。"该诗结束处作者自注"水雷"二字。类似这样的新名词,在翁所处的时代极多,只可惜在他的诗作里出现得太少了。陈三立(1853—1937),字散原,同光体诗派重要代表人物。陈三立出身名门世家,为晚清维新派名臣陈宝箴长子,国学大师、历史学家陈寅恪和著名画家陈衡恪之父,与谭延闿、谭嗣同并称"湖湘三公子",与谭嗣同、徐仁铸、陶菊存并称"维新四公子",有"中国最后一位传统诗人"之誉。戊戌政变后,他与父宝箴一起被清廷革职。1937年发生"卢沟桥事变"后北平、天津相继沦陷,日军欲招致陈三立,陈三立为表明民族气节绝食五日忧愤而死,享年85岁。陈三立诗中有一些新名词(个别的是俚俗词),但不是很多,如《沙发园和映庵》中的"沙发",《次韵答王义门内翰枉赠一首》中"君不见邹鲁大师冠峨峨,希腊竺乾应和多"的"希腊"。陈三立也不是不与外人交,但仍罕用新名词,如《柬日本藤泽元》《日本故相菅原道真建祠大阪曰天满宫,有神松枯而复活。今东历三月,值其邦人举千年之祀而老儒藤泽南岳乃为徵咏,因赋二首》《日本领事天野恭大郎送酒》《赠日本画士山本梅涯》《园馆夜集闻俄罗斯日本战事甚亟感赋用前韵》,都是与日人往来唱和的诗,中鲜新名词。陈三立的诗也并非不收俚俗词,有用流俗语写成的《雪夜过瞻园诵樊山午诒倒叠前韵诸作感而和此》:"肚皮匡柴向谁吐,海内解人剩三五。麻鞋藤杖无复之,伫下万灵一镫苦。遗编拨尽干死鱼,彼此是非任蜂午。低头呵研斥寸田,活我七尺冀生黍。猥鬻工巧完嫁衣,绣文何如市门女。惆怅独恋主客图,手掬天浆许吮哺。仰面虽自列曹邻,强忘两大齐与楚。使君元化包周身,翰林简练逾刺股。陆离纸幅腾龙鸾,目瞠舌挢叹且抚。况踏雪泥据谦席,擎读岂暇论战拇。酒波烛影各动摇,微觉骚魂获安堵。异时属和千百篇,输与坛坫权子母。窗梅乘兴击钵催,城头已应鼜如鼓。春还登高更能赋,请

---

① 北京朝华出版社2018年出有影印本上下册。

待山楼洗雷雨。"陈三立的散文,也鲜见新名词。例如他在《刘古愚先生传》①中写道:"当是时,中国久积弱,屡被外侮,先生愤慨,务通经致用,灌输新学新法新器以救之,以此为学,亦以此为教。"说是这样说,但是陈三立的文章中却仍鲜见新名词。郭延礼《陈三立的诗文浅论》②谈到散原的语言特点,说:"过去以'生涩奥衍'派目之,这个评价既不确切,也不全面。"他认为"陈三立多数诗作并不是佶屈聱牙、不可卒读的"。他还比较与陈三立齐名的"同光体"诗人沈曾植,说:"沈氏写诗喜用'佛藏道笈,僻典奇字,诗中层见迭出,小儒为之舌挢不下'。陈三立绝大多数的诗无此病。"这些评价自是的论,然陈三立旧体诗中所用的新名词不多,却是事实。

上述十数位诗人,生活于清中期的,诗中使用新名词的数量并不太多;生活的时代愈靠近清晚期,跨入民国,诗中所用新名词(尤其是由日本输入的"汉字词")的数量愈多,呈递增发展的态势,如郑观应、黄遵宪、康有为、梁启超诗中的新名词数量是张维屏等所无法比拟的。当然,也有固守传统的士大夫,如翁同龢,虽生活在清末,诗中新名词仍不多见。更有甚者,在这个历史进程中思想保守,竭力排斥新名词。如力倡"中学为体,西学为用"的清末重臣张之洞,就十分憎厌外来的新名词。当然,像张之洞这样对待新名词的算是比较极端的罕见的例子。事实上,到清中晚期,当时的汉语词汇中仅受日语影响的二字词就为数众多,据沈国威③统计,"现代汉语二字词中的日语影响词"中可以析作支配结构关系的词就有 147 个之多,如下:

拔丝 拜金 保健 保温 闭幕 避孕 变量 变速 变奏 采光 采矿 采血 采油 测光 插画 插话 插图 承诺 充电 充血 抽象 出版 出品 出庭 出席 除湿 从业 催眠 导电 导尿 倒产 倒阁 登顶 等价 等温 等值 定量 定型 定义 动员 渎职

---

① 陈三立:《散原精舍诗文集》,上海:上海古籍出版社,2014 年。
② 《散文精舍诗文集》代前言。
③ 沈国威:《汉语近代二字词研究——语言接触与汉语的近代演化》,上海:华东师范大学出版社,2019 年。

对话 发车 防潮 防尘 防弹 防毒 防空 防疫 附表 附则 复员 改版 感光 给水 构图 媾和 灌肠 化脓 化石 化妆 换气 积肥 集权 集约 纪念 加盟 加速 加压 监事 检疫 减产 减速 减压 减员 解禁 解约 竞技 救国 决算 决心 绝版 绝缘 开幕 立场 立宪 临床 临界 录画 录音 迷信 免疫 灭菌 命题 拟人 拟态 逆光 排卵 排他 配电 切腹 溶媒 溶血 杀菌 煽情 上陆 射精 射线 摄影 失恋 失效 施肥 施策 示范 收益 受粉 授精 输血 输液 锁国 填料 投产 投稿 投影 投映 退场 退庭 脱白 脱水 脱脂 无机 无菌 无线 下野 献血 休耕 续航 选矿 有机 远足 造型 造血 着陆 着想 着装 整形 转业

因此，时人稍不小心，就会用到新名词。实事求是地讲，绝大多数诗人还是能以比较正面的态度对待新名词的。以正面态度对待新名词的诗人们可做出如下分类：一类诗人，文是文诗是诗，文可用新名词，诗中甚少出现新名词，如林则徐、魏源、何绍基、张际亮；另一类诗人，诗文一致，文用新名词，诗也不乏新名词，其中尤以郑观应为代表。

三、"澳门之子"郑观应诗文中的新名词集中展示

整个清中晚期在新名词入诗的问题上，士大夫阶层中表现得最积极主动的莫过于郑观应和黄遵宪。郑观应有"澳门之子"之誉，2021年是其逝世百周年，笔者特撰此文以为纪念；黄遵宪拟另做研究。

郑观应是中国近代最早具有完整维新思想体系的理论家，是揭开民主与科学序幕的启蒙思想家，也是实业家、教育家、文学家、慈善家和热忱的爱国者。郑观应自幼在澳门接受教育，曾参加香山县童子试，不第。咸丰八年（1858），他赴沪习商。咸丰九年（1859），他在上海外商洋行工作时，入英华书馆夜课班习英文。咸丰十年（1860），他成为英国宝顺洋行的买办，并勤修英语，对西方的政治和经济等有了更深刻的认识。同治七年（1868）起，他同别人合伙经营茶栈及轮船公司等。同治十二年（1873），他受聘为英商太古轮船公司总理。光绪六年

(1880),他于自强运动期间编订《易言》一书,在曾国藩提出"商战"一词的基础上,将"商战"定位为在商业上学习西方的策略①,并建议采取君主立宪制。光绪七年(1881),他任上海电报局总办。任内,他建设了津沪电线,并组织翻译出版了《万国电报通例》和《测量浅说》,供各地电报局使用。他还因为大北电报公司所用电码本字码过少,而对电码本进行扩编,出版《四码电报新编》。光绪九年(1883),他升任轮船招商局总办。光绪十年(1884),他退居澳门,居郑家大屋中,潜心修订《易言》,亦即后来的《盛世》。光绪十七年(1891),他出任开平煤矿局总办,翌年调任招商局帮办。光绪廿年(1894),《盛世》完成。《盛世》堪称中国近代社会极具震撼力与影响力之巨著,是中国近代史上一部影响巨大的政论专集。1840年鸦片战争后,林则徐首先在澳门打开一扇西看世界之窗,中国人开始主动接触西学,19世纪下半叶,中国知识分子掀起一股忧国忧民、研讨富国救世良方的热潮。②《盛世》甫问世,即警世醒时,震动朝野,传诵数十载。不久,这本巨著又流传到日本、朝鲜等邻邦,风行一时。在之后的辛亥革命、新民主主义革命中,它都曾起过重要的启蒙作用,光绪帝、康有为、梁启超、孙中山、毛泽东等都从

---

① "商战"是清同治年间出现的一个词。郑观应《盛世》说:"习兵战,不如习商战。"孙诒让《周礼政要》云:"当此环球商战之秋,固宜急筹合群之策哉!"《周礼政要》是孙氏一部著作,影响远不及郑氏《盛世》。然"商战"一词却既非郑氏,更非孙氏首创。据王尔敏《中国近代思想史论》(台北:台湾商务印书馆,1994年)考证,曾国藩同治元年(1862)致毛鸿宾函中写道:"至秦用商鞅以'耕战'二字为国,法令如毛,国祚不永。今之西洋,以'商战'二字为国,法令更密于牛毛,断无能久之理。"或为"商战"一词之始。光绪四年(1878),湖广道御史李瑶谓:"泰西各国,谓商务之盛衰关乎国运,故君民同心,利之所在,全力赴之。始而海滨,继而腹地,既蚀人之资财,并拒人之形势,盘踞已久,遂惟所欲为。古之侵人国也,必费财而后辟土;彼之侵人国也,既辟土而又生财,故大学士曾国藩谓'商鞅以耕战,泰西以商战'诚为确论,此洋人通商弱人之实情也。"此亦"商战"为曾氏所创一证。"商战"一词虽为曾国藩所创,但最早明以"商战"为口号的确是郑氏。列强侵华目的就是要把中国变成其"取材之地、牟利之场",遂采用"兵战""商战"的手段对付中国,而"商战"比"兵战"的手段更隐蔽、严重、危险。因此郑氏主张"西人以商为战,彼既以商来,我亦当以商往","欲制西人以自强,莫如振兴商务"。郑氏之前,国人对于"商战"的理解是肤浅的;郑氏在前人基础上,结合自己经商的经验,提出了系统的"商战"理论。《盛世》贯穿"富强救国"的主题,力主用"商战"来对抗外国资本主义的经济侵略,主张效仿西方在国家扶持下发展民族资本主义工商业,今天看来,仍不乏现实的参考意义。

② 熊月之:《西学东渐与晚清社会》,北京:中国人民大学出版社,2011年。

这部政论专集中获得教益和启迪。①《盛世》是郑氏最为世人瞩目的一部著作。该书之外,郑氏还有其他一些书文问世,他的语言特点在包括《盛世》在内的所有诗文中都有充分的反映。郑观应1842年出生,正当鸦片战争行将结束、《中英南京条约》草签之时,在中国共产党诞生前夕的1921年6月14日逝世于上海。郑观应生活的时代,正是列强恃强凌弱,中国在弱肉强食的世界里一步一步走向深渊的时代。如果说鸦片战争拉开了清王朝最后七十年屈辱历史的序幕,那么,郑观应八十年生命中的七十年就是陪伴着这个屈辱的王朝一起度过的。② 他生活的近八十载时光,正是中国频遭异族侵略,中华文化被动地与异文化接触和交融,中华民族多灾多难的八十年。大时代孕育着大变动,大时代催生出反映大时代的众多新名词。也正是在这个大变动的时代,汉语发生了巨变,尤其是词汇的面貌更发生了翻天覆地的变化。清末汉语的巨变,反映在词汇的大量增多,尤其是外来词的大量借入和新名词的大量创造上。③ 郑氏虽世居澳门,但自幼受欧风熏陶,"究心政治、实业之学",平生经验铸为不朽名句"欲攘外,亟须自强;欲自强,必先致富;欲致富,必首在振工商;欲振工商,必先讲求学校、速立宪法、尊重道德、改良政治"。郑氏诗文著作中的新名词十分可观,他的语言词汇也颇具时代特点。

  郑观应的诗有一个很重要的特点,就是"撷采新词新语入诗"。④ 郑观应的诗都是旧体诗,新名词中的普通名词在其中比比皆是。例如《述志四十韵》中"西学资实用"的"西学","兼理铁路事"的"铁路";《感赋七律八章借纪身世(八)》中"漫侈飞机潜水艇"的"飞机""潜水艇";《七十生日书怀(二)》中"上书宪政曾无补"的"宪政";《答黄幼农黄花农蔡毅若岑馥庄四观察论时事》中"出口税偏重,进口税多蠲"的"出口税""进口税","拒官恃入教,改籍为逃捐"的"入教""改籍""逃捐","变政如明治"的"变政""明治","商战共筹边"的"商战","邦交果如是,公

---

① 潘光哲:《晚清士人的西学阅读史》,台北:"中央"研究院近代史研究所,2014年。
② 唐德刚:《晚清七十年》,台北:远流出版,1998年。
③ 唐贤清、汪哲:《试论现代汉语外来词吸收方式的变化及原因》,《中南大学学报(社会科学版)》2005年第1期。
④ 邓景滨:《郑观应诗类编》,澳门:澳门近代文学学会,2012年。

法岂其然"的"邦交""公法";《治乱歌》中"宪法不行专制严"的"宪法";《与西客谈时事志感》中"矿产富五金"的"矿产","或司总税务,或代邮传驿"的"总税务""邮传驿","铁路或包工,国债或借拨"的"铁路""包工""国债""借拨";《时事孔亟殊抱杞忧妄陈管见以备采择》中"叵奈议和者,立约太不善"的"立约","通商五十年"的"通商","国体多轻嫚"的"国体","强邻铁道通"的"铁道","并设制造局"的"制造局";《莫若篇》中"莫若参外股"的"外股";《与日本驻沪小田切领事论时事作歌并序》中"俄法联盟尤诡谲"的"联盟","文部专理学校事"的"文部","谨为作歌告同志"的"同志";《时事感慨(三)》中"铁轨纵横争建筑"的"铁轨";《上孙燮臣师相邓小赤师帅论时事》中"经济法律设专科"的"经济""法律""专科","昔言矿产恐难守,中西合股或可久"的"矿产""合股","效法美邦分段租"的"分段租";《感时赠盛杏荪太常》中"群起执条约"的"条约";《与朱晓南观察论时局》中"政治如英德"的"政治";《与潘兰史征君论时事感怀得五绝二十六首》中"若无下议院,积习终难洗"的"下议院","议院宜缓开"的"议院","欧洲举议员,首要问人格"的"议员""人格","善哉元老院"的"元老院";《庚申己未两岁秋感》中"内讧迭起岂共和"的"共和","中央借款为生计"的"中央","底事权操诸省长"的"省长";《读波兰衰亡战史书感》中"借词保护干内政"的"内政","纷索租界归自治"的"租界""自治","参订宪法立公民"的"宪法""公民";《书抵制美国禁华人入口》中"上下争国体,主权守勿失"的"国体""主权";《有友出山入宫来索赠言书此贻之》中"大哉议政院"的"议政院","美洲换总统"的"美洲""总统","巡捕如西法"的"巡捕";《庚申己未两岁秋感》中"求真须辟修真院"的"修真院","主教六通谁不服"的"主教","何日随师朝上帝"的"上帝";《伍秩庸先生辞总裁仍护法巩固共和赋此志喜》中"闻已组织圣教会"的"圣教会";《庚申己未两岁秋感》中"底事公司不及人"的"公司","前期组织股东会"的"股东会";《路矿歌》中"股票私售与比通"的"股票","工程陋劣违合同"的"工程""合同","总之集股非无法"的"集股";《乙未感事》中"财政暗侵开矿路,利权显夺踞关津"的"财政""矿路""利权";《开矿谣》中"招商立公司"的"招商""公司";《寄寿叶誉虎交通部总长》中"研求实业访能贤"的"实业","国有收归且莫迟"的"国有";《水陆师学堂各艺大书院博物会机器制造厂栖流工作所皆富强始基急宜创办赋此志感》中"专利若干岁"的"专利";《商务叹》中"不先钻穴验矿苗"的"矿苗","轮船电报开平矿"的"轮船""电报""开平矿","忆余会办轮船局"的"轮船局";《庚申己未两岁秋感》中"律师驳论辄伤身"的"律师""驳论","茫茫公理今何在,报纸徇情亦失真"的"公理""报纸";《赠日本伊藤侯相三十六韵》中"泰西公法重富强"的"泰西""公法";《书中国医士讼师与泰西不同》中"医道关生死,律师定死生"的"律师","卒业给执照,注册纪姓名"的"卒业""执照""注册","堂讯有陪审,贪官无任情"的"陪审";《汉阳差次得沪友书》中"事变书增订"的"增订";《愤世》中"非但各海关,邮政亦如此"的"海关""邮政";《大舞台曲》中"殖民捷效如英德"的"殖民";《读盛太常请变法自强疏》中"铁轨火轮周内地"的"铁轨""火轮";《亚细亚协会歌》中"地球全体若鸡卵"的"地球";《壬子暮春志感》中"报纸挺毛瑟,炸弹壮声势"的"报纸""毛瑟""炸弹";《哀黄人》中"有无领事官,保护设专职"的"领事官";《哀黄人》中"洋舰保洋商,内河恣游弋"的"洋舰""洋商""内河";《劝各名医仿泰西预筹军中救伤会歌并序》中"新式后膛更灵快"的"新式""后膛","电气闪光乌鹊坠,水雷激浪鱼鳖焦"的"电气""水雷"。

郑观应诗中不仅采用大量普通名词的新名词,还采用为数不少的人名、地名类专有名词的新名词。如《答英国广学会董李提摩太及世爵贝思福论中外时事》中"西伯利亚铁路成"的"西伯利亚",《时事孔亟殊抱杞忧妄陈管见以备采择》中"试观新加坡"的"新加坡","操防法欧洲"的"欧洲",《莫若篇》中"覆辙蹈波兰"的"波兰","否则如埃及"的"埃及",《感时赠盛杏荪太常》中"中东肇衅后"的"中东","亟联日英美"的"日""英""美",《与朱晓南观察论时局》中"政治如英德"的"英""德",《与日本驻沪小田切领事论时事作歌并序》中"中华官制异泰西"的"泰西",《与潘兰史征君论时感怀得五绝二十六首》中"列强图支那,受制如埃及"的"埃及","昔者法兰西"的"法兰西",《阅西报论欧洲官兵在亚非二洲杀人掠地事》中"霸业看罗马"的"罗马",《时事感慨(一)》中"维新彼得是雄才"的"彼得",《哀黄人》中"爪哇非律宾,一律令摧抑"的"爪哇""非律宾","近传南啡洲,民情刚且愎"的"南啡洲","前车鉴古巴,立约当谨饬"的"古巴",《亚细亚协会歌》中的"亚细亚","凡属亚洲有志者"的"亚洲",《列国兴革大势歌》中"时变法效西欧"的"西欧",《有友出山入宫来索赠言书此贻之》中"美洲换总统"的"美洲","五洲同一例"的"五洲",《拳匪》中"震动五大洲"的"五大洲",《上合肥傅相七排四十二韵》中"奉诏遍游罗马国,浮槎妄托斗牛津"的"罗马",《沪上求生会同人曾君少卿来电云美工虐待华侨请告同胞以不用美货为抵制名曰拒约会赋此纪之》中"应在旧金山,会商得原委"的"旧金山",《霸主歌》中"争学拿破仑"的"拿破仑","怀哉葛苏士"的"葛苏士",《列国兴革大势歌》中"列邦各有华盛顿"的"华盛顿",《保主权》中"专司总钥为赫德"的"赫德"。清末出洋考察的士大夫写下的文字,介绍了海外诸国的政治、经济、文化、军事、外交等国人闻所未闻的新奇事,其中有大量新名词,不遑多论,如郭嵩焘《使西纪程》、容闳《西学东渐记》、梁启超《夏威夷游记》、崔国因《出使美日秘日记》。郑观应终其一生也未涉足西洋,只曾在中法战争时,奉派前往暹罗、西贡、新加坡等地调查了解敌情,并没有太多的出洋经历,但他的诗中竟有如此多的关于外国的新名词,只能说明他是一个语言文字的有心者,说明他对外洋一切"奇技淫巧"的重视,说明他始终在睁开眼睛看世界。郑观应旧体诗中新名词的使用是大量的,甚至可说已是常态化了。他极其丰富的词汇,是他扎实的语言实践的表现,对所处时代做出全方位的反映,构成了中西语言文化交流的一幅"清明上河图"。

结　　语

同光诗派是同治光绪年间的一个著名诗派,同光时代的不少诗人都属于这个诗派。但是诗派是文学流派,诗人秉持同样的文学主张,不意味着他们在语言的使用上也一样。反过来看,不属于同一个诗歌流派的诗人,也不一定在语言的使用上相去遥远。19世纪末不少人热衷于在诗歌创作中使用新的语言词汇,"当时所谓'新诗'者,颇挦扯新名词以自表异"。[①] 且不管出自梁启超之口又被胡适转引的这句"挦扯新名词以自表异"有何耐人寻味的语义色彩,新名词的使用,从清中期的林则徐、魏源辈的散文、政论著作即已开始,到清晚期的郑观应的

---

① 梁启超:《饮冰室诗话》,转引自胡适:《五十年来之中国文学》,《胡适文存》,上海:亚东图书馆,1922年。

诗里已达史上从未有过的高度,旧体诗人如此青睐新名词在中国文化史上绝无仅有。这是一个历史的进程,从道光初年到光绪末年的八九十年间,士人们对新名词的态度虽有不一,但总的趋势是人数愈来愈多,新名词的使用日益普遍——词量愈来愈大,新名词不仅在士人的嘴里出现,也在散文著作、政论著作中出现,最终在旧体诗中频繁地出现。这些反映西方事物对象的新名词在那一时代敢于直面新文化的士大夫郑观应的诗中大量出现,或可表明中西文化之间未必存在着截然的鸿沟,语言间也很难说有尖锐的对立,而完全可以"拿来主义"的态度对待之,使之为我所用。这些新名词所反映的事物对象、思想意识多是当时中华所无,所欠缺的,这些新名词被集中地运用,表明郑氏为代表的当时的先进知识分子对西学的敏感,表明他们对西方文化的激赏,也反映着中华之需,反映着当时汉语词汇中的缺失。新名词成批地出现,无疑是那个大变局时代的重要一页,某种意义上说它为之后不久发生的五四新文化运动提供了一定的语言准备,更对数十年后几部记录现代汉语词汇的词典的问世起到了催生的作用,为汉语词汇未来的百年发展奠定了重要的基础。

The Awakening of the Poets' Consciousness of New Terms in the Middle and Late Qing Dynasty and Their Practices of It in Old-style Poems

ZHOU Jian

Faculty of Arts and Sciences, Beijing Normal University

Abstract

New terms proliferated in the middle of the Qing Dynasty and reached an unprecedented peak in the late Qing Dynasty. The number of new terms varied in different eras, and their embodiments in people's language use were not consistent, which was largely due to the different attitudes of people who have language power and those who do not towards them. Although it was a society accustomed to the traditional language mode, in the era of opening up to the outside world, people were not surprised when hearing new terms frequently from the mouths of Westernization advocates or seeing them occasionally in literati's political comments or proses. However, it was unimaginable for them to be used by poets in old-style poems in any previous era, and even more astonishing for them to appear in the reigns of Emperor Daoguang, Emperor Xianfeng, Emperor Tongzhi and Emperor Guangxu in the middle and late Qing Dynasty, which could not be made possible by people without enough courage and is still commendable today. Some poets of this era used new terms in old-style poems to reflect their period and left increasingly profound traces of the changes of the era in their poems, from which we can see the awakening of the consciousness of new terms in the poets and explore their new language practices of using new terms in old-style poems.

Keywords

the middle and late Qing Dynasty; new terms; old-style poems; language awareness and practice

晚清至当代国际中文教育事业形象演变的定量分析[*]

徐艺玮 牟 璇 饶高琦[**]

提要：洋务运动至今，中国社会经历全方位巨变，新闻报纸对社会发展变化、新信息的反映迅速且直接，是探索国际中文教育事业形象演变的重要窗口。文章使用语料库的研究方法，通过抽样调查、统计等对语料中抽取的一批中心词进行定性分析，基于此补充并丰富我国近代汉语作为第二语言教学的历史。文章使用情感分析技术，发现近现代国际中文教育事业一直以积极形象为主，不同时期积极强度略有变化。国际中文教育事业发展与政策的变化、社会历史环境等密切相关。

关键词：国际中文教育；定量研究；学科形象；情感分析

---

[*] 基金项目：教育部人文社科基金项目"清末以来汉语报刊语词汇使用计量研究"（20YJC740050）阶段性研究成果。

[**] 徐艺玮，北京语言大学国际中文教育研究院硕士研究生。牟璇，北京语言大学国际中文教育研究院硕士研究生。饶高琦，通信作者，北京语言大学副教授，文学博士。

引　言

语言作为人类最重要的交际工具,在全球沟通交融中发挥着十分重要的作用。19世纪末到21世纪初,从被迫打开国门与世界交流,到全面开放融入世界、参与制定国际秩序,中国社会经历全方位的变革。作为第二语言的学习者的教育,国际中文教育事业经历了由"教外国人(洋人)学汉语"到"对外汉语"再到"汉语国际教育"的复杂演变过程。这项事业的形象演变也受到国内外社会变迁的影响。我国的汉语第二语言教学历史源远流长,今天学界所关注的国际中文教育事业历史大致可以追溯到20世纪50年代,近代到中华人民共和国成立前对国际中文教育的历史发展关注较少,也缺乏梳理。

本文旨在基于数字人文领域中的"远读"(distant reading)观念,尝试以关键词及其间的相互关系勾勒国际中文教育事业的形象,描述国际中文教育事业自晚清以来的发展变迁,将有助于今天的我们更好地在百年的历史尺度中把握事业发展的趋势和目标。这对面对百年未有之大变局的国际中文教育事业具有特别的意义。

一、相关研究及语料资源

1. 语料资源

国际中文教育事业的形象和社会对其的认知,不可避免地受到社会发展以及社会思潮变化的影响。语言是社会变迁的一面镜子,这种变迁也在历时语料中留下线索。新闻报纸作为定期向公众发行的传递信息的出版物,对社会发展变化、新信息及重大历史事件的反映迅速且直接。本文选择《申报》和《人民日报》这两份主流报纸作为数据来源,主要有以下三个原因。

一是典型性及不可替代性：《申报》作为近代中文报刊的典型代表，其性质是城市生活报纸；《人民日报》作为现代中文报刊的典型代表，是中央党报，属于政治性媒体。两份报纸虽然性质不同，但具有其他报纸不可比拟的优越性。近代报刊主要有《申报》《大公报》《新民报》等，其中《申报》发行年份最早、社会影响最广泛，是体现新闻自由的典范，也是中国现代报纸开端的标志，其报道的深度和广度都是同时期其他报纸无法企及的。且《申报》虽然是一份城市生活报纸，其刊登内容却覆盖国内外重要新闻、通讯、著名人士文章、宣言等，因此，《申报》是当时思想启蒙、政治宣传和社会改革的重要平台，为中国的现代化进程、社会变革和思想启蒙发挥了积极作用。中华人民共和国成立以来，《人民日报》作为我国第一大报，承担着宣传党的主张、宣扬社会思潮等责任，以其独立性、进步性和思想性为人所称赞，为中国的现代化进程、社会变革和思想启蒙发挥了积极作用。

二是受众群体的广泛性：《申报》及《人民日报》作为近现代中文新闻报刊的典型代表，可以为本研究提供充分且稳定的语料，其受众涉及知识分子、民众、商人、精英人士等社会各界人士，且能够较为全面地反映各个社会群体的观点态度，是从语言上观察国际中文教育事业变迁的重要窗口。

三是记录社会的连续性：本文所使用的语料资源基于《申报》《人民日报》1872年到2015年，共144年跨度的典型中文报纸语料库，涵盖晚清时期、北洋政府时期、南京国民政府十年、全面抗战时期、解放战争时期以及中华人民共和国成立至当代(2015)的时期。其中《申报》语料共有约9亿1000万词（包括汉语词语、标点符号、数字、字母词等，下同），时间跨度为78年(1872—1949)；《人民日报》语料规模约为7亿，时间跨度为66年(1950—2015)，另有4年(1946—1949)与《申报》发行年份重合，两份报纸在时间上接续起来，满足词语历时研究对于大规模、长时间跨度语料的需求。

因此，本文选择《申报》和《人民日报》这两份主流报纸作为数据来源，基于1872年到2015年，共144年跨度的中文报纸语料库，对国际中文教育事业的形象、内容、发展动因、情感评价等方面进行剖析，以期探索国际中文教育事业自晚清以来的形象演变。

2. 相关研究

李宇明曾在《重视汉语国际传播的历史研究》中提出:"促进汉语的国际传播,应重视对已有的相关实践进行经验总结,鉴往而明今。"① 岳岚、张西平在《汉语作为第二语言教学史研究三十年概观》中,总结了近年来对汉语作为第二语言的教学史研究情况,提出了教学史研究中原始文献比较匮乏的问题。② 吴丽君在《世界汉语教学史研究综述》中也总结归纳了海内外研究汉语教学史的各类研究成果,尤其是综述了国别汉语教育史研究成果,也提出了应对第一手文献进行发掘、翻译和整理。③ 结合目前所有汉语传播和世界汉语教学史研究来看,对清末民初以来,中华人民共和国成立之前的汉语教学史的发掘较少,基本简而概之。同时,此时期相关史料也较少,缺乏系统性、长跨度的史料研究。结合以上特点,基于《申报》及《人民日报》共144年跨度的中文报纸语料库,对国际中文教育事业进行研究是很有必要的。

二、关键词反映的国际中文教育形象

近代,受社会内忧外患、政局动乱以及国际地位低下等诸多方面的影响,汉语在国际上的传播学习事业受到了沉重打击,近乎停滞不前。然而,本文通过调查发现,虽然国际中文教育事业在中华人民共和国成立以后才逐渐发展壮大起来,但在近代严峻的时局下,仍呈现出在跌宕中缓慢发展的态势。

---

① 李宇明:《重视汉语国际传播的历史研究》,《云南师范大学学报(对外汉语教学与研究版)》2007年第5期,第4页。
② 岳岚、张西平:《汉语作为第二语言教学史研究三十年概观》,《海外华文教育》2019年第6期,第3—10页。
③ 吴丽君:《世界汉语教学史研究综述》,《国际汉语教学动态与研究》2007年第2期,第65—72页。

国际中文教育自诞生之日起就肩负着对来华留学生进行中国语言文字和中国文化的教育，培养知华友华人士和中外语言文化交流的使者的使命。① 中华人民共和国成立以来，"汉语作为外语或第二语言的教学"正式成为一门学科，并且经过了漫长的发展历程。对于学科的定名，学界历来讨论众多，学科的名称主要经历了"对外汉语教学""汉语国际教育"以及现在学界较为广泛认可的"国际中文教育"②三个阶段。但是在正式定名之前，尤其是晚清到中华人民共和国成立以前漫长的70余年里，在以《申报》为代表的近代报纸语料中，当时的中国人和外国人都没有给"教西方人汉语"一个专门的称谓。因此探究晚清至当代国际中文教育事业的发展，在近代汉语语料中寻找切口是我们首先需要解决的问题。

本文通过研读《申报》语料发现，在以《申报》为代表的近代报纸语料中，汉语教学及其相关事件在当时主要与"华语""华文""汉文""汉语"等词语有关。因此，我们以上述关键词为中心在《申报》中抽取上下文语料，调查上述关键词在语料中所处的语义环境，经过分层抽样以及人工筛选，抽取了一批与国际中文教育相关的表述方式、教材、学习词典以及教学学习机构等，形成了近现代国际中文教育相关词词表作为后续研究的切入点。近现代国际中文教育相关词词表举例如表1所示。从表1举例中不难看出，近代国际中文教育相关的表述方式及教学机构、教材、词典等较之现代要多。因为相较于现代已成科学系统的国际中文教育体系，近代大多数的国际中文教育工作者还处于探索阶段，所以近代的国际中文教育，不管是研究者和工作者的活动及成果还是教学场所、对象等都十分分散且不成体系。因此，近代国际中文教育的相关表述例数与学科事业的发展情况呈现反方向发展的状态。

---

① 崔希亮：《世界格局剧烈变化背景下的国际中文教育》，《天津师范大学学报（社会科学版）》2022年第4期，第23—29页。
② 为保持称说一致，本文不考虑"汉语作为外语或第二语言的教学"在未成一门独立学科之前的称说方式，也不考虑各时期对学科的不同命名，统称为"国际中文教育"。

表1　报纸语料中的国际中文教育相关词

时期	表述方式	教学机构、教材、词典
近代	学习中国语言文字,学中国语言文字,专习中国语言文字,教习华文华语,西人之能华语者,学习东方语言之议,练习中国语言为第一要义,研究汉学华语,通晓中国语言文字,通华语之西洋人,西人知华语者	广东华学院,亚细亚书塾,海参崴东方语言学堂,伦敦东方语言学会,英华书院,英华书馆,英华学校,英华学院,法兰西学院,华北协和语言学校,华英字典,华英词典
现代	海外华文,国际中文教育,海外华文教育,汉语国际教育,国际中文,北京语言文化大学,北京语言大学,国家汉办,国家汉语国际推广领导小组办公室	新侨中学,北京语言学院,外国留学生高等预备学校,中国语文专修学校,中文专修学校,中国语文专修班,孔子学院,中国口语语法,汉字文法,汉文启蒙

为了更好地把握国际中文教育事业在不同历史时期的发展脉络,减少个别年份数据波动对结果的影响,本文按照《申报》及《人民日报》的发表时间,根据重大历史事件及社会政体变化将144年语料分为7组,分别是1872—1911年晚清时期、1912—1927年北洋政府时期、1928—1937年南京国民政府十年、1938—1945年全面抗战时期、1946—1949年解放战争时期、1950—1978年中华人民共和国成立初期至改革开放前夕、1979—2015年改革开放以来至今。各历史时期国际中文教育相关词使用频率如图1所示。

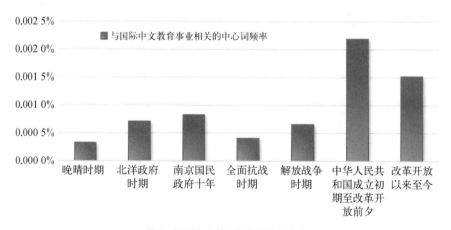

图1　国际中文教育相关词使用频率

可以看到,与国际中文教育相关的中心词的频率总体上呈上升趋势。近代各历史时期与国际中文教育相关的中心词占比都在0.0010%以下,晚清时期到南京国民政府十年,《申报》中与国际中文教育相关的词的频率一直处于上升状态,直到抗日战争及解放战争时期,受战争影响有所下落,全面抗战时期更是跌到了0.0005%以下,到解放战争时期才略有回升。直至中华人民共和国成立,中心词频率成倍增长,主要由于此时期的外交政策和对国际中文教育新的认识。而到了改革开放时期,数据明显回落,难以与中华人民共和国成立以来的快速发展相接续,也与现阶段的普遍共识不符。本文对此部分数据和语料进行了复核,还对此阶段的历史进行了深入研究,发现在1985年7月1日,《人民日报》(海外版)创刊。其内容主要为传达中央的政策,报道改革开放和现代化建设事业,关注社会热点、难点问题,介绍国际政治、经济、科技、教育、文化,提供国内外各种信息。本文认为,海外版的《人民日报》分担了一部分关于国际中文教育的报道,从而导致了《人民日报》主报的数据出现了回落。总之,此时期的数据仍然能印证本阶段是国际中文教育发展的关键时期,同时本文也将提升数据鲁棒性,更好地展现国际中文教育的事业形象。

近代及现代与国际中文教育事业相关的中心词词云图如图2、图3所示。近代与国际中文教育有关的内容多集中在华侨教育及其教学机构。到了现代,由国家支持的孔子学院以相当高的频次取代其他教学机构,其他与国际中文教育事业相关的如"汉学"等也出现在词云图中。

图2 近代国际中文教育事业相关中心词词云图　　图3 现代国际中文教育事业相关中心词词云图

1. 晚清时期至解放战争时期的国际中文教育

综合上文中的历史分期和图1国际中文教育相关词频率可以看出,晚清至解放战争时期相关词频率尽管稍有起伏,但都处于较低水平(<0.001 0%)。结合几段时期内较为相同的社会环境和历史背景,本文将此几段时期一同论述。

民国之前,在中西文化交流史上先后出现过两次西方人汉语学习高潮。第一次高潮源于明清之际天主教来华传教。1807年英国传教士马礼逊(Robert Morrison)来华,揭开了近代基督教新教来华传教的序幕。与世界其他地区的传教活动一样,当时的传教士来华面临的首要问题就是语言障碍问题,因此外国传教士不得不致力于汉语学习①,成为这一时期汉语学习以及组织汉语学习的主要群体之一。而在鸦片战争之前,清政府实际上实行的是严厉禁止传教的政策。此政策不仅禁止宣扬基督教,还禁止中国人教授外国人华语、禁止外国人购买华文书籍。张笑婷认为张西平在《西方人早期汉语学习史简述——兼论对外汉语教学史的研究》②中最突出的地方是区分了"西方人早期汉语学习"与"晚清时期中国对西方人的汉语教学",并指出这一时期中国并未自觉主动地去教西方人学习汉语,而来华传教士、外国来华官员等对汉语学习的强烈需求,使得他们对汉语作为第二语言的教学与学习是自觉与主动的。③

第二次鸦片战争后,受《北京条约》等不平等条约的影响,晚清社会被迫进入了宽容传教时期,这一政策除了在义和团时期有所变动,此外几乎没有变动。随着社会环境和政策的调整,传教士自第二次鸦片战争之后拥有了更为广阔的空间。据《申报》记载,自清朝禁止外国人到中国沿海通商和中国人到海外经商的禁令放开以来,西方传教士深入中国内地,甚至去过很多地方商人都未曾踏足的地方,并将其开辟为商埠;当时的传教士多通晓中国语言文字,熟悉山川道里的风土人情,并著书记载。先行的传教士为了使后续前往中国的西方人更快地学习汉语,还编纂了许多字典辞书,形成了一批英汉对应资源。除此之外,部分有

---

① 卞浩宇:《晚清来华西方人汉语学习与研究》,博士学位论文,苏州:苏州大学,2010年,第27页。
② 张西平:《西方人早期汉语学习史简述——兼论对外汉语教学史的研究》,世界汉语教学学会《第七届国际汉语教学讨论会论文选》,北京大学出版社,2002年,第139—153页。
③ 张笑婷:《〈教务杂志〉所录清末民初时期西方汉语教育用书研究》,硕士学位论文,成都:四川师范大学,2015年,第2页。

见识的传教士还开始用拉丁文字来表达汉语,如著名的威妥玛式拼音,这一举动开启了汉语拉丁化进程。

社会环境和政策的改变,以及"先遣军"传教士长期的语言知识积累,吸引了更多的社会群体来华发展。1842年清朝被迫开放第一批通商口岸,无数外商趁着风口顺势而来。而民族间的商业贸易依赖于共同的语言工具,要想在华进行商业贸易就不得不与华人进行交流。因此受利益、金钱、市场等的驱使,加之受限于通商口岸的报关制度等,外商也加入到学习汉语的队伍中来。

外商的汉语学习主体可以细分为两类:一是大型商团;二是小型个体。《申报》中,大型商团通常指各地侨商团体、银行财团及各国贸易团等。成熟的大型商团通常分工协作,以达到资本快速积累和扩张的目的。由此,商团会培养一批利于跨国贸易的专业人才,这就包括专业的语言翻译,同时外国政府为了保护商团,还会出台政策迫使一些从事在华业务的职员、高管等学习或提前具备相应语言能力以便通商。例如1913年德国政府的要求是"故北京六国银行团之解散殊属不幸,德政府之意,在华德商均须学习华语及用能操华语之德人经营商业,德国在华之学校行将扩充,本年豫算案中此项经费已较上年增多三千马克"(《申报》1913年4月8日),并在东京商业会议所中招请东亚同文会主干阿部氏到所每日招集会员研究华语两小时。小型个体主要是指个人公司或个体商户,他们往往将目光放在开设各类商铺及大型营业场所上。受商业制度影响和交际需要,这一类商人也会学习汉语。由此可见,商会或个体营业者推动了更多人学习华语,甚至是推动了华语教学机构的发展。

辛亥革命进一步促进了全国人民的意识大觉醒。晚清时期是中国近代史的开端,也是中国半殖民地半封建社会的形成时期,国家内忧外患,不少仁人志士觉醒,自然注意到了汉语教育的重要性。瞿绍衡曾在《申报》上发表《产科教育之方法》,文中提到了产科人才之稀缺,而究其稀缺原因之一,又在于国文难以顺畅,其原文如下:

(1)……绍衡以为一切可以不问,只求国文通顺而能记能述者足矣。愚观东西各国学校,从未见有舍本国文字而用外国语言教授者,独我国有轻

视本国文字,而以不谙外国文字者,谓孺子无可教者,抑亦奇矣。(《申报》1929年3月11日)

上文体现了晚清时期在清政府的腐败专制统治以及帝国主义的压迫下,大多数人在技术学习中,丢掉了本国的语言阵地。基于此种情境,少数仁人志士发出呐喊,率先走上了救亡图存的道路,其中"语言救亡"就是仁人志士救亡图存的一个方面。

除了提出优化国文、加强国文学习,少数志士还观察到列强推行本国文字给他国是为了方便殖民和驯化他国,如法炮制,也提出推广周边国家的华语学习有助于维护领土安全,同时加强其他民族对中国的臣服,如:

(2)自庚子乱后、俄兵南下……近更多设学堂,广传本国语言文字,俾附近蒙民习而化之……大抵外人来华往往密探风土人情,教习语言文字,为收拾人民之计,中国之弱其原皆由于此,今俄人亦以此法施之蒙古……若俄领事如此办法,恐蒙民臣服中国数百年而未化于华者,得俄人教习推广数十年而反化于俄也,苟为俄所化,将来蒙民未有不外附者,蒙藩一失则中国何堪设想,为今之计宜设法使蒙民均习华文学华语,则尚可以冀永隶版图。(《申报》1902年9月30日)[①]

民国政府的成立是近代中国体制改造的第一次尝试,北洋政府是中国历史上继清朝灭亡后第一个被国际承认的中国政府,一直到南京国民政府,中国的政治外交摆脱了清政府的束缚,开始了新的探索。而此时期《申报》报道中的汉语学习主体也发生了转变,不再是传教士等,而是外交类职员和机关职员。

外交类职员主要包括各国领事、驻华大使等,外交类职员与前文所提到的传教士实际上是殊途同归,部分外交官甚至还由传教士充当。传教士主要从事民

---

① 由于《申报》自1906年以后才出现标点,因此本文中,1906年以前凡《申报》举例皆以逗号进行断句,不代表《申报》原文标点使用,下同。

间工作,在各地进行传教游说,通常以平常百姓为主要交流对象,进行意识形态输出。而外交官则主要从事政府工作,包括开展在华业务,为资本家的发展扫清障碍,以及培养各类话事人,达到控制中国政府的目的。两者同样都是为了帮助列强在华谋取利益。早期来华外交官通常从本土中选出,缺乏在华经历,因此有自己的随身翻译,但无一例外都对汉语表现出巨大的学习兴趣。随后,部分传教士因在华出众的能力,被聘用为外交官。除了处理政府相关事务,为了配合谋求在华利益的行动,外交官们还利用自身影响力用华语在群众中进行游说、宣讲,以此来达到侵略等目的,此举与早期的传教士活动大同小异。外交官一职逐渐开始在有长期在中国居住或调查学习的经历的人群中选拔,这部分人通常能说华语甚至能写华文,足以满足了解当地国情、掌握当地重大变化的外交需求,例如驻宁美国领事丁嘉立君:

(3) 丁嘉立君已于日前由沪来宁莅任,按丁君在中国已三十年,任教师及在北洋办理学务多年,并在驻京美国使馆中任职数载,近年国代表对比国款之文译为华文,盖丁君华文华语皆能通晓也。(《申报》1912年4月19日)

机关职员则是另一汉语学习主体。机关职员主要是指洋人充当的日伪政府机关职员、北洋政府各局职员等。此类群体主要存在于洋人广泛聚集之处,例如上海租界、其他被迫开放港口城市以及日伪政府。洋人在华机关工作或者是开办与华人接洽的组织机构,其目的都是保护洋商洋人在华特权。组织机构则会加以要求华语作为职员必备技能,由此大批洋人职员不得不学习华语。例如溥仪对日伪政府的要求:

(4) 溥仪令东北各机关职员学日语,日职员学华语。(二十八日专电)(《申报》1932年6月9日)

除了要求学习华语,部分机关甚至会以定期考核的方式遴选人才。由此促使洋人政府聘请华语教师帮助本国人学习华语,而这项举措早在晚清时期就已经具备并有一套较为完备的考核流程,例如由清政府工部局及租界工部局等组织汉语考核,从教学到考试都有较为规范的流程。

(5) 云工部局考试西人华语,本埠英美租界工部局及捕房上等西人向由工部局出费请华教习,专教中国言语,每年春秋二季由局聘请精通中国言文之西人到局主考。此次秋季考试为牧师台惟司君及华教习叶镜如君主政,计取列最优者。(《申报》1907年11月24日)

政界尚且以考核方式要求职员学习华语,而军队力量作为在华特权的武力保障,则更早开展学习华语的行动。清末民初,列强常在本国设置"华文学堂",以此培养服务于侵华的后备武力。例如:

(6) 俄国武弁旧有学习东方语言之议,今伯亦省统领驻防军营某君量加推广,即在该省设立华文学堂。(《申报》1897年6月20日)

这种军事学堂与商业学堂等存在差异。服务于商业的学堂常在华创办,而在本土创办的学堂则通常是依附于相应的大学开设,例如日本通常会在大学另设华文学科,除此之外仅在重要省份开设华文学堂。而军队开设的学堂常常依附于军队所驻扎之处——通常为国家交界省份,例如俄国通常靠近东三省设立学堂,由此直接输送人才开展在华业务。

知识分子是民国时期推动国际中文教育事业发展的另一主力军。知识分子是指接受过相关教育,有一定知识储备的人。本文将《申报》中的知识分子分为两类。第一类是指各国政府、商会通过教学机构造就的知识群体,这种教学机构又可以按照机构所处的位置进一步划分,一是在华机构,二是各国本土机构。各国本土机构又与列强早期殖民运动的准备工作息息相关,如日本侵华战争前各校早已将华文作为主要的外国语之一,并派出大量学生来华游学。总之,这一类知识分子群体与目前的脱产式学习无较大差别,但部分学

校存在"契约",其造就的人才主要服务于各类商会、教会、政府外交机构等。如:

(7) 华俄夜校招生宗旨:沟通中俄文化,造就华俄必需之人材为宗旨。(《申报》1936年2月22日)

另一类群体主要是寻找合适的家庭教师进行一对一学习。清末以来,常有来华外国知识分子刊登"征求"广告,以这种方式寻找有共同语言且能教授方言或官话的教师或朋友。如:

(8) 交换智识,某西人美国籍略通沪粤及北方方言,兹愿从中华女士学习上海话或官话,以教导英文或跳舞为交换。凡有意者请投函申报第一二〇号信箱接洽可也。(《申报》1936年2月6日)

由上两则广告可知,主动学习汉语的个体通常用语言知识或是其他社交技能来获取所需之物,相比上一类学校统一学习或现在的私人教学,这种学习模式并不付出额外的报酬。此外,指定"华文""上海话""官话"为学习目标,会使得个体的学习更具个性化,还能快速适应当前社会的需要。总之,这种学习模式更具经济性、针对性和主动性,常常为各类游学之士或准备求职之士所青睐。

总之,中华人民共和国成立以前主要是少部分西方国家的传教士、外交官、商人以及知识分子等学习汉语,与租界国密切相关,学习动因主要是通商、传教、外交和干涉中国事务等实用交际,并且主要由外国人主持推进,国际中文教育事业处于被动状态。

2. 中华人民共和国成立以来的国际中文教育

中华人民共和国成立以来,与国际中文教育相关的中心词所占频率大幅上升,均高于0.0015%,中华人民共和国成立初期至改革开放前夕更是在

0.002 0%以上。这段时期,受稳定的政治局面和社会环境以及学科发展需求的影响,汉语作为第二语言的教学逐渐发展起来,并在20世纪80年代成为一门独立的学科,蓬勃发展起来。不同于近代的军事动因、宗教动因等,现当代国际中文教育事业发展动因是多方面的,总体来看主要是文化动因和经济动因。

从外国人学习汉语的数量看,最多的是韩国人、日本人和华裔华侨子弟。①文化动因是中华人民共和国成立初期至改革开放前夕国际中文教育发展的主要动因之一。华侨学校在这段时期是海外汉语学习与文化交流的主要承担者;2004年开始孔子学院在海外如雨后春笋广泛设立,承担起海外汉语教学与研究的任务。

海外华侨学校里的学生除了要学习中国的语言和文化,还要学习当地的语言和文化,目的是"使华侨子弟更好地为华侨群众服务,为侨居国人民服务",推动文化合作。如:

(9)国家积极鼓励华侨在侨居国集资办学,就地解决子女教育问题,希望华侨多办中、小学和华侨业余教育,在有条件的地方也可以办大学。(《人民日报》1957年8月13日)

早期的华侨学校发展并不顺利。以泰国为例:"九月二十六日,泰国銮披汶反动政府查封了华侨在曼谷设立的越坑平民学校,使四百多华侨学生被迫失学……一九四八年五月和一九五〇年五月,銮披汶反动政府两次非法查封华侨学校近四百所,使二十一万多华侨学生和近四千教师被迫失学失业。"(《人民日报》1951年10月13日)而銮披汶反动政府摧残越坑平民学校的理由是该校部分表格未译成泰文,利用课余时间授课与"传播政治思想",并准备以同样理由迫害其他华侨学校。又如马来亚英殖民政府强征华侨学生服兵役,多数学生不愿当英帝国主义炮灰,纷纷退学出走。可见国际中文教育初创阶段在海外遭受过

---

① 李宇明:《什么力量在推动语言传播?》,《汉语国际传播研究》2011年第2期,第1—5页。

不少打击。反观现在的泰国中文教育,泰国政府从提高国家竞争力的战略高度认识汉语教学,积极推广汉语并接纳中国文化①,这与政治、文化等因素密切相关。

除了海外华侨,不少国家也受文化动因驱使开始学习汉语,以 20 世纪五六十年代为例:

(10) 捷克斯洛伐克人民之所以学习中文,是有着各种不同的理由的。有许多人是想把通晓中国的文化和历史当作自己的终身职业……(《人民日报》1957 年 3 月 24 日)

随着我国国际地位的提高,世界上有越来越多的人愿意了解中国,愿意学习中国的经验,文化交流、互学互通,要求学习汉语。

(11) 不少埃及同学正是怀着对中国人民的友好情感来学习中文的。"我们热爱中国,喜欢学中文";"为了发展两国人民的友谊,为了两个文明古国的文化交流,我们应该学好中文。"(《人民日报》1980 年 7 月 7 日)

中华人民共和国成立以来,经济逐渐发展起来,也更加积极主动地加入国际市场。在与中国的商业贸易中,越来越多的国家和外国人意识到学习汉语的经济价值,经济动因成为这段时期尤其是改革开放以来的最主要动因。如:

(12) 匈牙利某工厂一个工人的任务,是专门在运往中国的货品箱上刷印中国字。他对这项工作很感兴趣,但始终不了解印的那排大字的意义。他认定他们和我国之间的贸易会日益发展,就想要求厂长请人教中文……

---

① 吴应辉、央青、梁宇、李志凌:《泰国汉语传播模式值得世界借鉴——泰国汉语快速传播模式及其对汉语国际传播的启示》,《汉语国际传播研究》2012 年第 1 期,第 1—13 页。

今天,抱着和这个同样的目的或为了更多地了解新中国而学中文的人,在东欧已经不是稀有的了。(《人民日报》1951年9月27日)

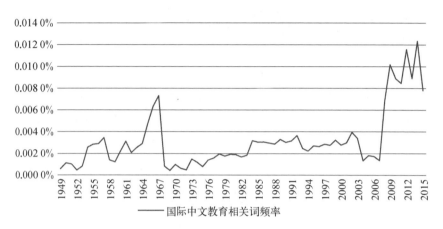

图4　中华人民共和国成立以来国际中文教育相关词频率

近代较为系统的国际中文教育工作主要在海外并主要由外国人主持。20世纪50年代,以清华大学、北京大学为代表的一批国内高校开始接收各个国家的留学生来华学汉语,作为国际中文教育事业的初创期,这一阶段的教育教学规模较小且尚不稳定。20世纪60年代,以北京语言学院的成立为标志,国际中文教育事业呈现良好发展的势头。国际中文教育事业的兴衰与国内外形势密切相关,60年代后半期,由于历史局限,学科事业受到一定打击。70年代以来,先后受到我国恢复在联合国的合法席位以及改革开放等的影响,国际国内形势的好转使得国际中文教育事业在此后的几十年间朝着越来越完整、系统、多样化的方向迅速发展。2004年开始,政府统一督促、中外合办"孔子学院",为推动国际中文教育发展发挥了重要作用。2005年随着首届世界汉语大会在京召开,国际中文教育事业迎来春天。①

李宇明认为,当前汉语国际传播最主要的动因是经济。② 从图4中不难看

---

① 张西平:《世界汉语教育史》,北京:商务印书馆,2009年。
② 李宇明:《什么力量在推动语言传播?》,《汉语国际传播研究》2011年第2期,第1—5页。

出,国际中文教育相关词的频率在21世纪10年代呈现出猛增的趋势。中华人民共和国成立以来,尤其是改革开放以来至今,国际中文教育事业迅速发展起来,呈现出良好的发展势头,来华学习人数逐年增加,20世纪80年代正式成为一门独立的学科,学科建设、师资队伍建设、对外汉语教材以及教学大纲等朝着越来越系统完备的方向发展,国际中文教育"请进来"和"走出去"并重,汉语在国际上推广迎来了更加积极主动的新形势。

三、国际中文教育事业形象的关联与情感分析

共现词是在语料中以较高频共同出现、经常放在一起搭配的词。关键词共现可以有效地反映学科领域的研究热点,可以在一定程度上了解与国际中文教育有关的词所处的语义环境。文本情感分析是指通过计算技术对文本的主客观性、观点、情绪、积极性的挖掘和分析,对文本的情感倾向做出分类判断,有利于了解学科形象、发展或社会情绪。李然等指出情绪分析对于快速掌握大众情绪的走向、预测热点事件甚至是民众的需求都有很重要的作用。[①]

1. 国际中文教育事业形象共现词分析

本文将《申报》及《人民日报》以历史时期为单位的7组文本作为语料来源,以第二节中提到的与国际中文教育事业相关的中心词(以下简称为"中心词")使用Python代码在各历史时期语料中进行高频共现词抽取,其中将频次大于10的共现词视为高频共现,为了避免纳入难以探求信息的词,本研究剔除了无意义的介词、连词、代词等语法功能词,保留高频实义词。由于《申报》语料自1906年才开始出现句读符号,因此本文按照篇幅长度,以中心词为中心,以中心词前后10个词为窗口,抽取高频共现词。我们以出现频次高、较为典型的"学中文"

---

① 李然、林政、林海伦等:《文本情绪分析综述》,《计算机研究与发展》2018年第1期,第30—52页。

和"学华语"为例,观察国际中文教育在近现代所处的语义环境,各历史时期出现频次最高的前10个共现词见表2、表3。

表2 各历史时期"学中文"共现词

晚清时期	学堂,学生,教习,师范,中文,诸生,堂,日(本),毕业,章程
北洋政府时期	上海,公司,本校,声明,报名,法(国),洋行,学校,电话,英文
南京国民政府十年	接洽,公司,电话,日(本),法(国),上海,声明,遗失,拍卖,报名
全面抗战时期	接洽,征求,日(本),遗失,函,上海,出售,收买,本报,法(国)
解放战争时期	电话,遗失,声明,作废,路,特此,地址,函,某君,公司
中华人民共和国成立初期至改革开放前夕	中文,系,学生,教授,文学,学习,中国,北京大学,文艺,北京师范大学
改革开放以来至今	中文,学习,革命,学员,北京大学,工农兵,中国,学生,毛主席,研究

近代,除了与教育有关的"学堂""师范""学校","上海"是共现次数最多的地名,且不同时期几乎都有日本、法国以及相关的"英文"与国际中文教育相关词高频共现。上海解放前部分地区是英租界、法租界、日租界和美租界等,根据第二节已经描述过的国际中文教育事业概况,虽然租界是外国人的聚集地,但是仍然存在不小的语言障碍,大批外国人来到中国之后出于种种交际需求仍然有汉语学习的需要,学习并利用中文进行实用交际是这一时期学中文的主要目的。《申报》是一份城市生活报纸,广告是其收入的主要来源,占据不小的篇幅,一部分外国知识分子、商人、官员等精英人士会在《申报》上刊登广告寻求汉语教师,汉语教学机构、学校等会刊登招生广告,出版商也会刊登广告出售《华英词典》等汉语学习资料。近代,国际中文教育多出现在租界国、教育以及商业的语义环境中是近代国际中文教育事业的一大特色,这是由上海商业贸易、对外贸易发达所带来的特点,也是由《申报》是一份城市生活商业报纸所带来的特点。

到中华人民共和国成立以后,国际中文教育事业实现转型发展。《人民日报》作为中国共产党中央委员会机关报,不具备商业性质,且承担着宣传党的主张、宣传社会思潮等责任,因此这一时期与国际中文教育事业相关的高频共现词更多关注自身,主要集中于教育教学领域,除了"学生""中文""学习""教授""学员"等常见的教育领域的词,"北京大学""北京师范大学"的高频共现体现了这一时期一批国内高校开始接收各个国家的留学生来华学汉语。作为国际中文教育事业初创期的主力军,这些高校为国际中文教育事业的未来发展打下了坚实的基础。此外这一时期"文学""文艺"以及"毛主席""工农兵""革命"等词也加入高频共现的行列,这是因为中华人民共和国成立以后确立了以工农联盟为基础的人民民主专政的社会主义的国家性质,国际中文教育与文学、文艺、意识形态等诸多领域紧密联系,与国际范围内的共产主义运动相结合,国际中文教育开始肩负更为重要的责任。

表3 各历史时期"学华语"共现词

晚清时期	西捕,巡捕,华捕,俄,中国,华人,华语,按察司,捕务,地方
北洋政府时期	成绩,议决,中学,武术,运动,代表,运动会,活板,开会,讨论
南京国民政府十年	公司,上海,日(本),法(国),电话,中国,下午,滑稽,出售,一百
全面抗战时期	日(本),电话,剧场,殡仪馆,荷(兰),公司,股东,医师,洲,实用
解放战争时期	荷兰,华侨联合会,侨胞,阿姆斯特丹,赌博,海牙,华侨,会长,将军,奖励

"学华语"仅在近代5个时期的《申报》语料中有高频共现词,在中华人民共和国成立以后的《人民日报》中几乎很少出现,没有抽取到共现频次大于10的高频共现词。近代,与国际中文教育相关词高频共现的主要与官职、官僚机构、商业以及外国有关。北洋政府时期还出现了与"体育""中学"有关的词,主要是由于这一时期汉语教学与学习集中于各中学。北洋政府时期是我国社会现代化的早期阶段,这一时期体育教育也得到了一定的发展。当时存在两个具有实际效力的教育宗旨,第一个是1912年9月2日由教育部颁布的军国民教育宗旨,第二个是1919年由教育调查会提出的健全人格教育宗旨。① 解放战争时期,与荷

---

① 王荷英:《北洋政府时期不同教育宗旨下的学校体育研究》,博士学位论文,苏州:苏州大学,2017年,第43页。

兰及华侨相关的词占据大部分,主要是由于这一时期荷印政府以及学校、民间有注重中文的倾向,且荷兰及荷属东印度华侨众多,但华侨中颇多"不识中文者",又无机会学习中国历史与文化。此外,这一时期除了实用交际,对于中国及汉语汉学的学术研究也是学习汉语的目的之一,如1947年荷印政府筹备成立中国学术研究所作为东印度研究中国学术与文化之中心,巴达维亚大学之文学部科目中也有中国学一门。如:

(13)印荷政府,近感中国为世界五强之一,华文列入为国际语,且荷印华侨众多,关系密切,目下巴城印尼大学汉学院……其他各校亦有印尼学生就读,足见荷兰印尼人士已有注重华文之倾向。(《申报》1948年3月12日)

2. 国际中文教育事业形象情感分析

本文使用SnowNLP进行国际中文教育事业情感分析,从特定的情感视角反映各个历史时期国际中文教育事业形象的演化趋势。SnowNLP是受到TextBlob启发而开发的针对中文处理的Python文本分析库,SnowNLP情感分类的基本模型是贝叶斯模型,基于情感词典,主要原理是计算出的情感分数表示语义积极的概率,将处理好的样本文本库输入训练过的模型中,利用贝叶斯模型预测某一文本情感阈值P的值。计算公式简化版如下:

$$P(c1 \mid w_1, \cdots, w_n) = \frac{1}{1+\exp[\log(P(w_1, \cdots, w_n \mid c2) \cdot P(c2)) - \log(P(w_1, \cdots, w_n \mid c1) \cdot P(c1))]}$$

将情感分值在[0,1]进行66段切分,当P∈[0,0.33]时,表明该文本为消极倾向,当P∈[0.33,0.66]时,该文本为中性倾向,当P∈[0.66,1]时,该文本为积极倾向。其中,随机事件c1表示样本为c类的情感正负概率,wn表示测试样本中某一特征词w出现的概率。在计算每个语句情感正负时,用计算出的先验概率分别乘以它的每个属性特征词的条件概率而得出情感概率值,并取其中正负情感值较大者作为此语句的情感倾向。① 本文重点使用其中的情感分析(sentiment analysis),对文本数据进行简要的情感分析及可视化,旨在了解不同时期的国际中文教育事业整体形象。

本文情感分析的数据来源于中心词,使用 Python 代码在各历史时期语料中进行例句抽取,由于《申报》在 1906 年以后才出现了标点符号,因此本文以中心词为中心、抽取中心词前后 40 个语言单位,得到各时期的例句数据。各时期积极与消极例句数如表 4 所示。

表 4 各时期积极与消极例句数

时 期	积 极	消 极	比 例②
晚清时期	127	69	158/69
北洋政府时期	1 860	282	628/47
南京国民政府十年	2 346	307	743/67
全面抗战时期	369	36	101/4
解放战争时期	394	50	722/25
中华人民共和国成立初期至改革开放前夕	2 795	415	661/83
改革开放以来至今	13 603	1 666	816/97

SnowNLP 情感分析基于情感词典,将文本分为积极和消极两类,返回值为情绪的概率,接近 1 为积极,接近 0 为消极。以晚清时期、北洋政府时期和改革开放以来至今为例。

晚清时期,与国际中文教育有关的例句共抽取 196 条,北洋政府时期共抽取 2 142 条,改革开放以来至今共抽取 15 269 条,例句数量的显著差异与国际中文

---

① 张冬、魏俊斌:《情感驱动下主流媒体疫情信息数据分析与话语引导策略》,《图书情报工作》2021 年第 14 期,第 101—108 页。
② 比例 = 积极情感例句数/消极情感例句数。

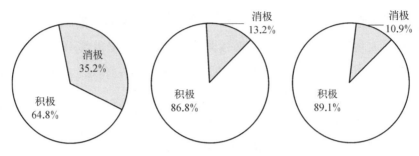

图5 各时期积极情感及消极情感例句占比
（从左到右分别为晚清时期、北洋政府时期及改革开放以来至今）

教育在不同时期的发展程度相契合。一个学科在不同的历史时期发展状况不同，学科形象自然也会随之变化。图5的饼图是积极情感例句与消极情感例句在不同时期的比重变化，晚清时期以后积极情感所占比重一直遥遥领先于消极情感所占比重，且总体呈平稳趋势。

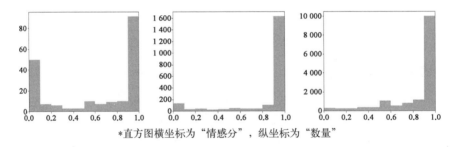

＊直方图横坐标为"情感分"，纵坐标为"数量"

图6 各时期情感分直方图
（从左到右分别为晚清时期、北洋政府时期及改革开放以来至今）

晚清时期，情感（emotion）平均值为0.61，中位数为0.82，25%分位数为0.09，可见25%的极低情感分数据造成了晚清时期整体emotion均值的较大下移，由图6的直方图可见，晚清时期例句内容两极分化较为严重。如例句"迩年来，中外声气渐通，群疑稍释，遇事不甚隔膜者，其故又何哉、亦由西人习华言文字者日渐增多耳，以来华之洋人计之，则十人中几及二人，而华人之习西文者仍与曩日相加无几"，该句emotion值为0.11；又如"英国朝廷现在拟设大书院一所，专习中国语言文字，盖因见法京巴黎前此创有中国学堂二所，现在法人又欲再建二所，一在拉宴为产丝之区，一在摩瑙"，该句emotion值为0.99。

北洋政府时期及改革开放以来至今,emotion 平均值都在 0.8 以上。北洋政府时期,emotion 平均值为 0.85,中位数为 0.99;改革开放以来至今,emotion 平均值为 0.82,中位数为 0.98。各项数值差别不大,以积极情感为强势主导。通过以上情感分析可以初步得出,近现代我国新闻媒体对国际中文教育事业的塑造重心倾向于积极形象,这与国家发展要求密不可分。

值得讨论的是,《人民日报》是作为中国共产党的中央机关报,承担宣传责任,然而在数据统计中出现部分负面情感。本文以改革开放以来至今的数据为例进行探究并分析解释。改革开放以来至今与国际中文教育有关的例句及其情感分如表 5 所示。

表 5 改革开放以来至今的例句及情感分值

例　句	情感分
他回忆说:汉语真难呀!	0.034
掌握汉语是世界上最难的。	0.058
美国,不喜欢,中国,很遥远,很神秘,就去中国吧。	0.029
至于所谓中国国家汉办支付工资,发出"要教什么"或"怎样去做"等命令,楼永绥说"这完全是不真实的"。	0.001
北京语言学院顾问邱及同志逝世新华社北京 9 月 6 日电北京语言学院顾问邱及同志因病久治无效,于 1984 年 8 月 29 日在北京逝世,终年七十四岁。	0.054

前面本文曾提到,SnowNLP 基于情感词典,主要原理是计算出的情感分数表示语义积极的概率,而例句是以表 1 中提到的与国际中文教育有关的中心词为中心抽取的,因此通过表 5 例句我们可以看到,每个例句的整体情感都是倾向负面的,这反映的不是国际中文教育事业在此时期语境中是负面形象,只是与之有关的相关事件或语义环境所折射出来的情感倾向属于消极状态,对国际中文教育事业形象整体没有太大影响,积极形象仍然以绝对优势占据主导。

总之,《申报》是旧中国影响力最大的一份报纸,被称为中国近代史的"百科全书",不只反映国家政府宣扬的思想,更体现新闻自由,因此其记载的内容在一定程度上摆脱了政府的"思想管控",能较为全面地反映历史事件。结合国际中文教育事业情感评价的这种趋势来看,尽管由于时局震荡,政府在汉语教育方面并不积极,但社会各界人士都持有"救亡图存"一个共识,汉语教育对"救亡图存"百利无一害,因此在以《申报》为代表的近代语料中,国际中文教育事业形象被赋予一种连续性的积极形象,学科事业发展也一直没有中断。中华人民共和国成立以来,受文化、经济、政治等多方面因素的影响,对国际中文教育事业的需求增大,尤其是 20 世纪 80 年代以来,汉语开始大规模地向世界传播。随着我国综合国力以及国际地位的提高,在经济全球化、文化多元化的国际背景下,发展国际中文教育事业也越来越受到国内国际的重视。

四、讨　论

本文尝试采用计量的方法,以关键词及其关系勾勒国际中文教育事业的形象及其自晚清以来的发展变迁,以期丰富我国近代的汉语第二语言教学历史。

从研究对象上说,经历了从近代的少部分帝国主义侵略国家的传教士、外交官、商人以及精英人士学习汉语,到中华人民共和国成立初期至改革开放前夕少部分专家学者致力于国际中文教育事业,再到设立了专门的专业硕士学位培养国际中文教育研究人才,越来越多的社会各界人士加入国际中文教育的行列。

从社会作用上说,从近代的"语言救亡",出于商业贸易、传教、外交和政治原因等学习汉语,到中国与各国的经济、文化等方面的交流合作不断加强,海外学习汉语的需求不断增加,再到形成了一定程度的"汉语热",国际中文教育在全球政治经济文化交流中发挥着重大作用,国际范围内的汉语学习经济动因、文化动因占比增多。汉语教学也逐渐由被动变为主动,更多集中于中文教育本身以及中华文化,国际中文教育事业朝着系统化、专业化、国际化的方向蓬勃发展,与国际范围内的共产主义运动相结合,国际中文教育开始肩负更为重要的责任。

国际中文教育自近代发展到成为一门独立的学科,历史已有百余年,学科发展已经具有了崭新的面貌。从被迫打开国门与世界交流,到全面开放融入世界、参与制定国际秩序,语言在全球政治经济文化交流中仍然发挥着重大作用。① 当今已是信息化时代,数字技术正以惊人的速度发展,面对百年未有之大变局,回顾国际中文教育的 70 余年发展历史,李泉指出在国际语言文字生活早已发生重大变化的背景下,应该更新观念,积极探索汉语教学的新理念、新模式和新方法。② 近年来,国际中文教育的信息化建设已经取得一定成效,诸如北京语言大学酝酿建设的国际中文教育智慧平台等国际中文智慧教育工程是这一时期实现教学、学习智慧化的必然要求。③ 在这样的背景下,国际中文教育将会朝着可喜的方向发展,国际中文教育工作者们任重而道远。

另外值得讨论的是,新文化运动期间,汉字改革运动如火如荼,在近代甚至有"汉字不亡,中华不兴"以及"汉字不灭,中国必亡"等口号,在整个新文化运动中,胡适与鲁迅等人所倡导的白话文与汉字改革也是其中一项极为重要的内容。然而近代这种对汉字予以抑制的方案在本文的计量统计中却没有体现。本文认为主要有两方面的原因:一是白话文与汉字改革主要在自己的学术阵地上呐喊,如《语丝》和《新青年》;二是对汉字和汉语的争议并不影响国际中文教育的发展与形象,这是两个层面的问题。

结　语

本文选择《申报》和《人民日报》这两份主流报纸作为数据来源,结合语料库研究方法,基于 1872 年到 2015 年,共 144 年跨度的中文报纸语料库,对国际中文教育事业的形象、动因、内容、情感评价等方面进行剖析,探索国际中文教育自晚清以来形象与传播的发展变化。

研究发现,中华人民共和国成立以前主要是少部分帝国主义侵略国家的传

---

① 刘珣:《追随对外汉语教学事业 60 年——试论对外汉语教学事业和学科的发展》,《国际中文教育(中英文)》2021 年第 4 期,第 22—34 页。
② 李泉:《中国对外汉语教学七十年》,《语言战略研究》2019 年第 4 期,第 49—59 页。
③ 刘利、刘晓海:《关于国际中文智慧教育的几点思考》,《语言教学与研究》2022 年第 5 期,第 1—9 页。

教士、外交官、商人以及精英人士学习汉语,与租界国密切相关,学习动因主要是通商、传教、外交和干涉中国事务等;中华人民共和国成立以来,国际中文教育的教学对象不断扩大,且随着中国在全球的地位越来越高,对中国文化感兴趣的人也越来越多,经济动因、文化动因占比增多。同时,汉语教学也逐渐由被动变为主动,国际中文教育事业实现转型发展。

此外,本文通过抽样调查,从语料中抽取了一批与国际中文教育事业密切相关的中心词,深入调查了几类中心词在语料库中的频率分布并形成可视化图表,加以分析同时不断丰富词典以及相关事件,尽可能充分地展示现代国际中文教育的形象。本文使用情感分析技术进行近代国际中文教育事业情感分析,从特定的情感视角反映各个历史时期国际中文教育事业形象的演化趋势。最终发现,国际中文教育事业发展与政策的变化、社会历史环境以及文化发展密切相关;国际中文教育事业形象在近现代一直以积极形象为主,在不同时期强度有变化。国际中文教育事业形象的变化反映不同时期的社会环境、意识形态变化,也是对不同时期教育工作者工作的肯定。国际中文教育事业既是体现中国风格、中国气派的国际性事业,也是中国作为母语国对中文这种国际公共文化产品的支持,有利于构建人类命运共同体。

A Quantitative Analysis of the Evolution of the Image of the International Chinese Language Education from the Late Qing Dynasty to Contemporary Times

XU Yiwei, MOU Xuan & RAO Gaoqi

Institute of International Chinese Language Education, Beijing Language and Culture University & Institute for Chinese Policies and Standards, Beijing Language and Culture University

Abstract

Since the Self-Strengthening Movement, Chinese society has undergone profound changes across various domains. Newspapers serve as a rapid and direct reflection of social development shifts and emerging information, serving as a crucial window for delving into the evolving landscape of international Chinese language education in terms of image and communication. This article employs corpus research methods to qualitatively analyze a set of central words extracted from the corpus through sampling and statistical techniques. Built upon this analysis, it supplements and enriches the history of teaching Chinese as a second language in modern China. Utilizing sentiment analysis techniques, the study reveals that the modern international Chinese language education sector has predominantly projected positive images, with subtle variations in positive intensity observed at different periods. The trajectory of the international Chinese language education profession is intricately linked to changes in policies and the socio-historical environment.

Keywords

international Chinese language education; quantitative research; subject image; sentiment analysis

全球中文使用研究

港式中文的英文渊源

石定栩[*]

> **提要**：港式中文是香港的书面汉语变体，用于法律、行政和商业的是条文版，用于传媒和教育的是大众版。前者大量使用从英文硬译过来的生造词语和结构，后者还夹杂粤语、文言文和本地英语借词，并直接夹用英文词语和句子。20世纪70年代港英政府切断与内地的文化交流，在极短时间里将法律条文、政府条例译为中文，翻译团队迫于压力大量生造、变造中文词汇，照搬英语句法和话语体系，形成了港式中文的条文版，然后扩散到社会上去形成了大众版。
>
> **关键词**：港式中文；硬译英文法律词汇；照搬英语句法话语

一、香港的语言状况

香港目前的语言状况可以简单地归纳为"两文三语"，也就是书面使用中文

---

[*] 石定栩，广东外语外贸大学外国语言学及应用语言学研究中心教授，云山领军学者。

和英文,口语是英语、普通话和粤语,但实际情况要复杂一些。"两文三语"里都包括一些变体,而且一直处于演变之中。

香港最初只是个散布了一些渔村的小岛,几千人口使用的方言应该属于粤语的广府片(粤海片),1842年香港岛被迫割让给英国之后英语不可避免地成为官方语言,但广府话仍然是人民大众日常交流的基本工具。1860年,英国迫使清政府割让九龙半岛南端界限街以南的地区后,香港人口有了增长,加上为逃避太平天国战乱而涌入的广东人,香港人口在1861年达到了12万左右,而且仍然使用广府粤语。1898年,英国强租"新界"地区99年,香港人口继续增加,客家话成为本地方言之一。抗日战争和解放战争期间有一百多万人口涌入香港,各种方言也随之而来,但粤语始终占据主要地位。

20世纪三四十年代的人口激增对香港的方言影响不算太大,但对于书面语的影响极大。这一时期进入香港的人口带来了庞大的资金,也带来了一大批受过良好教育的知识分子,于是香港的文化事业在五六十年代进入了黄金时期。各种报纸刊物如雨后春笋般涌现,出版社和电影制片厂成倍增长,各式戏剧和文艺演出层出不穷,凤凰与长城两家公司的电影甚至在60年代就进入了国内市场。最为关键的当然是五四运动之后形成的白话文占了上风,成为香港书面汉语的主流。

当时,港英政府的工作语言是英语,法院庭审也完全使用英语,而且高等院校和相当一部分中小学也使用英语作为教学语言。整个行政系统使用的书面语是英文,所以政府公文、法律文书、政府宪报、治安条例甚至商业公司的章程都是全英文的。这种"两文双语"的局面维持了相当长的一段时间,直到20世纪60年代后期受社会动乱的影响才发生了变化。

1967年五六月的香港"左派暴动"从和平示威发展到暴力行动,一直延续到1967年底,给香港社会造成了极大的创伤;其间内地不断有人以各种方式进行支持,最突出的是1967年8月22日的"火烧英国代办处"。事件平息之后港英政府改动了许多行政规则,特别是改变了语文政策,基本上切断了与内地的文化交流,禁止内地报刊书籍输港,并且强力推行粤语电影及粤语歌曲。

这一系列事件的另一个后果是出现了为中文正名的群众运动。1968年1月在香港中文大学举办了一个关于中文官方地位的研讨会,会后发表的联合公报明确提出"香港政府应该实行中文成为官方语文"。1970年9月香港成立"争取中文成为法定语文行动委员会",联合"香港各界促进中文成为法定语文工作委员会"和"争取中文成为法定语文运动联会",掀起了一场"中文运动",并且组织过几次相关的示威游行。

迫于形势的压力,港英政府最终做出了一些让步,于1970年9月宣布成立"公事上使用中文问题研究委员会",然后又在1972年成立了"中文公事管理局",统一管理与中文法定地位相关的事宜。1974年1月,港英政府正式修改《法定语文条例》,通过立法手段正式将中文确立为法定语文,并在1978年底同意改变高等程度会考的要求,将其改为中英文必须同时合格。

1984年《中英联合声明》签署之后,1987年港英政府在《法定语文(修订)条例》中做了进一步的让步,规定"新法例须以中英文制定,中英文同为法律正式文本"。1996年"语文教育及研究常务委员会"(语常会)成立,并且建议推行"两文三语"政策,也就是书面使用英文、中文,而口语使用英语、粤语和普通话。

香港于1997年回归祖国之后,特首董建华在第一份施政报告中提出了义务教育必须达到的语文能力标准,要使"所有中学毕业生都能书写流畅的中文、英文,并有信心用广东话、英语和普通话与人沟通",并且承诺特区政府会坚决执行"两文三语"政策,在撰写法律、政策条文时,同时提供中、英两种文本,但原有英文法律条文的汉译本会继续使用。

二、香港英文法律的汉译

香港语言状况的发展过程中,20世纪70年代那场中文运动起到了非常关键的作用,而重要成果之一是迫使港英政府开始考虑英文法律和政府条例的汉译,这也是"中文公事管理局"成立之后进行的重要工作。这是一项规模浩大而且极为艰巨的工程,从一开始就遇到了无数的困难,而且中文译本也往往缺乏稳定性和连贯性,所以1974年1月港英政府将中文确立为法定语文的时候,还特别规定"中文除在法律范畴外成为其他范畴的共同法定语文",也就是将英文法律的中文译本排除在法定语文的范围之外。

1972年末"中文公事管理局"牵头成立法律文本中译工作小组,汇集了一大批专业法律翻译人员,香港警察局高级顾问兼香港法院口译员冼景炬(King-kui Sin)就是其中一员。他长期承担香港双语法律工作,并因此获得大英帝国最优秀勋章,后来加入香港城市大学中文、翻译及语言学系从事法律语言学研究,曾经多次谈及香港法律英文文本翻译过程中的种种艰辛。

港英时代的法律体系是全盘照搬的英国普通法(判例法),不同于民国时期国民政府的"六法全书"体系,也不同于中华人民共和国的社会主义法律体系,所以将英文的法律概念和条文译为中文时,往往找不到适当的中文版本进行对照。港英政府定下了完成翻译的时限,同时又规定不得参考社会主义法律体系,不准使用内地出版的英汉词典,给翻译团队带来的压力可想而知。在各种压力的共同作用下,法律文本中译工作小组只好选择了不是办法的办法,大量生造中文词语,并且强行改变了很多中文表达方式的意义,形成了香港法律中文版的特有词汇、句法结构和话语体系,从而形成了与标准中文差别极大的港式法律、行政文件。有人做过统计,香港法律、行政文件中有近20%的专业词汇非常特别[①],内地的非专业人士看不懂,即使法律界人士也往往头疼不已,必须对照英文文本并依赖特别的注释才能看明白。文件中还有接近10%的词语属于香港日常英语借词,初次接触的内地读者不一定能看懂,而内地法律界人士也往往会产生同样的问题。

以这样的方式译出来的中文,有些地方连香港人也看不懂,还产生各种各样的误解,于是港英政府干脆规定中文版的法律文件没有法定语文的地位,一旦出现了中文版和英文版有冲突的情况,一律以英文版为准。这一规定还适用于政府文件和公司条例的中文版,而且一直沿用到1997年香港回归。回归之后这一规定不再适用,但使用者实际上还是按照英文版去解读有冲突的部分,只是大家往往都心照不宣而已。

这样强行翻译而成的法律文件与当时香港通行的白话文有着很大的差距,不但包含了很多新创造出来的中文词语,还使用了一些新的句子结构与特殊的

---

① 田小琳:《香港社区词词典》,北京:商务印书馆,2009年;石定栩、邵敬敏、朱志瑜:《港式中文与标准汉语的比较》,香港:香港教育图书公司,2014年。

语篇结构,让香港本地人也觉得不好理解而情愿去读英文原件。也正因为有英文版作为后盾,看不懂就可以去查英文版,所以大部分香港人对这种中文持容忍态度。法律文本中译工作小组的效率很高,短短几年时间里就完成了大部分香港法律文本和政府文件的翻译。与这些法律文件密切相关的公司条例、商业合同之类的民间英文文件,也随之译为中文,而且也都附上了一句"如果与英文文本有抵触之处,以英文文本为准"。

由于有政府的力量在背后支撑,这种源自法律文本翻译的中文很快形成了一种特殊语体,不但在法院体系、政府机关和议会系统占有一席之地,而且很快进入了香港人的生活,逐渐成为日常交际工具的一部分。这就是所谓的港式中文。

三、港式中文和英文

香港社会使用的中文并不是一个统一的单纯形式,而是一个书面汉语变体的连续统。一端是中央驻港机构和中资机构内部使用的标准汉语,与国内其他地方使用的没有太大的区别;另一端是各种八卦杂志、色情杂志、低端漫画所使用的书面粤语,采用半官方甚至自造的粤语字,大量使用香港粤语口语词汇甚至骂人的粗口和黑社会的暗语,完全按照粤语语法规则来记录粤语口语,事无巨细地描写香港社会的底层生活。[1] 接近标准汉语那一端但又与之不同的是香港特有的港式中文,是主流报章杂志、政府部门、大型商业机构在正式文体中使用的书面语,也是一种书面汉语的变体。港式中文与内地的书面汉语一样,都由五四运动前后形成的白话文发展而来。20世纪六七十年代的风云变幻,让这两种书面汉语分道扬镳,朝着不同的路向演化而形成了两种变体。等到90年代这两条道路再次相交时,两种变体之间的差别已经非常显著了。[2]

---

[1] 田小琳主编:《全球华语语法——香港卷》,北京:商务印书馆,2021年。
[2] 邵敬敏、石定栩:《"港式中文"与语言变体》,《华东师范大学学报(哲学社会科学版)》2006年第2期;石定栩、邵敬敏、朱志瑜:《港式中文与标准汉语的比较》,香港:香港教育图书公司,2014年。

严格地说,港式中文实际上有两个版本,大众版和条文版。条文版是港式中文的源头,但使用范围比较狭窄,只限于政府公文、法律文件和公司条例等非常专业的正式文件,所以多年来没有什么变化。大众版是在条文版基础上发展起来的,四五十年来一直在发展,但基本格局变化不大。除了直接借用的英文词语和句子,大众版港式中文的特有成分与结构大致上可以分为四类:一是来自条文版的特有词汇和用法;二是粤语词汇、句法以及篇章规则的体现;三是从文言文中继承下来的词汇和结构;四是创新,即标准书面汉语里不存在,但和英语、粤语或文言文又都没有明显关系的特殊用法。①

在用中文写的文章里加入几个英语的句子,在香港报纸的时事评论和作家专栏中是十分常见的现象。② 例(1)来自《明报》的社会要闻专栏,例(2)选自《星岛日报》几年前的时事评论专栏。这两个英语句子的意义并没有什么特殊之处,完全可以用相应的汉语句子表达。不过,例(1)的那句英语原本是杰克·伦敦(Jack London)一首诗的标题,后来由于电影《阿甘正传》(*Forrest Gump*)中的主人公一直反复念叨,在某种程度上变成了人人皆知的名言,其中的内涵已经超出了字面意义。作者在这里显然是借用了阿甘的话,提醒港人不要过于自信,只看到眼前的一点蝇头小利而忘记了随时可能发生的意外。这样的意思,不是一两句汉语能够说清楚的,而且也不宜说得太过直白,借用一句大家熟知的美国电影台词,是个不错的选择。

(1) 近几年局势的发展,无一不在提醒港人,life is a journey,不知道什么时候会出现什么情况。

---

① 石定栩、苏金智、朱志瑜:《香港书面语的句法特点》,《中国语文》2001年第6期;石定栩、王灿龙、朱志瑜:《香港书面汉语的句法变异:粤语的移用、文言的保留及其他》,《语言文字应用》2002年第3期;石定栩、王冬梅:《香港书面汉语的语法特点》,《中国语文》2006年第2期;石定栩、邵敬敏、朱志瑜:《港式中文与标准汉语的比较》,香港:香港教育图书公司,2014年。
② 石定栩、朱志瑜:《英语对香港书面汉语句法的影响——语言接触引起的语言变化》,《外国语》1999年第4期;石定栩、朱志瑜:《英语和香港书面汉语》,《外语教学与研究》2000年第3期;石定栩、朱志瑜:《英语对香港书面汉语词汇的影响——香港书面汉语和标准汉语中的同形异义词》,《外国语》2005年第6期。

例(2)中的"what the hell do they want"是句骂人的话,相当粗俗但还没到下流的地步,英语国家受过教育的人如果对别人的要求不满,感到极端愤怒又不能当面骂人时,就往往会用这句话来泄愤。《星岛日报》的那名专栏作家在评论北非某国的政局,对那些从上街游行转为四处破坏的暴徒极为不满,但又不想自贬身份用粗口骂人,就从英语里借来这句半粗不粗的话,公开发泄自己的情绪。

(2) 政府已经做出了很大的让步,但他们仍然咄咄逼人,what the hell do they want?

英语对港式中文的影响,更常见的是在汉语文章中夹用英语词语,也就是社会语言学常说的"语码混用"。一般说来,在比较正式的书面汉语中夹用英语,往往是因为牵涉到的概念用汉语表达有困难,而相应的英语则比较简单。① 例(3)是关于保时捷一款新跑车的介绍,由于香港上层社会玩豪车的人很少说"跑车",而是多半直接用英语说"sports car",相关的术语自然也都使用英语。例(3)在描述该跑车的内部设施及其功能时,由于缺少相应的汉语术语,最简单的办法是直接借用现成的英语术语,既省事又直截了当。例(4)的情况略有不同,但本质上是一样的。"Analog"当然有汉语的对应说法,但在香港的音乐行业却很少使用,在描写电子音乐时,"analog"明显要比"模拟式"适宜得多。

(3) 但更重要的是,驾驶人只需按下启动按钮,各项机械设定便会转至 sport mode。

(4) 主题曲《天籁》里左穿右插的 Analog 电子琴声乐,Space Age 味十足。

例(5)是一名香港英文中学的校长在介绍学生上课的情形。一些需要将学生分成小组进行辅导的科目自然需要多名老师,而且需要对老师的责任加以区

---

① 石定栩、朱志瑜、王灿龙:《香港书面汉语中的英语句法迁移》,《外语教学与研究》2003年第1期。

分,于是就有了"subject teacher"和"supporting teacher"这两个专用名称。前者有常用的汉语对应术语,任课教师或专教老师都可以接受,但后者没有一个固定的汉语说法,而且在香港各个中学的叫法也并不完全一致,采用原汁原味的英语名称,大概是最理想的选择了。例(6)说的是香港的一个特色咖啡厅,"order"当然是可以说成普通话的"下单"或粤语的"落单",但这个咖啡厅客人点咖啡,其实并没有"单",而是客人直接和服务员商定喝什么,怎么煮,所以用"order"反而更传神。

(5) 英文和数学科,会分组上课,亦会有 supporting teacher 帮学生,班上有时会有几位老师一同教学。

(6) 虽然店内的招牌咖啡味道没有一般的浓口,但却是 Cora 偏爱的混合咖啡,由哥伦比亚、巴西、埃塞俄比亚等地的咖啡豆混合成,每逢有客人 order,侍应便即磨即煮。

香港粤语中有着数量极为庞大的英语借词,有些年代久远或者使用频率较高的已经有了固定的汉字转写,而且有相当一部分进入了书面汉语,成为汉语词汇中的外来词。这些借词有些已经进入内地,而且成为标准汉语书面语的一部分,包括日常生活中常见的"的士、巴士",某些特定行业中使用的"威亚、卡司",等等。这些英语借词中有一部分已经汉化,衍生出"的哥、的姐、大巴、小巴、大咖(卡)"之类的复合词。

香港人在转写英语借词的时候,是按照粤语发音来选择汉字的,而且往往会选用最能反映英语发音的粤语字。比如炒股的术语"margin"在港式中文里是"孖展",其粤语发音[maːtsin]与英语原词非常接近,但如果按照普通话发成[zīzhǎn]的话,与英语原词就要相差十万八千里了。同样地,英语的"file"借到港式中文后往往写成"快劳",也只能按照粤语去发音,用普通话发音的话,就会变得完全不知所云。

港式中文里的英语借词绝大部分来自英式英语而不是美式英语。直上直下的箱式电梯在香港叫作"铊",显然是源自英式英语"lift",而不是美式英语的

"elevator"。同样地,电影票、火车票之类在港式中文里写成"飞",用在"戏飞、车飞"之类的词语中。这显然是英式英语"fare"而不是美式英语"ticket"的转写。

有些英语借词进入港式中文之后又经历了音变或删减,与英语原词的联系变得十分模糊,很难辨认了。香港有一种从美国进口的苹果叫作"蛇果",由于属于大宗商品,报纸的商业版经常会提及。不过,大部分香港人已经忘了这个怪名字其实来自英语的"red delicious"。这种苹果刚刚进入香港时,商家按照香港的习惯一半意译一半转写,称其为"红色地利舍",或者在后面加个区别词成为"红色地利舍果",以区别于另一种美国苹果"yellow delicious"。后来"yellow delicious"在香港的销路不好,退出了市场,于是"red delicious"就去掉了"红色",变成了"地利舍果",而且衍生出一个变体"地利蛇果"。最有意思的是"地利蛇果"竟然还与天堂产生了关联。据圣经记载,亚当和夏娃在天堂受到蛇的诱惑偷吃了禁果,结果被上帝赶了出去。有好事者据此望文生义,说"地利蛇果"就是圣经里提及的那个东西,并且进一步将其简称为"蛇果",而且最终成为香港口语和书面语的标准用法。

四、港式中文的创新

港式中文里最特别的是那些内地人一看就懂,但却一用就错的词语和句式,其中大部分是条文版的发明。比如例(7)中的"大律师"是个香港法律系统的专用头衔,香港人都知其所指,但内地的司法系统没有这种说法,所以内地人往往误解为"资深律师"。与"大律师"对应的头衔是"律师",分别来自"barrister"和"solicitor",实际上是专业方向不同的两种职业。前者在高等法院和终审法院出庭,后者通常只会在裁判法院和区域法院出庭,两种法院处理的案件性质不同。而所谓的"地铺"也不是把被褥放在地上做成的铺位,而是位于楼房一楼(底层)的商铺。英式英文中建筑物与地面持平的那一层称作"ground floor",而二楼是"first floor",所以"stores on the ground floor"在港式中文里是"地铺"。

(7) 裁判官强调,辩方大律师所提述的决定已清楚界定三间地铺的范围。

例(8)选自几年前的《东方日报》,报道的是香港警方的一次常规行动,具体的意思香港人一看就清清楚楚,根本不需要解释;而内地读者不熟悉港式中文的词汇、句法结构和语篇规则,十有八九会解读错误,而且会错得极为离谱。

(8) 警方清晨在弥敦道截停魏姓男子座驾,有人怀疑管有违禁药物。

例(8)说的故事情节非常简单,警方以参与贩毒为理由逮捕了一个姓魏的男人,但内地读者从后句里连一点有用的信息都得不到,因为前句说的行动目标是"魏姓男子",后句的主语却变成了"有人",也就是引进了一个第一次提及的、身份不明的人物,前后两个分句似乎没有什么关联。这当然是按照标准汉语的话语逻辑分析出来的,而港式中文在特定的语境中会给予"有人"以特殊解读,表示"那个人、该人、此人"或者"他"。香港法律有个"疑罪从无"的原则,警察抓来的嫌犯在没有上法庭、没有被法官定罪之前,就不能说他有罪,甚至连与案件相关的"嫌疑人"都不能说。于是新闻界就挪用"有人"来描述这种人物,也就是用表面上的"任何人"来表示回指的"那个人"。这种近乎耍赖皮的办法相当有用,因为按照汉语语法的解读,"有人"同前句所说的"魏姓男子"无关,记者可以一口咬定"有人"是任何一个人,与他前面报道的犯罪事件无关,也就不用担负任何法律责任了。

"有人"后面的那个"怀疑"也是为了满足"疑罪从无"要求而硬插进来的,意思相当于英语的"(he) was suspected of (smuggling drugs)"。既然只是被"怀疑"而没有真的说他贩毒,作者需要负的责任就更轻了。不过,"有人怀疑"让内地读者看到了,只会理解为"有人"对后面的内容持怀疑态度,而不是"此人被怀疑"。在这种情况下将"被怀疑"说成"怀疑",也是港式中文的特色之一。

港式中文的特色词还包括例(8)后面的"管有",这是20世纪70年代英文法律条文汉译时的创造之一,源自英文动词"possess"或者相应的名词"possession",

意思是目标人物涉嫌藏有违禁品。这个法律概念的特殊之处是只要警方在目标人物的身上、车上甚至房子里找到了违禁物品,就可以认定为"管有",并不需要证明该违禁物品真的属于目标人物所有。"管有"在内地法律中没有对应的概念,也没有相应的词语,内地读者看不懂就很正常了。

相比之下,本句用"违禁药物"代替"毒品"也就不算太难懂了,因为内地法律也有"违禁药物"的概念,只不过适用范围不完全相同而已。至于用"违禁药物"表示"毒品",内地报刊有时候也会这样使用,内地读者不会有太大的问题。

条文版港式中文里这种生造的汉语词语数量庞大,其中有相当一部分是汉语的缺项,也就是相关的英文概念在中文里不存在,就只好设法自己造一个。比如英文的"charge"在财产法里有个特殊的用法,表示一种特殊的抵押方式,即债权人与债务人达成协议,在特定的财产份额里设定财权范围,作为债务人履行债务的担保,当债务人不履行义务时,债权人可通过设定的财权清算债务。这种抵押只涉及相关的部分财产使用权,但不涉及财产所有权的转让。这是英国判例法的组成部分,但在大陆法以及内地的社会主义法律体系中都不存在。香港的法律文本中译工作小组在20世纪70年代翻译英文财产法时,造了个独一无二的怪词"押记",专门用来表示这种特殊的抵押方式,而不会同charge的其他用法产生混淆,所以一直沿用至今。

与"押记"的远离日常生活相比,条文版的另一个创造"信纳"相对好理解一些,也比较容易接受。英语动词"satisfy"在日常生活中相当常见,相关的意思汉语中往往表达为"满足、满意"或者"符合(要求)"。"Satisfy"在法院庭审和议会辩论中也是个常用词,而且通常以被动形式出现,如"the court is satisfied that"或者"The Legislative Council is reasonably satisfied that"之类。内地法院和人大的文件通常不会这样使用被动语态,无路可走的情况下法律文本中译工作小组就造了个新词"信纳",用主动语态的"立法局有理由信纳"来表示"the Legislative Council is reasonably satisfied"。这种用法现在已经成为惯例,香港人一看就懂,内地读者也不至于完全懵掉,至于内地的英汉词典是否会收录这个词义,那就是另外一回事了。

五、展　　望

港式中文是语言学研究的丰富宝藏，可以让我们从各个方面去挖掘丰富多彩的语料，进行各方面的研究，英语的影响只是其中一部分。希望有更多同行投入这方面的研究，做出更多的贡献。

Hong Kong Written Chinese and the Influences from English

SHI Dingxu

Center for Linguistics and Applied Linguistics,

Guangdong University of Foreign Studies

Abstract

Hong Kong written Chinese is a variety of written Chinese with many unique characteristics. It has a legal version with many coined Chinese words for English legal terms, and a popular version containing Classic Chinese, Cantonese, English loan-words and even English expressions. The legal version was created in the 1970s when Hong Kong government had all legal and administrative documents translated into Chinese within a short period of time. Under tremendous pressure but with very little help, the translation team was forced to create a huge number of Chinese expressions for English legal and administrative terms. These new and hard to understand expressions are the core features of Hong Kong written Chinese.

Keywords

Hong Kong written Chinese; coined Chinese legal terms from English; copied English structures and discourse features

中日语言学交流术语使用问题
——基于日本国立国语研究所官网资料的研究

刘海燕*

提要：随着区域国别化研究的深入，中日语言学交流问题越来越受到重视，汉日语言学术语翻译的探讨也提上了议事日程。本文注意到日本国立国语研究所官网所有内容都有日英对译，正是汉日语言学术语使用问题研究的最佳素材。我们提取的243条术语中，汉字术语占大多数，更提示了中日语言学交流的可行性和必要性。术语整理是建立中国特色的东亚视角的语言学研究话语体系的组成部分，可以为世界范围内语言学发展贡献汉字智慧。

关键词：中日语言学交流；术语；日本国立国语研究所

一、缘起与目标

语言学术语不同于其他学科术语，要有学术的严谨，更要面向语言学研究内

---

* 刘海燕，中国传媒大学人文学院教授，世界汉语教学学会会员。

容和研究对象——大众语言生活,语言学术语本身需要有"科普"的功能,是语言工作者综合语言知识和语言能力的外现。中日语言学交流是跨语言跨文化的交流,既是面向同行的学术的交流,又应该是面向社会大众的交流,要能够融入人际沟通渠道。

中日语言学交流在术语使用方面有怎样的需求?一个数量庞大的需求群体就是国际中文教育相关专业的硕士博士,从事汉语/日语教学的教师和准教师,相关从业人员,以及汉语/日语二语习得者。很显然,二语习得的实践寻求理论的指导,也为理论研究提供滋养。因此,中日语言学交流核心概念的定型,是一种特定的语言服务和语言治理,需要考量这些"群众"的目标需求,顾及这个群体的专业技能和理解力,服务这个群体的语言能力提升。

汉语研究努力摆脱印欧语言研究的影响,区域国别研究发展的教学层面、社会层面、研究层面、交流层面,都呼唤着、期待着术语使用问题的研究成果。中日语言文化交流有汉字符号的介入,人际交流方面存在天然的优势,学术交流方面在全球化背景下可以依据这种优势顺势而为。

日本国立国语研究所(以下按照日语习惯简称"国语研")建立于1948年,是日本国家级语言研究所。2009年以后国语研研究活动和研究成果开始公布在官网,网站2023年4月全面更新①,即现在呈现的版面,主页有5大板块:

(1)国语研概况:含国语研所长致辞、组织架构、章程、历史沿革、研究者简介、招聘广告、国语研期刊简介,还有国语研官网其他宣传媒体链接等。

(2)研究活动:含国语研2009年以来项目名、项目链接网站、项目招标信息、访问学者信息等。

(3)研究所教学:包括综合研究生院课程、视频教材、合作大学链接、兼职研究员信息等。

(4)数据库、语料库、资料:包括数据资料查询链接、研究室资料目录、学术情报中心网站链接、数据库链接、图书馆链接,以及使用国语研资料的规定等。

(5)学术活动:包括2009年到2021年学术活动信息、2021年之后国语研

---

① 日本国立国语研究所主页:https://www.ninjal.ac.jp。

各类学术活动信息检索链接、年度学术活动日历、国语研参观信息和面向中小学的科普联络信息等。

我们注意到,国语研网站所有内容都有英文翻译,作为汉语母语的语言学从业者,借助汉字,借助英文对译,再借助辞书和(在线)翻译软件等,可以理解国语研官网的主要内容。由此我们想到,汉日语言学术语对译应该在维护汉字表意传统基础上,进一步辨析部分术语歧义和模糊性,更好地解决术语同义异形词多和硬译问题,从而服务中日语言学交流和语言教学工作。

二、维护汉字术语翻译传统

中日学术交流具有良好的基础,从中国的儒学、佛教经典传播,到日本大量生产"日式"汉字词,这种传统需要后来者维护。例如英文"Endangered Dialects""Endangered Languages and Dialects"的日语对译是"消滅危機方言""消滅危機言語",汉语习惯的表达是"(保护)濒危方言""(保护)濒危语言"。英文"General Research""Comprehensive Research"的日语对译都是"総合的研究",这种翻译处理对于中国学者来说都没有什么理解障碍。英文"Compositional Representation"的日语对译是"合成的意味記述",由于"合成"在汉语中的指称意义比较固定,在一定上下文中使用"组合"可以表示宽泛一些的意思,但是日语汉字词的意义仍然是可以理解的。因此,受到汉字影响,语言文化研究的东亚视角是一个必须给予充分重视的方向。何谓东亚视角呢?核心点就是汉字。

第一,汉字凝聚并发展了东方文化的丰富的思想。文字是文明的标志。集音、形、义于一体的汉字诞生之初即在对应自然界与人类社会概念,"六书"造字即整体系统化调节,适应不断变化的事物和不断发展的社会,进而成为东亚各国的国际通用文字。在古代东亚世界,中国古代思想与文化的权威性不容置疑,汉字是这一权威思想文化体系的载体。东亚各国处于汉字以及中国思想文化影响的延长线上,根据自己的需求发展和改造了汉字及其文化,表现出东亚文化的丰富性。例如日语的"訓点資料",英文对译是"Kunten-Shiryo(Documents

Written in Chinese with Marks for Rendering into Japanese)",即先用发音形式"Kunten-Shiryo"来"翻译",然后加括号说明"用日文标记与翻译的中文书写的文件"。对于中国学者来说,只要了解训诂、训读的意思,就不难理解训点资料。汉字系统内有序调节,作为对应概念的系统化发挥交流功能,显现拼音文字没有的特性,在当下自然语言的信息化处理中表现出独特优势。

第二,汉字有独特的传播方式。汉字系统内文化传承繁衍兼容,显现出跨越语音隔阂的辐射力。据记载,古代渤海国使者去日本,出面接待的是日本贵族,史料记录了当时笔谈对话现场的氛围、对话双方的心声、对话情景等。王勇《东亚的笔谈研究》[①]对东亚留存的笔谈史料进行了系统挖掘和研究。除了政府使节、商贾、移民、游客……很多人都能通过这种"无声的对话"沟通信息、传授知识乃至问答酬唱。日本人石川英1878年8月刊行《芝山一笑》,汇辑了彻定、义应两位和尚与在日中国人的赠答诗篇,"凡舌所欲言,出以笔墨,纵横自在,不穷其说则不止"[②]。笔谈甚至形成一种文体,是汉字文化圈特有的"语言"交流方式。

当然,汉字音形义在发展与传播过程中会发生演变,需要后来者通过进一步交流来辨析和确认。例如英文"the Survey Questionnaire"在日语中对译为"調査票","票"字的意义和用法在现代汉语中有了较大的变化。中国学者看到日文里的汉字词语就直观地认为意思大差不差,也有可能出现望文生义问题,夹杂日语汉字词的中文论文会被戏称为"协和语"论文。例如英文"Spontaneous Speech"指的是即兴的、没有准备的口语,日语翻译是"自然発話","发话"按照现代汉语字面义理解就很不清楚。这种汉字术语还有歧义和模糊性问题,需要逐条辨析,添加必要补充说明。例如,"Indirect Utterances"日语对译是"間接発話",如果直接看汉字"间接发话",是什么"间接"什么呢？根据美国哲学语言学家约翰·塞尔(John Rogers Searle)的说法,间接言语行为是不仅仅依赖于话语中的单词来传达其含义,差不多就是言外之意的意思。我们感到术语辨析和词汇研究一样,是学术史研究的课题,期待中日语言学多一些交流,让这些术语渐渐明晰和定型。

[①] 王勇:《东亚的笔谈研究》,浙江:浙江工商大学出版社,2015年。
[②] 石川英编著:《芝山一笑》,东京:文升堂,1878年。

三、降低术语难度

自冷战时期,中日学界很多术语借助英语翻译,英语语言学以及二语习得理论在汉语和日语中的翻译各行其是,没有得到过充分讨论,造成大量同义异形术语的存在,还存在各种"硬译"的问题。同义异形指的是同一个术语有不同词形来表示。根据国语研官网,日语大量存在同义而异形的词汇,例如博物馆既有"博物館",也有"ミュージアム","Onomatopoeia"既有"擬音語""擬声語",也有"オノマトペ"。所谓硬译指的是"原汁原味"对译英语,很多硬译给汉语、日语母语者以及英语母语者的理解都带来很大困扰。

日语的硬译表现为用片假名拼写,与汉字形式并存。例如"调查问卷"既有"調査票",也有"アンケート",日语"アンケート"据说源自法语"enquête",法语这个词的英文直译是"Inquiry(查询)",日语直译是"照会"(汉语查询的意思),这种假名拼写对日语母语者和非日语母语者来说都不容易理解。

汉语的硬译表现为从英语中生搬。例如乔姆斯基句法理论的"Principles and Parameters",汉语翻译为"原则和参数",离生活语言比较远。"参数"意思是"参变量""微变量","原则和参数"不如解释为"共性和个性"直观。"参数"在日语辞书中是"助変数",就特别注明是数学用语。

国语研官网一项学术活动的标题是:"言語の普遍性及び多様性を司る生得的制約:日本語獲得に基づく実証的研究"。

英文对译是:"Linguistic Variations within the Confines of the Language Faculty: A Study in Japanese First Language Acquisition and Parametric Syntax"。

从这个翻译来看,日语表达的"基于实证的日语习得研究"英语翻译是"日语第一语言习得与参数句法的研究",所谓"Parametric Syntax(参数句法)"即"转换生成语法"。因为日语所表达的"先天制约的语言普遍性和多样性"(英语Linguistic Variations within the Confines of the Language Faculty)即是转换生

127

成语法研究的观点,"原则和参数"的意思在这个句子中即日语的"言語の普遍性及び多様性"。日语的"日本語獲得"在英语对译中特别加上了"Japanese First Language Acquisition(日语第一语言习得)",就是转换生成语法所说的"母语"的"语言习得机制"。日语常常用"文法論""統語論"专指转换生成语法,在这个上下句中没有出现。

我们感到,乔姆斯基的语言能力理论强调语言能力的先天性,在实际教学工作中用得并不多。英语语言学术语的汉日表达很多硬译,诸如附设转换(英文"Attachment transformation",日语是"付置変換")、反身代词(英文"Reflexive pronoun",日语是"再帰代名詞")、零代名词(英文"Zero pronouns",日语是"ゼロ代名詞")、复句结构(英文"Complex sentence structure",日语是"複文構造")等,如此术语宛如天书,令人望而生畏。

四、建设科学学术话语体系和话语权

"夹生"术语使得汉语和日语自身的语义系统性受到强力冲击,似乎离开英语也就无法研究汉语和日语。如果研究语言的人越来越不会用母语表达,那么也就谈不上语言教学研究,谈不上跨文化交流,这样距离语言学研究目标不也是渐行渐远吗?简言之,语言学术语翻译要兼顾大众用语和学术用语的平衡。上文中我们提及语言学研究"东亚视角",即希望建设中国特色的学术话语体系和话语权。

1. 倡导中国特色含有发展新时期国际文化交流的意义

随着全球化发展,中日在政治和经济方面都有更多深入交流,中日学术交流涉及思想史、影视动漫等非常多,在语言文化交流方面,"氛围、问题意识、违和感、变态"等源自日语的词汇在汉语中已经自然而然地使用起来。"受容"(接受)、"移行期"(过渡期)、"重層化"(多重的)、"経済連携"(经济合作伙伴)等来自日本人文科学的常用词、高频词,也可被中国学者接受和使用。我们需要关注汉语和日语接触问题,发现、提出并解决其中的真问题和好问题。日本学者的优点(一手语料收集整理、实证研究、资料积累等)值得我们学习,中国特色的学术话语体系可以吸收与利用日本学界以及海外学界研究成果,从而实现包容并兼、合作发展。

2. 倡导中国特色含有强调中国立场的意义

倡导中国特色的话语体系同样坚持"中国态度"。学者的自尊与国家的尊严需要得到重视,才会有平等交流。例如,我们对于"台湾""中央"等词语的使用是泾渭分明的。

从日本国语研官网资料来看,国语研早期研究重视"语言生活"研究,与各地城市、乡村自治体一道努力,日本方言得到大规模整理。但是,日本语言学存在追随英语语言学问题,缺乏理论创新。中日两国语言学界的核心关切与整体方向有不一致的情况,中国学者研究汉语、汉语教学等,更重视传播中华文化,更注重中日友好关系,而非全盘西化。日本语言学界所谓"国语"立场,有些是冷战意识的表现。我们期待着中日学界的正面对话,共同提高整体研究水平,解决人文学科研究中存在的历史连续性被割裂的问题,重新思考语言文化历史演进以及中日语言接触、关联和互动。

3. 倡导中国特色学术话语体系和话语权有助于基于汉字的术语明晰化

我们根据国语研官网资料收集的 243 条术语中,日语假名拼写形式的只有 17 条(见表 1):

表 1　日语拼写形式的术语

汉语翻译	日语术语	网站英译
标注	アノテーション	Annotation
词汇	レキシコン	Lexicon
搭配	コロケーション	Collocation
队列	コーホート	Cohort

续 表

汉语翻译	日语术语	网站英译
福利语言学	ウェルフェア・リングイスティクス	Welfare Linguistics
交际	コミュニケーション	Communication
手册	ハンドブック	Handbook
数据	データ	Data
手稿数字化存档	デジタルアーカイブ	Digitized Glossed Manuscripts
探讨	アプローチ	Approaches
停顿	ポーズ	Pause
文本	テキスト	Text
文档	ドキュメンテーション	documentation
指示	ダイクシス	Deixis
在线	オンライン	Online
语料库	コーパス	Corpus
写作	ライティング	Writing

一半使用汉字一半使用拼写的,见表2。

表2 半汉字半拼写形式的术语

汉语翻译	日语术语	网站英译
反向	逆マッピング	(Acoustic-to-Articulatory) Inversion Research
风格变异	スタイル变異	Stylistic Variation
机制	習得メカニズム	Mechanism
口音词典	アクセント辞書	Accent Dictionary

汉日都使用音译的,见表3。

表 3 汉日均使用音译的术语

汉语翻译	日语术语	网站英译
克里奥尔语	クレオール	Creoles

很多汉字术语是经由日语汉字词进入汉语的，进一步通过用汉字形式确定术语翻译有利于语言学问题研究的深入。例如英文"Lexicon"的日语对译为"レキシコン"，英文"Vocabulary"的日语对译为"語彙"，较之英文词汇系统，汉语和日语词汇系统有更多共同之处。中日语言学者一方面可以通过交流讨论辨析英文"Lexicon""Vocabulary"的含义，另一方面需要根据不同于英文"词"的特点考虑使用"词汇"还是"语汇"，在难以达成一致的情况下通过借用、添加注释、创造新词的方式完成术语翻译。对于中日语言学交流话语体系的建构，术语翻译得到进一步规范和统一，可以深化学术话语的科学性、独立性与创新性。

五、建 议 与 展 望

以下提出中日语言学交流的一些建议。

第一，增进交流，解决中日共同的语言学课题。中日许多珍贵的原始文本研究还不够充分，中日学者需要加强共同关注的古代汉语/日语研究、汉语汉字发展演变研究、方言研究、濒危方言研究等，通过这些课题研究，彼此借鉴研究方法，丰富研究范式。中日学者有效交流和对话可以构建通行于各研究领域的学术话语体系，把握各领域既有成果和最新研究动态，在普遍语法研究、语言类型研究等问题上也能体现独立的研究视角。实际上政治经济、社会治理、外交政策乃至意识形态等问题的讨论，都是语言生活研究关注的课题，都可以由点及面地扩大研究的深度和广度。

第二，增加翻译，引入高水平的日本语言学论著，编纂专门术语辞典。日本中国语学研究会主编的《中国语事典》介绍了汉语研究的历史，又在 1957 年出版了《中国语学事典》（江南书院），1969 年出版《中国语学新辞典》（光生馆），2022

年出版最新版《中国语学事典》(岩波书店)。日文的语言学论著论文和资料有大量的新词语,还没有清晰的解释,汉日语言学术语也在更新发展之中。有关汉语和日语作为第二语言教学研究的术语词典——学术性和参考功能兼备的工具书会帮助更多的学习者和教师,很多概念与词语加入日本学术界和欧美学术界的相关讨论之中,会更好地推动学术研究发展。

附表:国语研网站所见语言学术语一览表

汉语翻译	日语术语	网站英译
变化	動態の	Variation
变异	変種	Varieties
标注	役割分析	Labels and Frames
标注	アノテーション	Annotation
表达意图	発話意図	the Speaker's Intention
濒危方言	消滅危機方言	Endangered Dialects
濒危语言	消滅危機言語	Endangered Languages and Dialects
参与结构	参与構造	Participation Framework
词	単語	Word
词库	レキシコン	Lexicon
词汇	語彙	Vocabulary
词汇分布	語彙の分布	Distribution of Vocabulary
词汇功能	語彙関数	Lexical Function
词汇英语化	語彙の英語化	Influx of English Words
搭配	コロケーション	Collocation
大分方言	大分方言	Oita Dialects
大规模	大規模	Large-Scale
地域差	地域差	Regional Differences

续　表

汉语翻译	日语术语	网站英译
电子化	電子化	Digitizing
调查问卷	調査票	the Survey Questionnaire
定居外国人	定住外国人	Foreign Permanent Residents in Japan
定量的	数理	Quantitative
动词形成	動詞形成	Verb Formation
动向	動向	Changes
误读	読み誤る	Read Incorrectly
队列	コーホート	Cohort
对比语言学	対照言語学	Contrastive Study
对比语言学	対照言語学	Cross-linguistic Studies
对话语音材料	音声談話資料	Discourse Analysis
对要求表现同意	同意要求表現	Expectation of Hearer's Agreement
多种声学指标	複数の音響指標	Multiple Acoustic Cues
发声对比	有声性の対立	Voicing Contrast
发音动作	調音運動	Articulatory Movements
发育障碍儿童	発達障害児	Difficulties in Children with Developmental
发展过程	定着過程	Process
反向	逆マッピング	(Acoustic-to-Articulatory) Inversion Research
方言的形成过程	方言の形成過程	the Formation Process of Japanese Dialects
方言话语模式	方言談話	Discourse Pattern
非语言信息	非言語情報	Nonlinguistic Information
分布表现	分散表現	Distributed Representations
分类词汇表	分類語彙表	a Correspondence Table

续　表

汉语翻译	日语术语	网站英译
分类指标	分類指標	Classification Indices
分析	解明	Analyzing
分析	解明	Unravel
探索	解明	Exploring
风格变异	スタイル変異	Stylistic Variation
风格程度	文体値	Stylistic Degree
福利语言学	ウェルフェア・リングイスティクス	Welfare Linguistics
复合语义	複合的言語要素	Compositional Semantic Representation
复杂句子构造	複文構文	Complex Sentence Constructions
覆盖	網羅した	Cover
感谢表达	感謝表現	Gratitude Expression
个体声音变化	音声の個人内変化	Individual Sound Change
各地方言收集紧急调查	各地方言収集緊急調査	the Urgent Pan-Dialectal Data Collection Survey
共同语	共通語	Standard Language
共享	共有化	Sharing
互动	相互行為	Interaction
言语行为	発話行為	Speech-Act
会话	会話	Conversations
使用	活用	The Use of
机器学习	機械学習	Machine-Learning
基本动词	基本動詞	Basic Verbs
基本概念的体系化	基本概念の体系化	Identifying Fundamental Concepts Involved

续 表

汉语翻译	日语术语	网站英译
基于欧洲语言上下文	欧文脈	Contextualizing European Language-based
即兴口语	自然発話	Spontaneous Speech
计算	計算	Statistic
计算心理语言学	計算心理言語学	Computational Psycholinguistics
记录	記録	create a record
假定	推定	Presuming
间接表达理解	間接発話理解	Comprehension of Indirect Utterances
降低	低減	Lowering
交际	コミュニケーション	Communication
教材开发	教材の開発	the development of new teaching materials
接触方言学	接触方言学	Contact Dialectology
结构	構造化	The Construction
结构化描述	構造化記述	Structured Description
解析语料库	解析コーパス	a Parsed Corpus
近现代日语	近現代日本語	Modern Japanese
精密分析	精密解読	a Precise Investigation
敬语	敬語	Honorifics
敬语意识	敬語意識	Honorifics Attitudes
句法	文法的	Syntactic
句法	統語	Linguistic Research
句法理论	統語理論	Syntax
句法信息	統語情報	Syntactic Information
句法依存	係り受け情報	Focusing on Syntactic Dependencies

续 表

汉语翻译	日语术语	网站英译
句末语调	文末音調	Sentence-ending Tones
句子结构	文章構造	Sentence Structures
可用性评价	検証	An Availability Evaluation
克里奥尔语	クレオール	Creoles
方音词典	アクセント辞書	Accent Dictionary
口语	話し言葉	Spoken Language
跨代	世代的	Cross-generational
跨学科研究	学際的研究	Interdisciplinary Study
跨语言多样性	多様性	Crosslinguistic Variations
跨语言实验研究	通言語的実験研究	A Crosslinguistic Experimental Study
类型化	類型化	Typification
类型论	類型論	the Typology of Linguistic Expressions
历时	通時	Diachronic
历时演变	経年変化	Diachronic Evaluation
历时追踪	縦断	Longitudinal
历史发展	歴史的変化	Development
历史研究	歴史的研究	Historical Research
历史与现状	歴史と現状	The Past and Present
连浊	連濁	Rendaku
流行歌曲	今様	Imayo Songs
模式化	モデル化	Modeling
母语日语或第二语言的人	母語あるいは第二言語とする者	Speakers of Japanese as a First or Second Language

续 表

汉语翻译	日语术语	网站英译
拟声词	オノマトペ	Mimetic
拟声词	オノマトペ	Onomatopoeia
评价	検証	Evaluation
普遍性	普遍性	Universals
起色	向上が	Improvement
嵌入	埋め込み	Embeddings
信息处理	情報処理過程	for Clarifying Online Information Processing
全国方言调查	全国方言調査	Field Research Project of Japanese Dialects
认知科学	認知科学	Artificial Intelligence
日常会话语料库	日常会話コーパス	a Large-scale Corpus of Everyday Japanese Conversation
日语和周边语言	日本列島と周辺諸言語	the Languages of the Japanese Archipelago and their Environs
日语教学	日本語教育	Teaching and Learning Japanese as a Second Language
日语描述	日本語記述	Describing Japanese
日语母语习得	日本語獲得	Japanese First Language Acquisition
日语母语者	日本語母語話者	Native Speakers of Japanese
日语史研究	日本語史研究	Study of the History of the Japanese Language
日语习得难易度	日本語習得の難易度	the Difficulty of Japanese Acquisition Documented
日语语料库语言学	コーパス日本語学	Corpus Japanese Linguistics
上下文中学习	具体的な状況設定	Learning in Context
设计	設計	Design

续　表

汉语翻译	日语术语	网站英译
社会调查史料	社会調査史料	Historical Documents of Social Surveys
社会语言类型学	言語変容類型論	Sociolinguistic Typology
社会语言学	社会言語科学	Sociolinguistics
深奥术语	難解用語	Difficult Terms
生成语法理论	生成文法理論	Generative Perspectives
生理指标	生理指標	Physiological Indices
声学特征	音響特性	Acoustic Characteristics
实时	実時間	Real-time
实证	実証	Evidence
实证研究	実証的研究	Empirical Study
实证研究	実証研究	Investigation
使用统一单位的电子字典	UniDic	Electronic Dictionary with Uniformity and Identity
世代差	世代差	Generation Differences
手册	ハンドブック	Handbook
手稿数字化存档	デジタルアーカイブ	Digitized Glossed Manuscripts
首都圈	首都圏	the Metropolitan Area
述语构造	述語構造	Predicates
数据	データ	Data
探讨	アプローチ	Approaches
特征	特性	Characteristics
提案	提案	Proposal
替换词	言い換え	Paraphrase

续　表

汉语翻译	日语术语	网站英译
听力理解	聞き取り	Listening Comprehension
停顿	ポーズ	Pause
统计	統計	Statistics
统计指标	統計的指標	Statistical Analysis
透视	視点	Perspective
透视	着目した	Perspective
凸显认知	卓立認知	Prominence
文本	テキスト	Text
文档	ドキュメンテーション	documentation
文献元语言	文献言語	Documents and Meta-languages
文献资料	文献資料	Literature Research
无生主语	無生物主語	Inanimate Subject
习得机制	習得メカニズム	mechanism
系词句	連結文	Copulative sentence
显像时间	見かけ時間	Apparent-time
写作	ライティング	Writing
写作能力	文章作成能力	Writing Skill
写作生态	文字環境	the Ecology of Writing
新词新用法	新語・新用法	Ongoing Changes
新进展	新展開	New Developments
新起的	創発的	Emergent
形成过程	形成過程	Formation Processes
形容词从句	形容詞節	Adnominal Clauses

续　表

汉语翻译	日语术语	网站英译
形态	形態的	Morphological
学习者语料库	学習者コーパス	Learners' Corpora
学习指导	学習指導法	pedagogical methods for teaching classical literature
训点资料	訓点資料	Kunten-Shiryo (Documents Written in Chinese with Marks for Rendering into Japanese)
岩波日语辞典	岩波国語辞典の対応表	Iwanami Japanese Dictionary
验证	検証	Verification
疑问句	疑問文	Interrogatives
议会会议记录	議会会議録	Minutes of the Assemblies
意义	意味	Meaning
音韵特征	音韻特性	Phonological Characteristics
应用	応用	Application
影响	影響	Effects
用法	用法	Usage
有效性	有効性	Validity
语法	文法	Grammar
语法化	文法化	Grammaticalization
语境	文脈依存	Contextual
语境信息	文脈情報	Contextual Information
语料库	コーパス	Corpus
语速	話速	Speech Rate
语速变化	話速の変化	Changing Speech Rate

续 表

汉语翻译	日语术语	网站英译
语言变化过程	言語変化	the Processes of Language Change
语言变异	言語変異・変化	LVC Study
语言处理	言語処理	Language Processing
语言地理学	言語地理学	Geolinguistics
语言地图	言語地図	Linguistic Maps
语言的多样性	言語の多様性	Linguistic Variations
语言的普遍性	言語の普遍性	the Confines of the Language Faculty
语言的实态	言語の実態	The Current States in the Japanese Spoken
语言感知	音声知覚能力	Speech Perception
语言和教学的研究	言語と教育の研究	Research on Language and Education
语言获得	言語獲得	Acquisition of Japanese
语言接触	言語接触	Language Contact
语言生活实态	言語生活の実態	the Reality of Language Life
语言信息	言語情報	Paralinguistic Information
语言障碍	言語的障壁	Linguistic Barriers
语义	意味的	Semantic
语义	語義	Word Sense
语义分析	意味	Linguistic Research
语义角色	意味役割	Semantic Role
语义结构	意味範疇	Semantic Structure
语义演变	意味の変化	Semantic Drift of Words
韵律	音声	Prosody
语音	音声	Sounds

续 表

汉语翻译	日语术语	网站英译
语音	音声	Acoustic
语音制作	音声生成能力	Speech Production
语用联结	語用論的推論	Pragmatic Inference
约束	制限	Constraints
运动事件	空間移動表現	Motion Events
韵律特征	韻律的特徴	Prosodic Features
韵律特征的作用	韻律機能	the Role of Prosodic Features
再利用	再活用した	Reutilizing
在线	オンライン	Online
长期	経年調査	Long-Term
整合	統合	Integrating
正确用法	使い分け	Proper Usage
指标性	指標性	an Indexicality-based
指示	ダイクシス	Deixis
制成与发布	作成及び公開	Creation and Publication
制定	策定	Development
终生	生涯変化	Lifespan
黏着形式	助詞	Bound Form
助动词	助動詞	auxiliary verb
追踪	辿る	History
综合研究	総合的研究	General Research
综合研究	総合的研究	Comprehensive Research
组合表示	合成的意味記述	Compositional Representation

The Use of Linguistic Terms In China-Japan Scientific Communications
—A Research Based on Materials from the Official Website of the National Institute for Japanese Language and Linguistics

LIU Haiyan

School of Literature, Communication University of China

Abstract

With the deepening of regional and country studies, the issue of linguistics communication between China and Japan is receiving increasing attention. The discussion on the translation of Chinese and Japanese linguistic terms has also been brought to the agenda. This paper notes that all contents on the official website of the National Institute for Japanese Language and Linguistics is available in both Japanese and English, making it the optimal material for studying the usage of linguistic terminologies between Chinese and Japanese. Among the 261 terminologies we extracted, the majority are Chinese character terminologies, further highlighting the feasibility and necessity of linguistic exchange between China and Japan. The organization of these terminologies is a component of establishing a linguistic research discourse system from an East Asian perspective with Chinese characteristics, which can contribute Chinese wisdom to the development of linguistics worldwide.

Keywords

Chinese-Japanese linguistics communication; terminologies; National Institute for Japanese Language and Linguistics

区域国别中文发展研究

东盟"中文+跨境电商"人才需求分析与培养模式构建*

刘振平　戴一绚**

提要：随着中国—东盟共建"一带一路"的推进和《区域全面经济伙伴关系协定》的生效实施,中国—东盟跨境电商急速发展,东盟"中文+跨境电商"人才需求不断扩大。国内高职院校、孔子学院、鲁班工坊等纷纷投入该类人才的培养之中,但当前的实践和研究尚不能完全满足需求。本文以东盟地区中文专业本科生和面向东盟开展跨境电商业务的中资企业为调查对象,明确当前东盟中文学习者接受"中文+跨境电商"教育的意愿和相关建议,了解跨境电商企业对员工的知识和技能要求;对接学习者和企业的需求,以利益相关理论、认知发展理论和"从做中学"教育理论为基础,坚持针对性原则、实践性原则和循序渐进原则,推动构建国际中文教育机构、面向东盟开展跨境电商业务

---

* 基金项目：本研究受广西高等教育本科教学改革工程重点项目"新文科视域下东盟'中文+'人才需求驱动的汉语国际教育专业改革与实践"(2024JGZ143)、教育部中外语言交流合作中心2022年国际中文教育课题重点项目"面向东盟的'中文+职业技能'教育模式研究"(22YH28B)资助。

** 刘振平,南宁师范大学国际教育学院教授,博士。戴一绚,印度尼西亚丹戎布拉大学孔子学院汉语志愿者教师。

的中资企业和中国高职院校三方联动、强化人才实践能力培养的东盟"中文＋跨境电商"人才培养模式。

关键词：东盟；跨境电商；"中文＋电商"；人才培养模式

引　言

随着中国—东盟共建"一带一路"的推进,双方在数字经济领域的合作与日俱增。自《区域全面经济伙伴关系协定》(简称 RCEP)生效以来,东盟地区跨境电商行业持续升温①,从而扩大了"中文＋跨境电商"人才需求。目前东盟各国无论是客户服务、业务交接等方面的语言人才,还是企业管理、运营推广等方面的专业技术型人才,都逐渐显现出数量不足和质量不够的问题。② 培养一批能够与中国实现跨境电子商贸的应用型人才、培育一代能够掌握跨境电商技术的储备型人才日益成为东盟国家人才培养的新要求。回应东盟对"中文＋跨境电商"人才的需求,进而开展相关的培养实践,我们有必要进一步深入了解当前的培养状况,明确目前东盟学习者和跨境电商企业的意愿和要求,理清需求与现实之间的差距,在此基础上构建适用于东盟"中文＋跨境电商"人才培养的模式。

一、"中文＋电商"人才培养项目开展情况

(一) 国内高职院校开展线上培训

近年来,为满足电商行业迅猛发展带来的人才需求,国内一些高职院校积极

---

① 黄家星、石巍：《〈区域全面经济伙伴关系协定〉电子商务规则发展与影响》,《兰州学刊》2021 年第 5 期,第 68—81 页。
② 胡雪歌：《中国—东盟跨境电商合作发展研究》,《商业经济》2022 年第 10 期,第 90—94 页。

整合本校资源,与海外职业院校、企业合作,开发课程、制定人才培养方案,构建"中文＋电商"课程体系,为海外学习者提供线上课程,成为当前"中文＋电商"人才培养的主力。例如,2022年6月,广东轻工职业技术学院分别对中资企业神驰机电股份有限公司尼日利亚分公司的本土员工和尼日利亚本土跨国物流货运公司"Lutek Continental Services"的员工进行了"中文＋跨境电商职业技能"培训,为他们量身定制了培训计划,在帮助他们提升实操技能的同时,让他们了解了中国职业教育发展现状、现代中国以及中国传统文化。同年7月18日,湖南化工职业技术学院与巴基斯坦达伍德工程技术大学合作开设的"中文＋电子商务职业技能"培训班正式开班,授课形式为线上教学,培训周期为三个月,课程内容包括"初级汉语""中国文化常识"和"电子商务基础",在培养学员中文交际能力的同时向他们传授电商行业的职业技能。

我国高职院校针对东盟国家学生开展的"中文＋电商"培训项目,主要有:2023年9—11月,贵州职业技术学院为71名东盟国家学生开展了为期三个月的"中文＋电商技能"线上培训;2023年11月7日,武汉城市职业学院与马来西亚国际文化交流中心(ICCCM)共同举办的"跨境电商多平台运营"项目顺利开班,为印度尼西亚北加浪岸大学的近100名师生开展了为期5天的"中文＋跨境电商职业技能"培训。

还有一些职业院校积极与海外孔子学院(课堂)合作开展"中文＋电商"人才的培养。例如,2022年5月26日,南非中国文化和国际教育交流中心组织的"中文＋电商"培训项目举行了线上开班仪式。该培训项目由南通职业大学、常州机电职业技术学院以及南非中国文化和国际教育交流中心孔子课堂合作完成,两所高职院校的教学团队负责开展电商专业知识培训和实操训练,孔子课堂负责开展中文教学活动。

(二)国内高职院校与国外机构合作建设鲁班工坊

2016年3月8日,中国第一个境外职业教育"孔子学院"——"鲁班工坊"在泰国大城技术学院正式启动运行,成为我国职业教育"走出去"发展的新转折。直至今日,中国已在亚非欧三大洲25个国家建成了27所鲁班工坊。多年来,各国鲁班工坊在培养国际化本土人才、分享职业教育"中国方案"、带动中国企业和优质产品"出海"方面做出了不少杰出贡献,成为共建"一带一路"的技术驿站。据不完全统计,在鲁班工坊建设过程中,中外合作开发了70个国际合作专业,累计为合作国培养学历生近9 000名,形成了从中职到高职、应用本科和研究生层次的国际职业教育体系。其中,电商类专业人才是鲁班工坊的人才培养目标之一。

2021年,天津商务职业学院联合摩洛哥阿伊阿萨尼应用技术学院和跨境电商行业专家,在摩洛哥建立了第一个以跨境电商人才培养为目标的鲁班工坊。该鲁班工坊以培养摩洛哥青年学生的跨境电商专业技能为目标,联合跨境电商行业专家,建立了跨境电商运营、跨境电商视觉营销、跨境电商虚拟仿真和跨境电商工作室4个实训室,并计划开展跨境电商支付、跨境电商物流、跨境电商客服等7个培训模块,尝试编著中法双语教材,建设智慧教室、空中课堂等真实跨境电商平台和模拟跨境电商实训软件,以求为摩洛哥青年创造更多创业就业机会,进一步促进中摩两国的经济合作。[①] 2023年,摩洛哥鲁班工坊在非学历培训项目取得丰硕成果的基础上,开始探索"中文+跨境电商"学历教育,积极筹办学历生订单班,开拓职业教育助力"一带一路"建设的新途径和新举措,以求为摩洛哥培养更多高水平跨境电商人才。

自摩洛哥鲁班工坊开启跨境电商人才培养之后,卢旺达、马来西亚、柬埔寨和缅甸等国家的鲁班工坊也根据所在国和中国的商贸合作情况,结合当地对产业数字化转型升级的战略需求开展了电子商务专业培训。其中,卢旺达鲁班工坊的"中文+电商"项目发展相对成熟,该工坊开发的电子商务专业技术标准已经通过卢旺达理工学院、卢旺达高等教育委员会以及卢旺达教育部的审批,纳入了卢旺达职业技术标准体系。

(三) 孔子学院也是"中文+电商"人才培训的重要基地

清迈大学孔子学院从2019年便着手启动以电子商务为起点的"中文+职业技能"项目。2020年顺利召开了中泰合作"中文+职业技能"(电子商务)项目推

---

① 徐丹:《高职跨境电商方向"鲁班工坊"建设模式探究》,《南方农机》2020年第8期,第130—131页。

进会,并成功举办了首期电子商务数据分析职业技能师资培训和第一期中泰合作"1+X"电子商务职业技能等级证书培训。2021年首次开展了学生层面的"中文+电子商务"培训,共有20余所泰国职业院校的近千名学生参加此次培训。同年9月又成功举办了首届"博导杯"中泰职业院校创新创业国际邀请赛,旨在通过以赛促学的方式激发学习者对"中文+电商"人才培养项目的兴趣。2022年,在该孔子学院的组织下,全国电子商务职业教育教学指导委员会(中国)、泰国教育部职业教育委员会、清迈大学孔子学院、北京博导前程信息技术股份有限公司和新诺泰教育科技有限公司共同在线上签署了中泰"中文+电子商务技能"合作项目备忘录,新一届"中文+电子商务技能"培训班也如期开班。为了确保课程内容的权威性、时效性和针对性,清迈大学孔子学院在组织培训活动前期对学生的实际情况进行了充分调研,联合国内外的高职院校、专业部门和中资企业组建优秀的师资团队,围绕培训方案进行了多次研讨。培训内容主要包括中文学习、案例学习、案例分析、教学互动、平台实操、创新实践和经验分享。大多数培训都以比赛的形式进行考核,学习者在完成24课时的培训并通过结业考试后还可获得由中泰两国合作方共同认证的"1+X"电子商务职业技能等级证书。截至目前,清迈大学孔子学院在推进"中文+电子商务"人才培养项目的过程中,已与相关技术公司合作完成了泰国版"1+X"电子商务职业技能等级标准的开发、核心课程的设计和教材的编写,搭建了支持中、泰、英三种语言的"清云电商"在线学习平台。

另外,"汉语桥"线上团组也组织了"中文+电商"培训项目。在"汉语桥·E商·E世代——中罗电商经济主题交流营"活动中,来自中国和罗马尼亚的教师及电商经济领域专家通过专家对话、分享交流、云参访等多种形式向130名罗马尼亚营员授课,让营员们对中国电商经济发展现状与趋势有了更加直观、深入的认识。国内一些普通高校也开始积极参与"中文+电商"人才的培养。例如,贵州师范大学分别于2022年12月为来自泰国、越南的100余名学员,于2023年6月为来自基里巴斯的80名青年代表,开展了"中文+电子商务技能"线上培训。

虽然上述各类人才培养项目的办学主体不同,但都旨在通过提供中文教育与职业技能培训产出既懂中文又具有电商职业技能的人才,在促进中国文化传播的基础上,进一步推进中国与世界各国的经济合作和文化交流。在人才培养合作方面,各办学机构都强调教育机构与企业合作,整合资源,共同制订培训计划和课程内容;在人才培养形式方面,能够灵活运用线上培训和远程教育项目的优势,利用现代技术手段进行教学,打破地域限制,扩大受众范围;在人才培养内容方面,各类人才培养项目在课程安排上都能合理兼顾学习者对中文学习和对电商职业技能的需求,同时将中国文化教育融入课程教学中,提升学员的跨文化交际能力。

此外,我们不难发现,各类办学项目在项目定位、项目规模、合作形式、课程设置、教学方法等方面存在差异。在项目定位和规模方面,既有周期短、规模小但灵活性高、能够快速响应市场要求的项目,也有内容多样的周期长、规模大、旨在为目标人群提供系统化职业教育方案的项目;在合作形式方面,有的办学机构与其他机构的合作只停留在课程教学层面,而有的办学机构则更重视深度合作,希望通过与不同机构的全面交流合作,强化课程建设、师资培训和教材编写等方面的协同创新;在课程设置方面,既有根据合作方和培训对象的需求量身定制、注重实际操作技能的培训,也有课程体系较为固定、课程内容丰富且强调多语言支持和国际标准认证的培训;在教学方法方面,有的采用相对单一的案例教学法进行教学,有的综合采用案例分析、互动教学、创新实践等多种方法进行教学,有的则主要以线下智慧教室和模拟实训设备为载体为学员提供真实的电商平台实训体验。

总之,当前"中文+电商"人才培养已初见成效,学界、商界等多方主体都已加入该领域人才培养行列。各教学机构都能根据学员的基本情况定制培养目标、设置课程体系、安排教学活动等。从整体上看,已有的"中文+电商"人才培训课程受到了大部分学习者的欢迎。该类培训活动的开展不仅提升了学习者的职业技能、拓宽了学习者的就业空间,而且为学习者提供了近距离了解现代中国经济发展现状的机会。然而,当前"中文+电商"人才培养的实践和研究还很不足。[1]"中文+电商"人才培养顶层设计的缺失导致各教学机构开展教学时出现

---

[1] 石琳、蒋梅玲:《"一带一路"背景下面向东盟的"中文+跨境电商"人才培养模式创新研究》,《广西社会科学》2023年第8期,第68—76页。

内容系统性不强、教学质量参差不齐等问题。① 在这种背景下,有必要调查与分析清楚当前东盟的"中文＋电商"人才是否能够满足跨境电商发展的需求、存在什么问题以及如何开展下一步的人才培养工作等问题。

二、东盟"中文＋跨境电商"人才培养需求的调查与分析

(一) 调查目的

开展此次调查的目的有二：一是了解当前东盟中文学习者对跨境电商的认知水平、接受"中文＋跨境电商"教育的意愿及对教学模式的建议；二是了解面向东盟开展跨境电商业务的中资企业对跨境电商人才的知识和技能要求,如是否倾向于招聘既懂中文又具有跨境电商职业技能的东盟本土人才,原因是什么。最终调查结果将有助于教育主体确定采取什么样的教学模式培养东盟"中文＋跨境电商"人才。

(二) 调查对象、方法和内容

1. 面向泰国和印度尼西亚中文专业本科生的问卷调查

调查问卷中除要求调查对象提供性别、学历层次、中文学习地、中文水平、是否为在校生、目前从事的职业类型等信息之外,还通过10项问答了解调查对象对跨境电商的认知水平、对"中文＋跨境电商"教育的需求和建议等。问卷用语分别为泰语和印尼语。

最终共回收有效问卷162份,调查对象年龄都在23岁以下,其中男性占17%,女性占83%。中级中文水平的居多,占69%,初级中文水平的占23%,高级中文水平的占8%。有的是在中国学习的中文,有的是在本国(泰国或印度尼西亚)学习的中文。其中,大部分目前还未参加工作,占67%；目前正

---

① 赵凯：《"中文＋电子商务"跨境电商人才培养途径的思考——以重庆市为例》,《华东科技》2023年第3期,第143—145页。

在实习或已有正式工作者占33%，这个群体中59%的人从事与中文相关的工作。

2. 面向东盟开展跨境电商业务的中资企业员工的访谈

访谈采用线上线下相结合的方式，针对15家面向东盟开展跨境电商业务的中资企业进行访谈，每家企业访谈2名高管（其中1名为人事经理）。访谈围绕企业在人才方面"缺什么"和"要什么"展开。具体问题包括企业基本信息、企业中跨境电商人才的短板以及企业对"中文＋跨境电商"人才的需求。

接受访谈的15家企业，80%位于中国，员工规模从8人到1万人以上不等，运营平台以亚马逊、速卖通国际站、阿里巴巴国际站、虾皮（Shopee）和来赞达（Lazada）为主，销售的产品有时尚女装、美妆用品、家居用品、汽修配件、母婴用品、食品配料、箱包和电子游戏机等。

（三）调查结果与分析

1. 面向东盟中文学习者的调查结果与分析

分析被调查学习者的基本信息，我们发现89%的调查对象对"跨境电商"有初步的了解，但仅有26%的调查对象曾通过跨境电商购买过中国产品；88%的调查对象表示，如果有机会，愿意从事与中国有关的跨境电商工作。可见，中国与东盟国家的跨境电商产业及与该产业相关的人才培养未来还有较大的发展空间。而关于"中文＋跨境电商"人才培养是否能够在东盟地区顺利推进，还需进一步了解学习者对"中文＋跨境电商"教育的需求和建议。

调查问卷中第4—10项内容，主要是通过调查东盟中文学习者对每个问题的认可程度来了解他们对"中文＋跨境电商"教育的需求和建议。我们将认可度分为五级，由低到高分别为"完全不认同""比较不认同""一般""比较认同""完全认同"。为了方便统计，我们分别为五级赋值"1、2、3、4、5"，数值越大，认可度越高，表明学习者对问题所述"中文＋跨境电商"人才培养的某个方面需求度越高。东盟中文学习者对"中文＋跨境电商"教育的整体认可度平均值和各项调查结果平均值见图1。

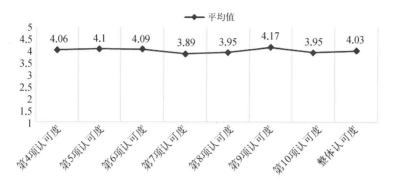

图 1　整体认可度和每项认可度的平均值

从图1所示数据可知,调查对象对"中文+跨境电商"教育的整体认可度为4.03,达到了"比较认同"等级,认可度较高。换言之,从学习者的角度来看,东盟对"中文+跨境电商"人才培养的需求较大,面向东盟的"中文+跨境电商"教育有必要进一步加强。

从各项调查结果的分值来看,东盟中文学习者对第9项的认可度最高,即他们普遍认为,在校学习时去中资企业实习对其以后的工作有帮助。由此可见,在"中文+跨境电商"人才培养中,实践方面的教学安排和毕业后的就业规划是学习者最为重视的部分。"中文+跨境电商"人才培养无论是在培养目标的制定上,还是在课程内容的安排上,都应强调以就业为导向,充分考虑课内外实践在人才培养过程中的重要作用。

值得注意的是,第7、第8和第10项相对于其他各项所获得的认可度较低。这三项主要调查的是学习者对"中文+跨境电商"课程趣味性和实用性的认可度,以及对校际联合培养人才的认可度。虽然大多数调查对象对这三项都持"比较认同"和"完全认同"的态度,但每项皆有30%左右的调查对象仅持"一般"的认可度。也就是说,有不少的东盟中文学习者认为"中文+跨境电商"教育并不一定能够大幅提升其学习中文的兴趣和中文水平,会中文的人才也并不一定在跨境电商工作上更占优势。我们认为,这主要是因为大部分调查对象只接受过传统的中文教育,并未深度体验过"中文+"教育。同时,大部分调查对象对跨境电商行业和专业的了解程度也不够深,因此难以确定学习"中文+跨境电商"课程和接受校际联合培养的新型教育方式能够具体获得哪些优势。

2. 面向跨境电商中资企业员工的访谈结果和分析

由访谈所收集的信息可知,大多数受访企业或多或少都发现了新进人才存在的一些问题,例如缺乏实践经验、所学的理论知识与实践能力脱轨、对不同运营平台的熟悉度较低、沟通能力较弱、口语能力较差等。80%的受访企业认为"跨区域信息的获取及交融"是当前跨境电商人才最缺乏的技能。部分受访者根据其所在企业内跨境电商人才的实际情况,提出应当在"海外区域实时跨境贸易信息获取、跨境电商平台实操、特定区域跨境及跨文化知识、跨境电商第二外语"等方面对跨境电商行业员工开展针对性培训。

在跨境电商人才的专业选择上,60%的受访企业表明最需要的是电子商务专业人才,47%的受访企业表明最需要的是外语专业人才,尤其是东盟国家语种的专业人才,缺少人才的岗位主要集中于平台运营和线上销售。67%的企业认为"第二语言能力"是跨境电商人才必须具备的一项技能,只有掌握第二语言才能更好地与客户进行日常的沟通交流,了解客户所在国的贸易规定、市场情况和文化背景等。值得注意的是,仅有53%的受访企业更倾向于选择交易目的国本土人才,部分企业不愿意招聘交易目的国本土人才的原因主要是"文化差异、雇佣成本和语言不通"等。

(四)调查结论

通过对162名东盟中文学习者的问卷调查和15家面向东盟开展跨境电商业务的中资企业的访谈可知,当前东盟地区的中文学习者和面向东盟开展跨境电商业务的中资企业对"中文+跨境电商"人才培养的需求较大,构建东盟"中文+跨境电商"人才培养模式符合现实需要。此外,无论是学习者还是跨境电商企业都强调人才培养过程中应该以就业为导向,加强与相关企业合作,进而强化跨境电商人才实践能力的培养。因此,为满足东盟地区对"中文+跨境电商"人才的需求,提升面向东盟的"中文+跨境电商"人才培养质量,我们应加强与中资企业的合作,重视人才培养中实践课程的设置与安排,在充分保障学习者获得更多实训机会的基础上构建人才培养模式。与此同时,为了回应企业对人才的要求,培养方案必须围绕"跨境电商平台运营、跨境电商产品销售以及区域跨境电商动态信息获取与分析"三大主题需求来设置课程。培养过程中还应高度重视提升学习者的中国文化和企业文化认知水平。

三、东盟"中文+跨境电商"人才培养模式构建

(一)人才培养模式构建依据

1. 背景依据

自 RCEP 生效以来,东盟地区电商行业持续升温。对标中国目前成熟的电商市场,东盟电商市场的潜力强大,但能够开展中国—东盟跨境电商的中文人才短缺是目前东盟跨境电商行业发展过程中最大的痛点。创新深化校企合作和产教融合的跨境电商国际人才培养模式,为中国—东盟跨境电商发展提供人才支持,是深化中国—东盟合作的时代需求。

2. 理论依据

一是利益相关者理论。该理论认为,客观存在的事物若得以发展,与该事物发展相关的所有人都与其存在利益间的联系。因此,本文在了解"中文+电商"人才培养现状的基础上,依据利益相关者理论,针对东盟中文学习者和面向东盟开展跨境电商业务的中资企业展开调查,明确他们对"中文+跨境电商"人才素质和人才培养模式的要求,整合归纳出东盟"中文+跨境电商"人才需要掌握的知识、技能和文化内容。

二是认知发展理论。瑞士发展心理学家让·皮亚杰(Jean Piaget)认为,学习者个体的认知发展在连续中呈现出阶段性的特征。无论是婴儿、儿童、青年还是成人,在吸收知识时都是经由组织与适应的历程。① 因此,构建东盟"中文+

---

① 张春兴:《教育心理学:三化取向的理论与实践》,杭州:浙江教育出版社,1998年,第89页。

跨境电商"人才培养模式时,我们将依据认知发展理论,严格遵循循序渐进原则,为不同类型人才安排契合实际知识水平的学习内容,为不同专业课程安排合适的课时和讲授时间,在不同学习阶段安排不同强度的实践课程。

三是"从做中学"教育理论。美国实用主义教育家约翰·杜威(John Dewey)强调教育过程应注重理论和实践相结合,教师在教学设计、开展教学活动中应落实"学"与"做"的相辅相成性。依据该观点,东盟"中文+跨境电商"人才培养将进一步注重课堂实训和入企实践的重要作用,以切实帮助人才在企业实践中学习,在具有实训特征的课堂活动中学习,在所有实践活动获得的经验中学习。

3. 现实依据

上述162名东盟中文学习者的问卷调查结果和15家跨境电商中资企业的访谈所得,使得我们明确了目前面向东盟的"中文+跨境电商"人才培养在培养方向、教学内容、校企合作、校际合作等方面还需进一步调整和深化的事实,为我们设计培养方案和构建课程体系奠定了基础。

(二)人才培养模式构建原则

1. 针对性原则

在人才培养类型划分、团队建设和课程设置三方面,遵循针对性原则。由国际中文教育机构、面向东盟开展跨境电商业务的中资企业和中国高职院校三方机构共同组成师资团队和管理团队,强化人才管理制度和人才培养内容的针对性。针对东盟地区对"中文+跨境电商"人才培养的需求,同时以"专业教育"和"速成教学"两种教学类型培养"中文+跨境电商"人才。分别针对接受"专业教育"和"速成教学"对象的学习特征和学习动机来制定相应的教学目标,在设定人才培养总目标的基础上进一步划分子目标,并根据子目标设置针对不同类型学习者的课程。

2. 实践性原则

在人才培养目标设定和课程设置两方面,遵循实践性原则。明确人才实践技能的培养路径,科学规划课程体系以及各课程中理论学习和实践学习的比重。同时强化校企合作,真正落实学习者入企实践的人才培养要求。

3. 循序渐进原则

在授课顺序的安排和授课语言的选择两方面,落实循序渐进原则。中文课程的授课时间应当早于跨境电商课程,从而为以中文为跨境电商课程授课语言奠定基础。前期跨境电商课程的授课教师可适当借用学习者母语或媒介语授课,但随着学习者中文水平的提高,教师必须完全使用中文授课。

(三) 人才培养模式的具体内容

1. 教学类型

教学类型上分为"速成教学"和"专业教育"两种。速成教学属于非学历教育,是指通过实施教学最优化和特殊管理手段,力求在较短的时间里让学习者尽可能地掌握知识和技能的一种教学类型。[①] 为了扩大受众范围,"中文+跨境电商"速成课程可不对学习者入学时的中文水平作要求,但为了保证教学资源的合理利用以及实现更高效的课堂教学,则需要对学习者的职业做出限制,只招收合作企业的跨境电商人才或正从事跨境电商工作的人才。每一名全勤参加培训课程、顺利完成培训任务和考核任务的人才都可获得由校企联盟拟定、双方国家认定的"中文+跨境电商"培训证明。考核方式采取"笔试+实践"的形式对人才的中文水平和职业技能进行综合考核,表现优异的学员将额外获得优秀学员证书及奖励。

专业教育属于专业学历教育,旨在在固定的修业年限内培养出具有中文能力和职业技能的"中文+跨境电商"高层次人才。根据《高等学校外国留学生汉语教学大纲》对中级阶段学习者言语能力的描述,学习者的中文水平只有达到中级水平才具有一般性的汉语理解和表达能力。[②] 因此,开展"中文+跨境电商"

---

① 赵金铭主编:《对外汉语教学概论》,北京:商务印书馆,2019年,第40页。
② 李桂霞、钟建珍、王立虹:《构建应用型人才培养模式的探索》,《教育与职业》2005年第20期,第4—6页。

专业教育，需要首先对学习者进行基础中文教学，使其中文水平至少达到中等水平（HSK 三级），或者直接招收已拿到 HSK 三级证书的学习者。每一名学习者需要完成所有在校课程任务，在电商企业和教学实践基地完成教育教学实践任务且获得企业和实践基地的考评和能力认定才能毕业。学习者最终不仅可以获得由双方国家共同认定的学历学位证书，还将获得由校企联盟拟定、双方国家认定的"中文＋跨境电商"职业技能证书。

2. 培养目标

一是总目标。东盟"中文＋跨境电商"人才的培养需要考虑多方因素、依靠多方力量，通过合作的方式实现人才培养效率的最大化。通过对"中文＋电商"人才培养项目和东盟"中文＋跨境电商"人才培养需求调查分析，我们认为无论是速成教学还是专业教育培养出的东盟"中文＋跨境电商"人才，都应掌握一定水平的中文、了解中国和交易目的国之间的文化差异、熟悉跨境电商专业知识、具有较强的跨境电商运营和管理能力。结合上述人才培养模式构建的背景依据和现实依据，我们将面向东盟的"中文＋跨境电商"人才培养总目标设定为：培养熟练掌握中文、了解中国和交易目的国跨境电商市场及文化差异，又具有较强的跨境电商平台运营、产品销售以及动态信息获取和分析能力的专业技术型人才。

二是速成教学的目标。第一项是知识目标。"中文＋跨境电商"人才培养涉及中文和中国—东盟跨境电商往来两个方面，接受"中文＋跨境电商"速成教学的学习者大多以"提升自我"为学习目的，希望通过培训，中文水平达到跨境电商工作的基本要求，了解中国跨境电商行业的发展现状和相关岗位的工作内容。因此，结合速成教学的特点，遵循针对性原则，我们将知识目标设定为：使得学习者掌握满足跨境电商工作所需的中文知识，熟悉中国与交易目的国的合作背景和区域跨境电商合作现状，初步感知跨境电商行业以及特定岗位的工作任务和工作内容。

第二项是技能目标。由问卷调查和访谈可知，东盟"中文＋跨境电商"人才需要掌握的技能包括中文交际技能、跨境电商平台操作技能、跨境电商产品销售技能以及区域跨境电商动态信息获取与分析技能。然而,鉴于接受"中文＋跨境电商"速成教学的学习者培养时间有限,我们认为该类学习者应重点掌握满足跨境电商工作基本要求的中文交际能力和跨境电商平台操作技能。

第三项是文化目标。对已有的"中文＋电商"人才培养项目的分析和针对15家面向东盟开展跨境电商业务的中资企业进行访谈得出的结果,为我们设定东盟"中文＋跨境电商"人才培养的文化目标提供了依据。该类人才不仅需要学习中国文化和跨境电商企业文化,还需了解中国与交易目的国之间的文化差异,获得跨文化交际能力。然而,由于速成教学时间较短,教学内容不宜安排过多,对学习者的文化素养也不能要求太高,因此,我们依据认知发展理论将速成教学的文化目标设定为:了解中国的日常交际文化、中国与交易目的国之间的商贸文化差异,初步感知特定中资企业的企业文化。

三是专业教育的目标。第一项是知识目标。"中文＋跨境电商"专业教育对象所需学习的知识类型虽与速成教学对象基本相同,但专业教育对象的培养更具专业性和全面性。从针对15家面向东盟开展跨境电商业务的中资企业的访谈结果中可知,东盟社会需要的"中文＋跨境电商"人才既要掌握从事跨境电商工作所需的中文,又要了解跨境电商平台的运营、中国—东盟跨境电商贸易往来的规则,以及某一跨境电商岗位的专业知识。因此,我们严格遵循针对性原则,将"中文＋跨境电商"专业教育的知识目标设定为:在掌握中级中文知识的基础上,熟悉跨境电商行业的中文专业术语和跨境电商工作任务中的专业话术,深刻认识中国与交易目的国的合作背景和区域跨境电商合作现状,熟悉跨境电商行业以及特定岗位的工作任务和工作内容。

第二项是技能目标。在中文技能方面,"中文＋跨境电商"专业教育对象的中文水平只需达到 HSK 三级就可以开始学习跨境电商知识技能,随着跨境电商知识技能的学习,这类学习者的中文水平也会得到一定程度的提高,能够熟练掌握工作所需的中文专业术语,能够用准确的中文完成跨境电商工作中的交际任务。在跨境电商技能方面,根据上述跨境电商中资企业对员工素质的要求,"中文＋跨境电商"专业教育对象需在某一跨境电商岗位上接受规定时间的实践训练,在规定学期内完成跨境电商相应岗位的实训任务,具有较强的实践工作能力。综上,我们将技能目标设定为:HSK 五级以上,在跨境电商工作中能规范、多样、得体地运用中文与中国人进行专业性问题的交流,写出一些较为通顺规范的学术报告,并熟练掌握跨境电商平台的基础运营操作,能够独立或联合团队,按时保质保量完成某一跨境电商岗位既定的工作任务。

第三项是文化目标。相较于速成教学,专业教育学习者有四年的学习时间,拥有更多的机会深入了解中国传统文化和商贸文化、交易国与中国之间的文化差异,以及跨境电商中资企业内部的企业文化。因此,遵循针对性原则,我们将文化目标设定为:深入了解中国文化和中国与交易目的国之间的商贸文化及文化差异,熟悉特定中资企业的企业文化。

3. 课堂教学方式

为保障中文知识、跨境电商知识的系统教学,确保"中文+跨境电商"人才培养过程中的中文技能和跨境电商技能都得到充分实训,应由面向东盟开展跨境电商业务的中资企业、国际中文教育机构和中国高职院校共同组建师资团队。同时,依据"从做中学"教育理论,还需依托企业和高职院校搭建实训平台,贯彻落实实践性原则,加强对学习者的实操训练。实训类课程一般采用线下教学的方式或者线下线上相结合的方式开展教学。鉴于邀请东盟境内中资企业员工来我国参与培训成本过高,有些理论课程可以采用线上教学的方式,尽可能多地邀请了解行业最新发展状况的东盟境内企业员工,为学习者提供最前沿的技术指导和实时的行业信息。

4. 课程体系

课程是实施专业人才培养目标的主要载体,合理的课程设置是人才规格准确定位的基础。上文的论述中已指出,"中文+跨境电商"人才培养的课程包括"中文课程"和"跨境电子商务课程"两大类。两类课程的具体安排如下:

中文课程包括基础中文课程和专门用途中文(电商中文)课程。遵循针对性原则,速成教学类和专业教育类中文课程的安排有所差异。由于人才培养时长的限制,速成教学类的中文课程应均为电商中文课程,教学伊始便直接教授学习者电商中文课程。由于该类教学形式的学习者中文水平有零起点的,针对这类学习者的教学要特别注重使用基础性词汇和语法讲解跨境电商话题内容,实现基础中文和电商中文水平的同步提升。专业教育的时间相对较长(一般为四年),遵循循序渐进原则,我们应先用一到两年的时间侧重对学习者基础中文能力的培养,再进入电商中文能力培养的阶段,电商中文课程教学时长一年即可①,以便留出更多的时间用于进行跨境电子商务课程的教学。

相对于基础中文课程和专门用途中文课程而言,跨境电子商务课程的安排和教学内容的选定更依赖于企业对人才岗位和人才技能素养的需求,也更倾向于培养人才的实训能力,需要更加注重实践性原则的全面贯彻。依据上文调查分析的结果,我们在培养东盟"中文+跨境电商"人才的职业技能方面,应着重培养他们的平台运营能力、产品销售能力和跨境电商动态信息获取与分析能力。在安排相应理论课程的同时应开设综合性的实践课程,通过任务教学的方式让学习者在项目完成过程中检验、提升跨境电商专业技能。为应对跨境电商行业的飞速发展变化,在课程教材建设方面,应尽量根据行业发展现状和企业人才需求编写可随时更新的活页式教材,更方便于实现人才的针对性培养。高职院校和跨境电商中资企业也应联合开发与课程相关的实训软件,联合建设校内外实训基地,确保人才在受教育过程中能够获得充足的实践机会。

5. 培养制度

一是建立管理制度。由于东盟"中文+跨境电商"人才由国际中文教育机构、面向东盟开展跨境电商业务的中资企业和中国高职院校联合培养,因此,在人才培养管理方面也需要三方机构共同协作完成。具体管理内容可根据不同合

---

① 单韵鸣、安然:《专门用途汉语课程设置探析——以〈科技汉语〉课程为例》,《西南民族大学学报(人文社科版)》2009年第8期,第258—263页。

作方的优势进行针对性的分配,不必寻求统一的模式。人才培养的管理工作主要包括顶层制度设计、跟进人才培养各部门的工作进度、分阶段验收人才培养成果,并针对人才培养过程中出现的问题不断调整培养方案等。人才培养单位在经过一定时间的探索后应建立指导以上各项工作开展的、完备的管理制度体系。

二是建立多元主体参与的评价制度体系。人才培养的评价制度从大方面可分为人才的准入制度、培养过程的评价制度和人才的准出制度。针对"中文+跨境电商"速成教学和专业教育人才的评价制度应有所不同,其中,准入制度和准出制度在人才培养类型部分已作论述。培养过程的评价制度,需要中文课程教师、跨境电子商务课程教师针对学习者的实际情况共同拟定。鉴于"中文+跨境电商"人才培养机构的多样性和人才培养内容的复杂性,任课教师在拟定培养过程中的评价制度时,需结合用人单位对该类人才的素质要求,综合考虑中文学习、跨境电商专业知识学习和"中文+跨境电商"实践的具体考核要求。

结　语

本研究在基本了解"中文+电商"相关领域人才培养现状,调查分析清楚东盟"中文+跨境电商"人才培养需求的基础上,明确构建东盟"中文+跨境电商"人才培养模式的依据和原则,就如何具体构建由国际中文教育机构、面向东盟开展跨境电商业务的中资企业和中国高职院校共同运营的东盟"中文+跨境电商"人才培养模式提出了具体的建议,初步构建了如图2所示的人才培养模式。我们相信在数字贸易急速发展的当下,"中文+跨境电商"人才培养的相关课题将受到越来越多学者的关注,我们所构建的人才培养模式也应随着该课题的深入研究和人才培养实践的稳步推进而适时调整、不断完善。

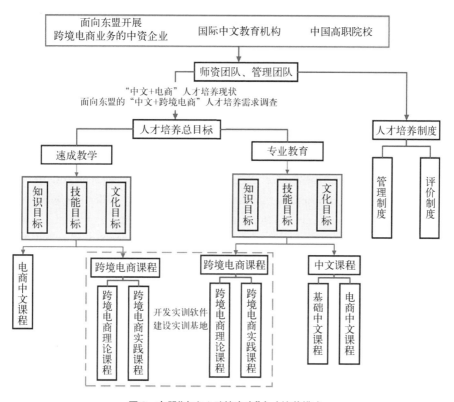

图 2 东盟"中文＋跨境电商"人才培养模式

ASEAN "Chinese ＋ E-commerce" Talent Demand Analysis and Training Model Construction

Liu Zhenping & Dai Yixuan

School of International Education, Nanning Normal University &
Confucius Institute Universitas Tanjungpura

Abstract

With the advancement of China-ASEAN's joint construction of the "Belt and Road" and the Regional Comprehensive Economic Partnership Agreement (RCEP), China-ASEAN cross-border e-commerce has developed rapidly, and the demand for

"Chinese + cross-border e-commerce" talents in ASEAN has continued to increase. In response to the demand, domestic higher vocational colleges, Confucius Institutes, and Luban Workshops jointly built by domestic higher vocational colleges and foreign institutions have invested in the training of such talents, but current practice and research cannot fully meet the demand. Therefore, through a survey of undergraduate students majoring in Chinese in ASEAN countries and Chinese-funded enterprises in ASEAN cross-border e-commerce, the current demand of Chinese learners in the ASEAN region for the training of "Chinese + cross-border e-commerce" talents is clarified, and the basic requirements of enterprises for the knowledge and skills of cross-border e-commerce employees are understood. Based on this, under the guidance of stakeholder theory, cognitive development theory and "learning by doing" education theory, a talent training model for "Chinese + cross-border e-commerce" in ASEAN is constructed around the principles of targeting, practicality and gradual progress, which involves the linkage of international Chinese education institutions, Chinese-funded cross-border e-commerce enterprises in ASEAN and Chinese higher vocational colleges, and strengthens the training of talents' practical ability.

Key words

ASEAN; cross-border e-commerce; "Chinese + e-commerce"; talent training model

哈萨克斯坦中资企业对"中文＋"人才素养需求的调查研究*

[哈]何　丹　丁安琪**

提要：在"一带一路"倡议的推动下，中国与哈萨克斯坦近10年来在多个领域开展产能与投资合作。为确保合作顺利实施，哈萨克斯坦的中资企业极为关心"中文＋"人才培养问题。本研究通过分析616条招聘信息以及对14名在哈中资企业人员的深度访谈，梳理了目前中资企业对"中文＋"人才的需求，发现：中资企业对第三产业、经理岗位的人才需求最多；对"中文＋"人才的语言要求，既有中文，也有英文和哈萨克语；翻译岗位对中文水平要求最高；重视相关工作经验与跨文化交际能力。本文据此从驻哈中资企业的角度，为完善哈萨克斯坦"中文＋"人才培养提出针对性建议，以满足当地市场与中资企业的实际需求。

关键词：哈萨克斯坦；"中文＋"；社会需求；中资企业；人才素养

---

* 基金项目：国际中文教育研究中外联合专项课题"汉语情境专用语教学研究"（22YH35ZW）与国际中文教育基地项目"基于语合智慧教室的中文教学模式创新与实践"（23YHJD1021）的阶段性成果。

** 何丹（Khe Dan），华东师范大学国际汉语文化学院博士研究生。丁安琪，华东师范大学国际汉语文化学院教授，全球中文发展研究中心研究员。

引　言

"一带一路"倡议为推动中国的企业"走出去"提供了新的战略机遇,而"中文+"人才在加快企业"走出去"的进程中发挥着重要作用。因此,国际中文职业教育的发展应当以"一带一路"建设需求为目标导向,充分调研企业人才需求,并结合其实际人才和岗位需求制定"中文+"人才培养长效机制,以适应和满足各国社会与市场对不同层次中文人才的需求。[1]

对企业人才及岗位需求进行调研,可以使用需求分析的方法,发现学习者现有语言能力与社会和自身期望能力之间的差距。[2] 罗宾逊(Pauline Robinson)等从学习者的角度出发,将需求分为目前情景分析和目标情景分析。[3] 前者是学习者已有的语言能力以及对课程的期待,后者则是学习者将来语言使用的客观需求。束定芳兼顾个体与整体,将其分为个人需求和社会需求。[4]

近年来,学界对基于社会需求的中文人才培养的关注度逐渐上升,尤其关注"一带一路"沿线地区的中文人才素养与企业需求现状以及存在的问题。[5] 然

---

[1] 刘旭:《"一带一路"建设中国际汉语职业教育发展研究》,《广西社会科学》2020年第11期,第175—179页。

[2] 史兴松、程霞:《商务英语专业人才的社会需求分析》,《外语界》2019年第2期,第65—72页。

[3] Pauline Robinson & Hemel Hempstead, *ESP Today: A Practitioner's Guide?*, New York: Prentice Hall, 1991, pp.8-9. 转引自冷瑜:《需求分析理论视界下的大学英语分级教学改革》,《河北师范大学学报(教育科学版)》2009年第11期,第124—127页。

[4] 束定芳:《外语教学改革:问题与对策》,上海:上海外语教育出版社,2004年,第20—51页。

[5] 李晓东、刘玉屏、尹春梅:《中亚本土"中文+"复合型人才需求分析与培养方略研究》,《齐齐哈尔大学学报(哲学社会科学版)》2021年第1期,第184—188页;郑崧、尹建玉:《东盟三国劳动力市场中文人才需求研究——基于越南、泰国和印尼招聘网站数据的分析》,《云南师范大学学报(对外汉语教学与研究版)》2023年第6期,第12—20页;贺煦友、俞玮奇:《基于大数据的东南亚地区"中文+"人才的社会需求分析》,《国际汉语教学研究》2023年第2期,第13—21页。

而,前人研究中,描述性研究居多,实证研究相对稀缺;区域性研究凸显,国别化研究较为有限。譬如,中亚地区在"一带一路"倡议中具有十分重要的地位,但现有中亚地区人才培养研究主要关注针对国内国际化专业(如地理物理学、贸易)人才培养[1][2]和中亚本土"中文+"复合型人才培养[3][4],较为关注区域性及专业性的本土人才培养,而缺乏对中亚地区市场需要的复合型中文人才的需求调查。另外,中亚五国的国情、经济、文化都存在差异性,各国对中文人才的需求也有所不同。其中,哈萨克斯坦作为中亚五国中国土面积最大、经济最发达的国家,对"中文+"人才的市场需求相较于其他中亚国家也更为显著。截至2022年9月,在哈萨克斯坦注册的中资企业(含中方独资企业及中哈合资企业)已达3 300家。[5] 尽管哈萨克斯坦中文学习者数量在不断增长,但无论是中资企业还是与中国有商业往来的哈企,都依然面临人才不足问题,其核心问题之一为岗位需求人才与就业人选能力素养不匹配。因此,本研究拟通过爬取哈萨克斯坦当地招聘信息以及对中资企业深度访谈,了解目前驻哈中资企业对"中文+"人才的具体要求,为哈萨克斯坦基于社会需求的"中文+"人才培养提出建议,为促进中哈两国的经济合作做出贡献,同时为其他中亚国家的"中文+"人才培养提供借鉴。通过分析爬取的人才招聘信息,发现哈萨克斯坦中资企业虽然只占当地对"中文+"人才有需求的全部企业的30%,但他们对"中文+"人才的需求更迫切,需求量也最大,因此本文仅对中资企业进行分析。

---

[1] 范晓玲、方芳:《中亚经贸国际汉语复合型人才需求与思考》,《新疆社会科学》2011年第4期,第88—90页。
[2] 田继军、刘之捷、德勒恰提·加娜塔依、冯烁:《新疆及中亚地区地学人才培养的思考》,《高等理科教育》2015年第5期,第118—123页。
[3] 张全生、赵雪梦:《新疆外向型企业对中亚本土人才的需求分析》,《新疆社会科学》2014年第4期,第78—83页。
[4] 李晓东、刘玉屏、尹春梅:《中亚本土"中文+"复合型人才需求分析与培养方略研究》,《齐齐哈尔大学学报(哲学社会科学版)》2021年第1期,第184—188页。
[5] Oksana Trofimova, "The Dragon has been Here a Long Time:Which Kazakh-Chinese Enterprises Operate in the Republic of Kazakhstan", 2023. Retrieved from https://informburo.kz/stati/drakon-zdes-davno-kakie-kazaxstansko-kitaiskie-predpriyatiya-deistvuyut-v-rk?ysclid=lqoxr31gdr575302837.

一、研究设计和方法

本文研究设计分为两部分:第一部分,通过大数据采集,对哈萨克斯坦中资企业地域分布特征及其所需中文人才的岗位和人才要求进行分析。第二部分,通过访谈进一步了解中资企业现有中文人才的岗位分配和素养情况,以及中资企业对未来"中文+"人才的期望和建议等。

(一)大数据采集及分析

本研究以哈萨克斯坦最知名的人才招聘网站HEADHUNTER(hh.kz)的招聘信息为数据来源,以"китайский язык"(译"中文")为检索关键词进行职位搜索,并通过网络爬虫(Visual Studio Code)采集与中文相关的招聘信息,最后将数据汇总到Excel表中。本研究自2023年12月28日至2024年2月28日先后开展4次采集工作,共采集627条招聘信息,剔除与中文无关的11条无效信息,最终有效数据为616条。之后,采用内容分析法,对采集到的招聘信息(包括公司名称、岗位名称、薪资、要求、职责和工作条件)进行编码统计。最后,将上述所有信息分别从语言能力和业务能力的角度分析中资企业提出"中文+"人才素养的要求。

(二)访谈法

本研究参考已有的社会需求分析框架[①]设计深度访谈大纲,对哈萨克斯坦14家中资企业负责人进行访谈。访谈内容主要包含3个部分:(1)该企业对中文人才岗位需求;(2)该企业对中文人才的中文知识、技能及能力的要求;(3)企业对中文人才培养的建议。访谈时长控制在20~30分钟。

---

① 王艳艳、王光林、郑丽娜:《商务英语专业人才需求和培养模式调查与启示》,《外语界》2014年第2期,第34—41页。

二、中资企业产业类型及中文岗位职业特征分析

中资企业的产业分布及招聘岗位职业直接影响其对中文人才素养的要求。通过对中资企业产业分布进行分析,我们可以了解目前哈萨克斯坦中资企业主要需要哪些领域的中文人才;通过对岗位职业进行分析,我们可以了解目前哈萨克斯坦中资企业主要需要哪种类型的中文人才。

(一)中资企业产业类型分布特征

哈萨克斯坦中资企业涉及的业务范围较广,三大产业均有涉猎。但由表1可知,首先,涉及第三产业业务的中资企业对汉语人才的需求最高,具体来看,各领域对中文人才的需求由高到低依次为:物流>贸易和金融行业(银行)>汽车销售业>科技和其他服务>酒店>医疗和航空。其中,汽车销售业是近年中哈两国合作中增长较明显的行业。根据哈通社的报道和相关统计数据,中国汽车品牌已超越美国成为哈国市场第一大供应商①,且在哈萨克斯坦汽车市场上的销量持续走高,处于快速发展阶段。其次是第二产业:石油>建筑业>能源>重工业。最后,第一产业仅有一家中资企业。总之,涉及第二和第三产业的中资企业对中文人才的需求较大。

表1 中资企业的主要领域

产业类型	领域	招聘岗位数量(个)	占比
第一产业	农业养殖	1	—
第二产业(37%)	石油	38	20%
	建筑业	17	9%

① 阿依波塔编译:《哈萨克斯坦市场上的中国汽车不断增加》,哈萨克国际通讯社,2023年7月14日,https://cn.inform.kz/news/article_a4089836/。

续 表

产业类型	领　　域	招聘岗位数量(个)	占　比
第二产业(37%)	能源	13	7%
	重工业	2	1%
第三产业(63%)	物流	33	18%
	金融行业(银行)	22	12%
	贸易	22	12%
	汽车销售业	11	6%
	科技	10	5%
	酒店	5	3%
	航空	2	1%
	医疗	2	1%
	其他服务	9	5%

(二) 招聘岗位的职业分布特征

中资企业招聘信息中的岗位内容及其特征直接反映了中资企业对人才素养的要求。本研究统计了5种岗位职业(详见表2):翻译、经理(包括销售经理等普通经理)、专业技能岗位(包括技术人员、会计、工程师等)、助理和管理层(部门主管以上)。其中前4类为基层员工,第5类为高级管理人员。

分析发现,对"中文+"人才需求量最多的职业是经理(менеджер,英译manager)(50%),主要负责执行具体任务,完成日常工作;其次是翻译(19%)、专业技能岗位(17%)、助理(10%)、管理层(4%)。从岗位职责的层级来看,基层员工需求占比最多(96%),高级管理人员需求非常少,仅占全部需求的4%。由于通常企业对高级管理人员的行业经验要求较高,一般要求应聘的管理人员须有相关行业6年以上的工作经验,因此对其中文能力普遍没有要求,或者要求不高,所以这类人员本研究暂不分析。

表2 招聘岗位的职业分布

岗位的职业类型	数量(个)	占比
翻译	36	19%
经理	94	50%
专业技能岗位	32	17%
助理	18	10%
管理层	7	4%
总计	187	100%

三、中资企业对"中文+"人才的素养需求分析

(一) 中资企业对"中文+"人才语言素养的整体需求

语言是中资企业积极融入当地经济社会发展的关键因素,语言障碍是中资企业在海外要解决的重要问题之一。掌握至少两种语言,即汉语与俄语,是驻哈中资企业对应聘者的基本要求;除中文水平外,部分企业也对其他语种提出一定要求。本文统计了中资企业对应聘者的语言要求,结果如表3所示。

表3 中资企业对应聘者的语言要求

语言要求	翻译		经理		专业技能岗位		助理	
	数量(个)	占比	数量(个)	占比	数量(个)	占比	数量(个)	占比
汉语	36	100%	94	100%	30	83%	18	100%
英语	4	11%	54	57%	26	81%	11	61%
哈萨克语	12	33%	30	32%	4	13%	4	22%

由表3可见,语言是中资企业对翻译、经理和助理类中文人才的主要要求。

首先,就翻译岗位而言,由于翻译主要承担口译(包含同声传译和交替传译)与笔译(100%),以及商务函件往来相关的工作(58%),100%的岗位都会要求应聘者会使用中文,且对中文水平的要求较高。

其次,需求量较大的经理岗位,其职责主要是市场分析,与当地政府部门、客户等沟通,以及向中国总部或直属领导汇报,51%的企业要求该岗位人员能将中文作为工作语言。然而也有部分企业并未把中文视为必须掌握的语言,若应聘者英语水平较高,中文则可作为加分项(49%)。对中资企业进行访谈后发现,有些单位之所以没有将中文作为硬性要求是因以下两点:(1)不是所有岗位的工作内容都需要高水平的汉语(8%);(2)高水平的汉语人才难寻,如公司1指出:

> 我们自然想找一名中文水平较高的,但高水平的中文人才的确很难招到,因此就提出英语水平达到能作为工作语言使用的要求。但有时候外派的中国领导的英语水平不高,所以我们还是希望招一个中文水平非常好的经理,降低外派人员与当地员工的语言障碍,提高工作效率。

最后,助理工作更多与行政办公相关(56%),如处理外部关系(67%),文件管理及提交、制定直属领导的行程安排(78%),采购办公用品(57%)等。该岗位主要是协助直属领导做好协调工作及处理日常事务,因此部分企业对助理的语言要求与对经理岗位的要求基本相同,如公司2对助理人员的语言要求为,"最好会中文,不会,英语也可以"(61%)。然而,也有部分中资企业(44%)将中文水平作为助理岗的硬性要求,如要求应聘者须持有HSK 5级以上考试证书。

就上述岗位来看,驻哈中资企业提出应聘者须具备一定的语言能力和翻译能力,主要强调的是语言本身,即对"中文+"人才需求较大。另外,本文在分析招聘信息时发现,17%的中资企业提出对"+中文"人才的需求,即应聘者须在具备专业知识的基础上,掌握普通中文的基础知识和中国企业文化知识,即中文作为添加性能力。[①] 针对专业技能岗位,中资企业更看重应聘者的专业能力及相

---

① 吴应辉、刘帅奇:《孔子学院发展中的"汉语+"和"+汉语"》,《国际汉语教学研究》2020年第1期,第34—37页。

关领域的工作经验,语言不视为硬性要求,中文和英文仅需掌握一门且可进行简单交流即可。该类较"热门"的岗位主要有:工程师(50%)＞会计师(22%)＞机械员(13%)＞经济/金融家(6%)和律师(6%)＞信息技术人员(3%)。

除了对汉语和英语的要求,中资企业对作为国语的哈萨克语也有一定的要求。自哈萨克斯坦独立以来,政府为了提升民族意识,推出哈萨克斯坦对境外哈萨克族裔移民政策、语言政策等,进而强化哈萨克语的国语地位,逐渐减少俄语的使用。该政策的推动虽然有助于增强国民的民族意识,但同时也带来了一定的负面影响。比如,2007 年哈萨克斯坦前任总统纳扎尔巴耶夫提出实施"三语政策"①,国语的地位不断提高的同时,对俄语的重视度逐渐下降。再比如说,对外籍哈萨克族裔入籍申请的简化等其他为外籍哈萨克族推行的返哈优惠政策,造成很多外籍的哈萨克族不再考虑学习作为族际交流语的俄语,导致如今哈萨克斯坦社会中出现仅会哈萨克语的人群。因此,中资企业会把掌握三四种语言(哈萨克语、俄语、英语或/和汉语)的人视为高级人才。

(二) 中资企业对"中文+"人才的中文语言素养需求

1. 中资企业对"中文+"人才的中文水平需求

由表 4 可以看出,中资企业对"中文＋"人才中文水平需求最高的岗位是翻译,其次是助理和经理,专业技能岗位对中文水平的要求普遍较低,69%的企业将中文仅作为加分项。

表 4 中资企业对应聘者的中文水平需求

语言要求		翻译		经理		专业技能岗位		助理	
		数量(个)	占比	数量(个)	占比	数量(个)	占比	数量(个)	占比
中文分项	中文仅作为加分项	—	—	46	49%	22	69%	10	56%
	HSK 3 级以上	—	—	3	3%	5	16%	—	—

---

① 哈萨克斯坦"三语政策",即大力发展哈萨克语、支持俄语、学习英语,既强调了哈萨克语作为国语的地位,又保持了俄语在社会生活中的法律地位,还为英语等其他语言提供了发展空间。

续 表

语言要求		翻译		经理		专业技能岗位		助理	
		数量(个)	占比	数量(个)	占比	数量(个)	占比	数量(个)	占比
中文分项	HSK 4 级以上	1	3%	5	5%	—	—	—	—
	HSK 5 级以上	35	97%	40	43%	3	15%	8	44%

97%的企业要求翻译岗的中文水平达到 HSK 5 级以上,仅有 3%的企业要求翻译为 HSK 4 级以上即可。通过访谈,我们进一步发现,HSK 5 级以上只是初步选出高水平中文人才的客观标准,翻译岗的最佳人选还需通过笔试、面试进一步筛选。公司 10 的领导即指出:

> 我们公司一直在招水平较高的翻译员,但是笔译的好找,口译太难找了。因此,HSK 证书只是作为参考,而面试时口笔译测试的成绩和表现才是我们最后选拔的关键。

企业对经理岗、助理岗的中文要求两极分化,43%的企业要求经理岗中文水平为 HSK 5 级以上,49%的将中文仅作为加分项;44%的企业要求助理岗中文水平为 HSK 5 级以上,56%的企业将中文仅作为加分项。这往往跟中资企业管理者自身的外语水平有一定关系。当企业管理者自身外语水平较高时,对应聘者的中文水平要求相对较低;当企业管理者自身外语水平较低时,对应聘者中文水平要求则相对较高。

2. 中资企业对"中文+"人才的中文业务素养需求

中文水平只是中资企业选拔人才的标准之一,除此之外他们也会对应聘者的中文业务素养提出要求(详见表 5),且在面试的过程中进一步考察应聘者是否符合企业对"中文+"人才的需求标准。

由表 5 可知,翻译、经理和助理岗对中文语言能力的要求具有一定的重合,三个岗位的工作均含翻译、中文商务函件写作、中文工作汇报、中文产品及市场

表 5 中资企业对不同岗位的中文业务素养需求

中文业务要求	翻译		经理		专业技能岗位		助理	
	数量(个)	占比	数量(个)	占比	数量(个)	占比	数量(个)	占比
翻译能力（口译与笔译）	36	100%	42	46%	—	—	7	39%
中文商务函件写作	21	58%	79	86%	—	—	12	67%
中文工作汇报	10	28%	19	21%	16	50%	2	11%
中文产品及市场分析	6	16%	72	78%	7	21%	3	16%
用中文处理外部（甲乙方、政府）关系	—	—	79	86%	3	9%	12	67%

分析、用中文处理外部关系的要求。这些内容均涉及听、说、读、写、译五项语言技能的要求。其中，较为常见的语言技能为"译"，尤其是口译，一直是中资企业在招聘翻译、经理和助理岗最为关心的语言能力，应聘者不仅要具备较高的中文水平，还应掌握俄中互译能力，达到"信达雅"的效果。中资企业在接受采访的过程中指出，与中文的口语及书面语表达能力相比，"中文+"人才的口译能力（100%）和笔译能力（71%）才是中资企业关注的重点：

> 6级中文水平不等于能够进行翻译，也就是说，中文水平是学习翻译的基本条件，但不是唯一的条件。（公司5）

对专业技能岗的需求是近年来中资企业新兴的人才需求。然而目前符合中资企业要求的复合型中文人才却寥寥无几。对于中文和专业二者不能兼得时，不同的企业在权宜处理，降低标准选拔人才时，会有不同的处理方式。有的企业着重关注应聘者的专业知识（财务、地理物理学、石油学、自动化等专业），寻求"+中文"人才，或放宽语言要求，不再硬性要求中文能力，把中文仅作为加分项。他们认为本地员工与中国员工合作时，可请公司翻译来消除他们之间的语言障碍。但也有企业持相反观点，认为专业知识可在工作的时候慢慢学习，因此较为

看重"中文+"人才,如公司13以会计为例指出:

> 我们公司至今都没有招到具备财务专业能力的中文人才。我们非常缺了解当地1C①和SAP②财务软件的中文人才……首先必须是HSK 6级,至于掌握1C和SAP软件,我们会安排该员工去专门培训机构参加会计培训,加之在公司的实践肯定能掌握相关的专业知识。

(三)中资企业对"中文+"人才的其他素养需求分析

除了语言能力要求,中资企业对中文人才的业务能力也有一定要求,包括熟练运用办公软件、行政办公支持、处理领导安排的工作的能力。此外,"中文+"人才综合素养(工作经验及个人品质等)也受到中资企业的高度重视(详见表6)。

表6 中资企业对不同岗位"中文+"人才的业务及综合素养要求

其他要求	翻译		经理		专业技能岗位		助理	
	数量(个)	占比	数量(个)	占比	数量(个)	占比	数量(个)	占比
熟练运用办公软件	11	31%	37	40%	1	3%	9	50%
行政办公支持	4	11%	21	23%	7	22%	10	56%
处理领导安排的工作	10	28%	23	14%	2	6%	14	78%
相关领域的工作经验	32	88%	58	63%	17	53%	8	44%
个人品质(自主学习、跨文化交际、逻辑思维、抗压能力等)	22	61%	59	64%	4	13%	9	50%

---

① 1C财务软件,是俄罗斯及独联体国家常用财务软件,该软件产品中包括财务会计、库存管理、员工工资和人力资源管理等多方面的功能,适用于各种规模和行业的企业。
② SAP财务软件,是全球知名的软件,适用于中大型企业,包括了财务会计、成本管理、预算规划和报表分析等方面的功能。

1. 中资企业对"中文+"人才的业务素养要求

中资企业对"中文+"人才的业务素养要求主要集中在熟练运用办公室软件、行政办公支持、处理领导安排的工作等方面。这跟中资企业所需要的岗位类型有关,翻译、经理、助理等大多跟办公室行政工作关系密切,因此这几项业务素养要求也与办公室行政工作关系密切;工程师之类的专业技能岗位更多对各岗位的专业水平有所要求,因此对办公室行政工作相关业务要求明显较低(仅占31%)。

有意思的是助理岗位对熟练运用办公软件、行政办公支持、处理领导安排的工作等要求均最多,超过50%的企业会在三个方面对应聘人员都提出要求,尤其是对处理领导安排的工作的要求,高达78%。我们推测,这可能与助理工作内容较为琐碎复杂,无法逐项一一列出有关。

2. 中资企业对"中文+"人才的综合素养要求

中资企业对"中文+"人才的综合素养要求包括工作经验以及个人品质。

从表6可知,四类岗位均十分重视应聘者相关领域的工作经验,对翻译岗(88%)、经理岗位(63%)、专业技能岗(53%)、助理岗(44%),企业都提出相关要求。这无疑对初入职场的应聘者来说具有较大的挑战性。

翻译、经理和助理岗在个人品质方面的要求高于专业技能岗,均有至少50%的企业提出该方面的相关要求。在所有提出的要求中,按其提到的次数排序,依次为:跨文化交际能力＞自主学习能力＞逻辑思维能力＞抗压能力。值得一提的是,跨文化交际能力得到了充分重视。这项能力与中资企业向外发展紧密相关,因此良好的跨文化交际能力是中资企业较为看重的素养之一。所谓"良好的跨文化交际能力"要求应聘者除了精通中文,还需具有国际视野、熟悉中国文化、掌握商务沟通技能以及社交礼仪。与此同时,候选者的学习能力、分析与解决问题的思维能力、抗压能力等综合能力与素养,也是中资企业用人的重要标准,如公司4指出:

> (工作)态度不好,会让领导觉得这个员工工作时也许不会很专注、效率较低……雇主肯定都喜欢"工作狂"、自主学习能力较强的员工。

四、思考与启示

从对汉语人才招聘信息的爬取数据来看，本研究发现中资企业对招聘优秀"中文＋"人才的意愿非常强烈。原因有两点：一是招聘优秀中文人才可以降低企业的用人成本；二是哈国政府实行的配额制度和许可制度，即自2023年7月1日起，哈萨克斯坦政府为解决当地的就业问题，对外国投资的企业设置了雇用哈国劳动人民的比例限制，从最初的可引进的外国劳动力30人降至10人[①]，所以中资企业不仅会面临语言障碍、文化差异、合规管理、市场竞争等问题，还会面临多元化的人力资源管理的挑战。在这一背景下，高素养的"中文＋"人才显得尤为重要。因此，无论是为了更好地适应当地发展政策，还是帮助企业降低用人成本，培养出更多"中文＋"人才都是满足中资企业实际需求的关键举措。

（一）关于"中文＋"与"＋中文"人才需求的思考

吴应辉等[②]将"中文＋"细分为"汉语＋"（即"中文＋"）和"＋汉语"（即"＋中文"）。前者强调的是中文素养为主，其他素养为辅；后者强调的是其他素养为主，中文素养为辅。前文的调查显示，经理、翻译和助理的职业需求更多强调的是中文能力，且大多数提出对高水平中文学习者的需求，所以这些岗位的需求是"中文＋"人才。但仅凭HSK 5—6级的中文水平无法满足驻哈中资企业的要求，这类人才还需具备商务、经贸、市场营销、法律相关的综合知识。在访谈中我们进一步了解到，在专业知识上，中资企业重视程度依次为：翻译专业（57%）＞外贸专业（50%）＞法律专业（42.8%）和经管专业（42.8%）。从领域上来看，石油、物流、银行、外贸、建筑、能源行业均对"中文＋"人才需求较大且迫在眉睫。

[①] 参见哈萨克斯坦司法部门《关于批准向雇主发放或续签引进外国劳动力的许可以及进行内部公司转岗的规则和条件法律法规》的第20条规定，发布日期2023年6月30日，实施日期2023年7月1日，https://adilet.zan.kz/rus/docs/V2300032977。

[②] 吴应辉、刘帅奇：《孔子学院发展中的"汉语＋"和"＋汉语"》，《国际汉语教学研究》2020年第1期，第34—37页。

这些企业普遍希望中文人才能够掌握相关行业基本知识，以便能够尽快熟悉工作流程和规范，快速适应工作环境和中国企业文化。

与此同时，中资企业对"＋中文"复合型人才的需求逐年增长。根据访谈结果，哈萨克斯坦中资企业会对资深专业人员提出掌握中文基础知识的要求，要求员工能够完成日常工作表达，进行简单的社会交际以及掌握相关职业或领域的基础概念并能翻译。"＋中文"复合型人才又可分为"职业＋中文"人才（具体指工程师＋中文、会计＋中文、机械员＋中文、律师＋中文等）和"领域＋中文"（即哈萨克斯坦常见领域＋中文，包括石油＋中文、银行＋中文、建筑＋中文、物流＋中文等）。

总体而言，从社会需求的角度来看，哈国中资企业对"中文＋"和"＋中文"复合型人才均有需求，同时对不同复合型汉语人才提出了不同的要求。因此，在培养复合型人才上，需要根据实际情况和具体要求来设计课程和培养方案，并与实践结合，实现学以致用的效果。这样才能确保汉语人才培养的有效性和适用性，既为中资企业提供更广阔的人才选择空间，实现中资企业在哈萨克斯坦的本土化发展，也为哈萨克斯坦汉语学习者提供了与国际接轨的发展机会，且有利于其在职场中实现自身价值和职业成就，创造企业与个人双赢。

（二）对以企业实际需求为导向的人才培养的思考

1. 重视对中文学习者翻译能力培养

翻译学界针对翻译能力与双语（一语与二语）能力的关系问题历来存在分歧。有研究者认为，随着双语能力的发展，翻译能力自然也会不断发展。然而随着研究的不断深入，"翻译能力和语言能力并非同步发展"的观点得到了更多的研究者支持。[①] 以口译为例，翻译是交际行为，交际目的自然不是语言符号的简单转换，而是思想交流。因此，翻译的对象不是语言，而是语言所表达的信息。也就是说，语言是表达思想的最主要工具，但不是唯一的。访谈进一步印证了该观点。在哈国中资企业，大部分高水平中文人才的弱项为翻译能力。

---

① 黄丹丹、王娟：《翻译能力的构成以及培养研究》，西安：西北工业大学出版社，2021年，第3—7页。

2021年,中华人民共和国教育部、国家语言文字工作委员会发布了《国际中文教育中文水平等级标准》,包含听、说、读、写、译五项语言技能,其中听、说、读、写为外国人学习中文的基础技能。此外,新研制的 HSK 7—9 级考试也增加了"外译中"的测试。这种创新和突破能评估中文学习者的翻译能力,使其更加符合职场需求及世界多样化需求。这些举措都说明国际中文教育界对翻译能力培养的重视。具体到哈萨克斯坦,我们需要强调对哈萨克斯坦中文学习者通用型翻译能力的培养,而非专业型翻译的能力,以及强调其对各种翻译场景的适应能力。

2. 深度开展校企合作,提升"中文+"人才的实践能力

目前,在哈萨克斯坦培养"中文+"人才的渠道主要有:12 所本土综合性大学、职业院校、5 所孔子学院、来华留学等。第一,通过本土综合性大学的东方系的"翻译专业:中文",培养具备翻译能力的"中文+"人才。以哈萨克斯坦国立大学为例,其"翻译专业:中文"不仅强调提高中文语言水平与培养翻译能力(口译和笔译),还会通过企业实习来考验学习者的实践能力。第二,通过职业学校培养"中文+"复合型人才,进而助力"一带一路"发展。以哈萨克斯坦国际哈中语言学院为例,该学院与中国国内多所职业院校(衡阳师范学院、郑州电力高等专科学校、广安职业技术学院等)开展联合培养"中文+职业教育"项目。① 第三,中资企业通过哈萨克斯坦孔子学院或其他当地语言培训机构对自己公司员工进行"+中文"培训,使公司员工学习汉语基础。

根据上述学习途径,哈萨克斯坦校企合作有以下问题:(1)前两种途径不适用于在职群体,最后一种则不适用于"中文+"人才培养。现有途径无法在短时间内解决中资企业面临的中文人才短缺问题。(2)高校或孔子学院仅负责培养中文语言能力,中资企业仅提供实习机会,校企之间的合作缺乏紧密性,导致没有工作经验的学习者不知道如何将理论知识正确运用到实践当中。高校与企业如果能采取共同培养"中文+"人才的合作模式,如采取"订单式""短期式""学历

---

① 李晓东、刘玉屏、尹春梅:《中亚本土"中文+"复合型人才需求分析与培养方略研究》,《齐齐哈尔大学学报(哲学社会科学版)》2021 年第 1 期,第 184—188 页。

式"等多元人才培养机制,以实现"招聘—培养—就业"一体化发展目标,可以更好地为"一带一路"建设提供复合型"中文+"人才,从而促进中国企业在"一带一路"建设中的长足发展。

中文学习者应聘岗位时,普遍存在中文水平不高、翻译能力较弱的情况。哈萨克斯坦孔子学院可以结合中资企业的实际需求开展"中文+"专业技能短期式培训,招募高水平中文人才(HSK 5—6级),请孔子学院的师资团队来提高中文人才的中文语言能力;聘请本地高校翻译专业教师,或者在职中俄/哈中翻译人员进行理论知识的介绍与实用技能的培训;在中资企业的支持下提供实习岗位,让学习者有机会将所学知识及技能运用到一线工作当中。在进行培训的过程中,中资企业不仅应扮演"提供实习机会"的角色,而且应成为"实践教学的协助者",积极参与到教育事业中,如培训前提出有助于孔子学院进行课程设计的实际建议,培训中向培训对象介绍行业知识、企业文化等,提高其学习热情。与此同时,中资企业还需提供实习平台,帮助提高"中文+"人才的实践能力,从而解决中资企业难以找到"中文+"人才的问题。但在访谈中,不同企业在校企合作培养"中文+"人才问题上持有不同的观点。部分企业认为培养人才是大学的事,"企业只能提供实习机会而已"。因此,"中文+"的人才培养,也需要中资企业改变传统观念,与哈萨克斯坦当地高校或孔子学院打开沟通渠道、建立有效的合作机制,让高校或孔子学院全面了解并掌握企业的实际人才需求和岗位要求。这不仅可以为企业定向培养人才,还能有效实现产教结合,培养储备型人才。

结　　语

"中文+"人才培养是当前国际中文教育发展中的重要课题。本文调查分析了哈萨克斯坦中资企业对"中文+"人才素养需求,提出应以市场需求为导向,以实现学以致用为目标来培养"中文+"人才。未来我们还需要对世界不同国家"中文+"人才的实际需求进行调研,以便培养更多符合市场需求的"中文+"人才,为中资企业在国际平台上更好地"走出去"提供有力支持。

Research on the Requirements of "Chinese +" Talents Literacy in Chinese Companies in Kazakhstan

KHE Dan & DING Anqi

Institute of International Chinese Studies, East China Normal University & Research Center for Global Chinese Language Development

Abstract

Under the influence of the Belt and Road Initiative, China and Kazakhstan have been engaging in capacity and investment cooperation across multiple fields over the past decade. To ensure the successful implementation of cooperation, Chinese companies in Kazakhstan are highly concerned about the cultivation of "Chinese +" talents. By analyzing 616 job postings and conducting in-depth interviews with 14 personnel from Chinese companies in Kazakhstan, this study outlines the current demand for "Chinese +" talents. It reveals that Chinese companies have the highest demand for talents in the tertiary industry and manager positions; the language requirements for "Chinese +" talents include not only Chinese, but also English and Kazakh; translator positions have the highest requirement for Chinese proficiency; furthermore, relevant work experience and cross-cultural communication skills are highly valued. Based on these findings, this study offers targeted suggestions from the perspective of Chinese companies in Kazakhstan to improve the cultivation of "Chinese +" talents, aiming to meet the actual needs of the local market and Chinese companies.

Keywords

Kazakhstan; "Chinese +"; social demand; Chinese companies; talents literacy

5W 理论视域下汉语及中国文化在泰国的传播研究述略[*]

肖 路[**]

提要：近年来汉语及中国文化在泰国的传播发展迅速。本文在相关研究及文献资料的基础上，采用拉斯韦尔的 5W 理论进行分类，对传播者与受众、传播的内容及途径、传播效果进行了梳理，以勾勒出汉语及中国文化在泰国传播的发展态势，从而进一步探求国际中文教育的海外传播策略。

关键词：汉语；中国文化；泰国；传播

---

[*] 基金项目：华东师范大学教学改革研究项目，项目编号：40400 - 23301 - 512200/001/260。
[**] 肖路，华东师范大学国际汉语文化学院副教授，文学博士，硕士生导师。

引　言

　　泰国是华人较多的国家之一。"有华人的地方就有华文教育和随之产生的话语传播。"①中泰两国的交流"据史料记载已经有两千多年"②了。中国文化在泰国的传播"已覆盖演出、展览、图书出版、电影、教育、旅游、体育、宗教等方面"③。在历史的变迁过程中,汉语及中国文化在泰国的传播态势起起落落。自1992年泰国对汉语教育解禁之后,泰国政府对汉语教育的重视程度逐步提高:2005年制定了《促进汉语教学,提高国家竞争力战略规划(2006—2010年)》(简称《五年规划》);2006年批准了"促进汉语教学预算案",计划2006—2010年增拨5.29亿泰铢(约合1.3亿元人民币)用于提高泰国的汉语教学水平④;与此同时,泰国教育部将中文列为第一外语,并在2008年前将汉语课程全面纳入了泰国2 000所中小学⑤,成为东盟10国中第一个将汉语教学列入国民教育体系的国家,拥有了从小学到大学各阶段的中文教育体系;多所高校,如朱拉隆功大学、法政大学、宋卡王子大学等将中文课程设为主修课;截至2012年底,泰国有3 000所学校开设了汉语课程⑥。可见,"近十余年来,汉语及其文化在泰国呈现出了快速传播的态势"⑦,"泰国短短十几年间一跃成为全球汉语传

---

① 吴应辉、何洪霞:《东南亚各国政策对汉语传播影响的历时国别比较研究》,《语言文字应用》2016年第4期,第80—92页。
②③ 李进、何英:《当前中国与泰国加强文化交流的前景分析》,《东南亚纵横》2016年第1期,第62—66页。
④ 吴应辉、央青、梁宇、李志凌:《泰国汉语传播模式值得世界借鉴——泰国汉语快速传播模式及其对汉语国际传播的启示》,《汉语国际传播研究》2012年第1期,第1—13页。
⑤ 廖新玲:《东南亚华文教育发展现状及趋势研究》,《八桂侨刊》2009年第1期,第54—59页。
⑥ 罗幸:《东盟国家华语教育研究》,《社会科学家》2013年第10期,第156—158页。
⑦ 杨燕:《文化语境下汉语在泰国的快速传播及其国际化发展路径》,《云南民族大学学报(哲学社会科学版)》2013年第4期,第135—139页。

播的先进典型"①。因此,梳理汉语及中国文化在泰国的传播状况具有现实意义。本文以前人的研究成果及相关的文献资料为依据,以拉斯韦尔(Harold Lasswell)的5W理论为基础梳理了近年来汉语及中国文化在泰国传播的传播者(who)及受众(to whom)、主要传播的内容(says what)及渠道(in which channel),以及相关的传播效果(with what effect)与启示,从而勾勒出近年来汉语及中国文化在泰国传播的发展态势,为探求国际中文教育的海外传播策略提供参考。

一、汉语及中国文化在泰国的传播者及受众

从传播学的视角来看,传播行为的一端是传播者,另一端是受众。在泰国历史上,汉语及中国文化的传播与移居泰国的华人紧密相关。"早期移居于泰国的华人,大多以一村一乡的集体移民为主,因为在迁徙的途中能相互照顾,在异国他乡的泰国定居后也同样能相互帮助。所以,他们在泰国定居后不久就建立了'同乡会馆''同姓会馆''同行工会''宗教和慈善社团''文化教育社团'等,变成了旧侨民和新侨民相互认识、沟通、帮助与学习的组织,亦是中国传统文化在泰国传播的组织。"②由华人自发倡导的汉语及中国文化传播在东南亚很多国家盛行,泰国也不例外。办学主体中,泰国中华总商会等社团,都推动了华文教育,华人社团一直是中坚力量③,以传播者的身份起到了重要作用。直到2006年,全球首家孔子课堂——岱密中学孔子课堂在泰国建立。在接下来的时期,孔子学院(课堂)作为一个由中外合作建立的非营利性教育机构,成为泰国学习者"学习汉语和了解中华文化的园地,中外文化交流的平台,加强中国人民和世界各国人

---

① 吴应辉、何洪霞:《东南亚各国政策对汉语传播影响的历时国别比较研究》,《语言文字应用》2016年第4期,第80—92页。
② 黄汉坤:《中国古代小说在泰国的传播》,《社会科学战线》2006年第4期,第112—119页。
③ 廖新玲:《东南亚华文教育发展现状及趋势研究》,《八桂侨刊》2009年第1期,第54—59页。

民友谊合作的桥梁"①。在世界范围内,一些国家为推广本国的语言与文化,设立了各自的语言传播机构,如法国的法语联盟、德国的歌德学院等,而孔子学院(课堂)也逐步担负起了传播汉语及中国文化的历史使命。泰国的16家孔子学院、11家孔子课堂于2021年合作成立了泰国孔子学院(课堂)联盟,"旨在搭建合作平台,实现资源共享、优势互补、协同发展"②。孔子学院(课堂)协同中泰双方的政府部门、传媒、企业、泰国的华人社团等,在泰国各个地区传播汉语及中国文化,是"中泰文化交流的生力军"③,也成为在泰国汉语及中国文化的重要传播者。

作为一个华人较多的国家,很久以来泰国的汉语及中国文化受众主要是华人华裔。尤其在北部,对华贸易交流频繁,经过几十年的语言接触,一些地方已呈现汉、泰双语现象。不少华裔家庭希望自己的后代了解汉语、通晓中国传统文化。因此,在很长时间里华人族群是汉语及中国文化传播的主要受众。1992年泰国政府对汉语教育解禁之后,汉语教育顺利复苏,并进入快速发展阶段。④ 1998年,泰国高校将汉语列入入学考试外语选考科目,汉语正式进入泰国的国民教育体系。⑤ 各学校可将汉语作为选修课,也可以根据需要选择教师和教材。学习汉语人数从2003年的8万人迅速增长到2014年的86万人。⑥至此,汉语学习受到了更为广泛的重视。汉语及中国文化传播的受众也从之前的以华人为主拓展到了普通泰国民众之中。一些受众选择在泰国的各类学校内学习汉语,另一些则选择了赴华留学。2013年,在各国赴华留学人数排行

---

① 欧阳祯人:《对外汉语教学的文化透视》,北京:北京大学出版社,2009年,第30页。
② 付志刚:《泰国成立孔子学院(课堂)发展联盟》,《光明日报》(第8版)2021年10月9日。
③ 朱振明:《中泰关系发展中的一个亮点:中泰文化交流》,《东南亚南亚研究》2010年第4期,第1—6+90页。
④ 王玲玲:《泰国汉语教育与中华语言文化传播》,《南洋问题研究》2015年第4期,第71—77页。
⑤ 吴佳:《论泰国语言政策对汉语在曼谷地区传播的影响》,硕士学位论文,西安:西安外国语大学,2013年,第9页。
⑥ 中国新闻网:《交流日益频繁 泰国近90万人学习汉语》,2014年10月31日,http://www.chinanews.com/hr/2014/10-31/6739296.shtml。

榜上,泰国学生位列第三,仅次于韩国与美国①;2014年来华留学的泰国学生为21 296人②;2017年,在各国赴华留学人数中,泰国学生人数已跃居第二③。由此可见,泰国的汉语及中国文化的受众规模逐步扩大。不仅如此,受众的层次也呈现多样化的趋势。在泰国,不仅是大、中、小学生学习汉语,政府部门的高层官员也积极投入学习。中泰两国近年来交往密切,有许多中国游客赴泰旅游,带动了泰国的经济,也点燃了泰国官员与民众学习汉语的热情。加之诗琳通(Maha Chakri Sirindhorn)公主的垂范作用,从大皇宫、泰国移民局、警察总署到泰国旅游警察局等部门都开设了汉语课。例如,2018年初,泰国农业大学孔子学院举办了"泰国国家立法议会议员汉语培训班",有20名泰国国家立法议会议员报名参加。④ 又如,警察医院法医研究所也开设了汉语培训课程,利用新编的法医汉语教材学习汉语、了解中国文化。⑤ 泰国王室对汉语的热情和推崇起到了很好的示范作用,深深地影响了泰国的高层官员与普通民众。⑥

总之,近年来汉语及中国文化传播在泰国的快速发展与传播者的作用密切相关,受众面也在不断拓展,从华人社群到普通民众,从大、中、小学生到各级官员,从泰国国内学习到赴华留学,受众群体已形成了一定的规模。在这一过程中,传播的内容和途径也在逐步发展。

---

① 《2013年全国来华留学生简明统计》,中国高等教育学会外国留学生教育管理分会(CAFSA)网站,2013年12月10日,http://cafsa.org.cn/research/show-1500.html。
② 《2014年全国来华留学生数据统计》,中华人民共和国教育部网站,2015年3月18日,http://www.moe.gov.cn/jyb_xwfb/gzdt_gzdt/s5987/201503/t20150318_186395.html。
③ 《规模持续扩大 生源结构不断优化 吸引力不断增强——来华留学工作向高层次高质量发展》,中华人民共和国教育部网站,2018年3月30日,http://www.moe.gov.cn/jyb_xwfb/gzdt_gzdt/s5987/201803/t20180329_331772.html。
④ 田忠琪:《"泰国国家立法议会议员汉语培训班"举行开学典礼》,华侨大学网站,2018年1月25日,https://www.hqu.edu.cn/info/1072/80784.htm。
⑤ 《泰国法医们的汉语情结》,人民网,2017年1月11日,http://world.people.com.cn/n1/2017/0111/c1002-29015406.html。
⑥ 马勇幼:《泰国:孔子学院十年成规模》,《光明日报》(第3版),2016年10月6日。

二、汉语及中国文化传播的内容和途径

传播者和受众通过传播内容及其传播途径交换信息、产生联系,形成传播过程。在历史上中泰之间有着较为频繁的商贸交流,在交易过程中,器物成为双方文化交流的重要媒介。例如,"泰国的使者和商人把泰国出产的香料、象牙、菩提树叶、火珠等带到中国,中国的瓷器、绢、丝绸则通过泰国使者和商人进入泰国"①。在器物交流过程中,一些传统工艺也传入了泰国,如"宋加洛烧制出类似中国浙江龙泉窑的青花瓷器、仿宋瓷器"②。这样的传播多是自发的、不定期的。近年,通过传播者的组织与规划,汉语及中国文化在泰国的传播内容逐步扩充,传播渠道也在不断拓宽,传播活动的展开更为丰富、有序。下文将从语言教学、文化活动、影视传媒、汉语大赛几个方面逐一展开。

1. 汉语教学方面

"语言是文化的载体,具有构建民族身份、改善群际间相互关系的功能。语言国际传播与国家形象之间是良性互动的关系。"③汉语教学是传播汉语及中国文化内容的主要途径。泰国于2005年成立"促进泰国汉语教学战略规划工作组",负责制定《五年规划》,其内容包括:广泛支持汉语教学,介绍中国文化,让全国人民认识到学习汉语的重要性;制定各级各类学校的课程标准大纲,理清教学思路;支持修订适合泰国汉语教学的优质教材并改良教具,以达到颁布标准;制订教师能力培养短期计划和长期计划,以达到有关标准;促进合作,建立泰国汉语教学互助网。在这些政策的指导下,2006年中泰双方签署了《中泰汉语教学合作框架协议》,这一协议为推动泰国的汉语文化教育起到了重要作用。10

---

① 朱振明:《中泰关系发展中的一个亮点:中泰文化交流》,《东南亚南亚研究》2010年第4期,第1—6、90页。
② 中山大学东南亚研究所编:《泰国史》,广州:广东人民出版社,1987年。
③ 哈嘉莹:《汉语国际传播与中国国家形象构建》,北京:对外经济贸易大学出版社,2013年,第5页。

余年来,师资队伍培养、教材编写、教学方法和课堂管理能力的提升是学界热议的话题。例如在师资方面,中外语言交流合作中心(下称"语合中心")一方面大力组织汉语教师和志愿者赴泰教学,另一方面积极培养泰国的汉语本土教师。2006年泰国启动了泰国汉语教师本土化策略,把汉语教师队伍看作本国师资的一股重要力量。① 为了促进泰国的汉语文化教育,在2007年开始实施"泰国汉语教师培训计划",以缓解泰国汉语师资压力,增强泰国汉语教学自身"造血"能力。② 又如在教材方面,除了提供现有的教材,还一直研讨如何编写出适合泰国本土教学的教材资源。教材被认为是汉语及中国文化传播的又一途径。学习者对教材的认可程度,不仅关系到语言学习的效果,也关系到他们对这一个国家的认识程度。经过10余年的研讨,人们逐步意识到了供泰国学习者使用的汉语教材不仅要尊重泰国人民的"民族感情、价值观念、宗教信仰、思维习惯"③,也要适当考虑两国语言和文化的对比,编写者应结合泰国汉语教学大纲与当地学生实际需求来编写。只有这样才能满足泰国学习者的学习需求。

2. 文化活动方面

中国文化体验使受众对中国的认识更为直接。剪纸、中国结、脸谱、书法、美食都是深受泰国受众喜爱的文化体验项目。孔子学院常组织一些以传统音乐、书法、绘画、影视鉴赏为主题的文化讲座,或是一些以民歌演唱、传统舞蹈表演等为特色的联欢活动,为汉语及中国文化的传播增添了色彩。例如,在普吉孔院举办的第八届普吉岛卡图国际文化节上,苏绣、茶艺、古筝、二胡、书法、国画体验得到来宾和观众的一致好评④,使受众对中国传统文化有了更为深刻的了解。在中国文化部门举办的"欢乐春节"活动中,丰富多样的文化活动向泰国人民集中

---

① 杨燕:《文化语境下汉语在泰国的快速传播及其国际化发展路径》,《云南民族大学学报(哲学社会科学版)》2013年第4期,第135—139页。
② 王宇轩:《泰国中小学华文教育的现状、问题及对策》,《暨南大学华文学院学报》2008年第4期,第9—16页。
③ 陈萍:《对外汉语分语种教材的国别化研究——以泰国汉语教材为例》,《出版发行研究》2013年第6期,第70—73页。
④ 《普吉孔子学院携中国文化亮相泰国卡图国际文化节》,中国侨网,2016年7月25日,https://www.chinaqw.com/hwjy/2016/07-25/96516.shtml。

展示富有特色的中国传统,影响深远。泰国人民从王族、高层官员到普通百姓都参与其中,体悟中华文化的魅力。"'欢乐春节'、中国春节文化周、中泰民族文化节等文化品牌已经发展成为了向泰国展示和广泛传播中华文化悠久历史和独特魅力的重要平台。"①近年来,文化活动的形式也在不断创新。2023年,泰国兰实大学创立了"中文音乐教室",将中文与音乐艺术相结合,"为泰国青少年学习中文提供了更多支持"。②

3. 影视传媒及网络传播方面

电影是一种图像、象征符号、声音和表演等的艺术综合,可以用来保留、更新和创造一种作为想象的共同体的民族性感觉。③ 在一些泰国电影中人们能感受到华人文化,体现了华人文化与本地土著文化的深层次融合。④ 泰国电影《暹罗之恋》是一部广受欢迎的作品,片中塑造了三代华人的形象,既符合中国传统思想,又带有泰国的时尚文化元素,从中可以感受到中泰文化的交融。除了电影,电视也是一条有效的传播途径。2011年5月,泰国国际中文电视台(TCITV)成立。该频道隶属泰中文化经济协会,是目前泰国唯一的中泰双语24小时滚动播出的卫星频道,覆盖了东亚地区20多个国家的1 000多万受众,同时可通过网络在线免费观看。目前,这一频道已与新华网络电视建立了长期合作,并在每天固定时段转播河南卫视等中国地方电视频道的节目。随着技术的进步,网络在语言文化传播中发挥了重要作用。抖音、快手等短视频社交媒体,以方便、快捷且具亲和力的传播优势,成为汉语及中国文化海外传播的新渠道。例如,泰国玛哈沙拉坎大学孔子学院"上传至抖音平台的作品达四百多件。内容既有课堂上的汉语教学,也有课下的文化体验;既有孔子学院自身活动之展示,也有当地风土

---

① 李进、何英:《当前中国与泰国加强文化交流的前景分析》,《东南亚纵横》2016年第1期,第62—66页。
② 《泰国兰实大学"中文音乐教室"正式揭牌》,中外语言交流合作中心网站,2023年9月21日,http://www.chinese.cn/page/#/pcpage/article? id=1564。
③ 鲁晓鹏、叶月瑜、唐宏峰:《绘制华语电影的地图》,《艺术评论》2009年第7期,第19—25页。
④ 梁明柳:《东南亚电影中的土生华人文化现象解读》,《电影文学》2013年第11期,第8—9页。

人情之介绍"①。新媒体的广泛运用为泰国的汉语及中国文化传播增添了新途径,数字广播节目、官微、脸书、抖音等新媒体成为传播汉语及中国文化的新平台。

4. 汉语大赛方面

汉语比赛也是传播汉语及中国文化的有效途径。赛题可以承载各种汉语知识与文化知识;比赛的多样形式可以增加学习的乐趣;比赛紧张刺激的气氛既可以锻炼选手,磨炼队伍,也可以激发受众的学习热情。泰国的孔子学院每年都会组织多次汉语大赛,例如,面向东南亚地区的汉语桥大赛具有很大的影响力,创办多年,受众面广;面向泰国东部地区的"泰国华文学术大赛"也吸引了不少该地区的学生;泰东北高校的"丝路杯"泰东北高校中国文化大赛为青年学子加深对汉语及中国文化的理解、激发学习汉语的热情,培养更多汉语人才起到了积极作用。除此之外,为了满足中泰两国对双语翻译人才的需求,还举办了多届"中泰双语翻译大赛"。② 这些赛事无论大小,都能使受众在紧张的赛前准备、激烈的赛场比拼中,感受到汉语及中国文化的魅力,成为传播汉语及中国文化的又一渠道。

三、汉语及中国文化在泰国的传播效果及其启示

中泰两国的长期交流促使汉语及中国文化对泰国产生了深刻的影响,涉及语言、绘画、陶瓷、文学、建筑、宗教等不同方面。以泰语中的汉语词汇为例,有人估计,泰语词汇中来自汉语的词汇约占 15%。③ 近年来,中泰两国在很多方面做

---

① 陈元贵:《孔子学院抖音短视频传播轨迹分析》,《北方传媒研究》2021 年第 3 期,第 49—53 页。
② 《2021 年首届"新汉学计划"中泰翻译大赛暨泰国留中总会第十届"中泰双语翻译大赛"决赛成功举办》,中外语言交流合作中心网站,2021 年 12 月 15 日,http://www.chinese.cn/page/#/pcpage/article?id=910。
③ 李进、何英:《当前中国与泰国加强文化交流的前景分析》,《东南亚纵横》2016 年第 1 期,第 62—66 页。

出了努力,例如中国文化部门在泰国开展中国文化活动,孔子学院开展汉语教学和中外教育、文化等方面的合作,又如泰国推出"你好,我爱你"中文工程,计划通过中泰双方合作,4年内使东盟10国6亿人中的1亿人学会说汉语,促进汉语在东盟地区的传播。① 中泰双方的协作与努力,使得汉语及中国文化在泰国的传播取得了一定的效果,具体表现在传播快速发展、受众规模增大、传播模式多样等多个方面。这些效果也给国际中文教育的海外传播提供了以下启示。

1. 发掘有利条件,增强传播力度

汉语及中国文化在泰国的传播之快速被视为是一个奇迹。② 笔者认为,这样的发展速度在很大程度上取决于泰国各方面的有利条件。首先是地域上的优势。中泰两国的交流历史悠久,尤其是泰北地区,"既有直接来自中国内地的移民,也有从缅甸移居过来的难民、边民,语言接触、文化接触频繁,在语言的地方化融合上具有优势"③;泰国地处东盟地区的核心地带,是东盟各国物流、贸易、金融中心,也是中国与东盟各国连接的桥梁。这样的地理位置使其具有优越的汉语文化传播优势,在边贸旅游等合作交流中逐步带动起了汉语及中国文化传播的热潮。其次,在泰国的华人较多。一方面,华人家庭希望自己的后代能学习汉语、了解中国文化,"华人经济网络在泰国的重要性使其在中国东盟自由贸易区的建设发展过程中成为受双边政府欢迎的社会经济力量"④;另一方面,"在泰的华人企业和华商经营者在社会中占有较大的比例,他们在地方生产经营中需要使用汉语的领域非常多"⑤。最后,更为重要的是泰国政府的政策支持。无论是1999年的《中华人民共和国和泰王国关于二十一世纪合作计划的联合声明》、

---

① 新华网:《泰国将推出中文工程 让东盟10国中1亿人会说中文》,中国新闻网,2013年4月21日,https://www.chinanews.com.cn/hwjy/2013/04-21/4749785.shtml。
② 吴应辉、杨吉春:《泰国汉语快速传播模式研究》,《世界汉语教学》2008年第4期,第125—132、134页。
③ 李志凌:《泰北地区大华语语境下汉语教学发展业态与评估》,《民族教育研究》第2016年第1期,第130—135页。
④⑤ 杨燕:《文化语境下汉语在泰国的快速传播及其国际化发展路径》,《云南民族大学学报(哲学社会科学版)》2013年第4期,第135—139页。

2001年的"中泰文化合作备忘录",还是2006年双方签署的中泰汉语教学合作框架协议,都为推动泰国的汉语文化教育起到了重要作用。多方面的有利条件使得泰国成为"汉语传播力度最大、接收汉语教师人数最多的国家"①。

2. 培养受众兴趣,拓宽受众范围

经过传播者这些年来的努力,汉语传播渠道日益规范,汉语教学质量逐步提高,最为明显的效果就是受众规模逐步增大了,"近2 000所泰国学校开设中文课程,100多万泰国民众学习中文"②。语合中心设立了多个孔子学院(课堂),开设汉语教学,开展文化交流活动,使得"汉语教学已经走出了单纯对华人子孙进行传统文化教育的最初形式,变成泰国国民素质和生存能力的一个特殊要件"③。目前,接触汉语与中国文化的受众不再局限于华人圈,也不仅仅是为了学分、文凭,也有很多自愿前来的普通民众,另有一些为了在工作中能更好地与中国游客沟通的公务员及希望能掌握汉语和一门技术的追梦人。历年来华留学的泰国学生人数也在稳步增长,目前来华留学的泰国学生人数已位列来华留学人数的第二位。这些学生中有的申请了中国政府奖学金,有的则自费来华学习汉语。这一数据表明泰国受众学习汉语及中国文化的热情高涨。政府的推动、活动的开展促使受众对汉语及中国文化的兴趣不断提升。例如,在泰国立法院开设汉语课迄今已20余次,这里的议员们学习汉语非常认真,利用了部分业余时间,还有议员给同班同事介绍,自己常常自学。④ 每次HSK考试,考生热情高涨,被称为是某一地区汉语学习者的新风尚。⑤ 在HSK泰国素攀考点,一名年

---

① 付志刚:《疫情遮不住 泰国"汉语桥"比赛大放异彩》,《光明日报》(第15版),2021年1月7日。
② 中外语言交流合作中心:《"纪念诗琳通公主学习中文40年暨泰国中文教学未来发展在线研讨会"成功举行》,搜狐网,2020年11月25日,https://www.sohu.com/a/434172225_99939250。
③ 李志凌:《泰北地区大华语境下汉语教学发展业态与评估》,《民族教育研究》2016年第1期,第130—135页。
④ 付志刚:《感受泰国立法院里的汉语热》,《光明日报》(第8版),2018年8月18日。
⑤ 《泰普吉孔院2014年度HSK收官考试人数再次逾千》,中国新闻网,2014年12月7日,http://chinanews.com/gj/2014/12-07/6852704.shtml。

仅9岁的学生前来参考,据了解,她是在之前参加了学校举办的中华文化营活动后,对汉语产生了浓厚兴趣,此次参考也是希望通过这次考试来激发自己学习汉语的兴趣。①

3. 拓展传播模式,贴近受众需求

近年来,汉语及中国文化传播的模式不断拓展。孔子学院展开了中泰高校联合办学,国际汉语教师是汉语国际教育推广的关键②,其言行举止所代表的不仅仅是教师自己,而是整个中国的形象。③ 为了提升传播效果,语合中心还经常举办汉语教学大赛。例如,2018年9月,泰国南部举办首届汉语教学技能大赛,参赛的汉语教师经过1个多月的竞赛和评比,展现了自己的汉语教学本领,场上的泰国学生也受到了深深的感染。2023年举办了首届泰国中文教师教学技能大赛,以赛促训,不断提升中文教师的教学技能。另外,中泰双方合作,不断促进新技术的使用。例如,2017年,四川新华发行集团与位于泰国南部的国光中学孔子课堂合作建立了"新华智慧汉语泰国南部研究基地",通过推动数字化汉语教学,来推动泰国南部的汉语教学。④ 好的传播模式必须符合受众需求,因此,充分了解受众需求是提升传播效果的重要保障。有学者对泰国学习者的汉语学习动机进行了调研,在对泰国艺术大学近200名泰国大学生的调查中发现:这一群体在主观上愿意学习;半数华裔的他们对汉语有一种自然的亲近感,但也有不少是为了不让父母失望而学;中泰之间较近的地理位置,使不少学习者希望来中国工作。⑤ 有学者认为,语言传播的"根本动因在于价值"⑥。另有研究发现,

---

① 《泰国素攀孔院举办本年度第九次 HSK 考试》,人民网,2018年9月17日,http://world.people.com.cn/n1/2018/0917/c1002-30296447.html。
② 王恩旭:《国际汉语教师自主发展导论》,沈阳:辽宁人民出版社,2014年,第77页。
③ 李盛兵、吴坚主编:《汉语高效率国际推广研究》,北京:科学出版社,2013年,第300页。
④ 孙广勇:《泰国南部举办首届汉语教学技能大赛"把从中国学到的知识传授给学生"》,《人民日报》(第11版),2018年9月15日。
⑤ 陈天序:《非目的语环境下泰国与美国学生汉语学习动机研究》,《语言教学与研究》2012年第4期,第30—37页。
⑥ 李宇明:《探索语言传播规律——序"世界汉语教育丛书"》,《云南师范大学学报(对外汉语教学与研究版)》2007年第4期,第1—3页。

"在泰国等国华人经贸网络明显存在,学会华语有一定的经济价值,在泰国会一般华语的店员工资大约可多20%—30%"①。事实上,也确有不少泰国人(含华裔和非华裔)已看到了中国的经济发展势头,愿意把"懂得中国,掌握汉语当作个人成长和事业发展的一个重要素质和优越条件"②。这些数据表明,受众的学习需求中有很大一部分与自身的职业发展有关。针对这一需求,我们在传统汉语教学课程的基础上推出了"汉语+技术"模式。例如,泰国孔敬大学孔子学院推出"汉语+高铁"培养模式,与12所中国职业院校签订了培养协议。③ 这一模式推动了汉语与多领域融合。④

结　语

近年来,汉语及中国文化在泰国的传播呈现出稳步向上的态势。中国经济的快速发展,加之泰国政府出台的一系列有利于汉语教育的政策,使得汉语及中国文化在泰国的传播效果明显。从传播者的角度来看,语合中心牵头结合多方力量共同实施了丰富多彩的汉语及中国文化的传播活动。传播内容通过汉语教学、文化活动、影视媒体、汉语竞赛等多种渠道推广,从而使得受众人数稳步攀升。在这一过程中,传播者密切关注受众的实际需求,推出了"汉语+技术"的传播模式,获得了广泛欢迎。由此可见,国际中文传播可借助优势条件,培养受众兴趣,拓宽传播范围,增加传播渠道与模式,从受众需求出发,不断提升传播的效力。

---

① 庄国土:《华侨华人与中国的关系》,广州:广东高等教育出版社,2001年,第13页。
② 杨燕:《文化语境下汉语在泰国的快速传播及其国际化发展路径》,《云南民族大学学报(哲学社会科学版)》2013年第4期,第135—139页。
③ 丁子、孙广勇、俞懿春:《孔子学院,实践"丝路精神"的先行者》,《人民日报》(第22版),2017年9月12日。
④ 马勇幼:《泰国:孔子学院十年成规模》,《光明日报》(第3版),2016年10月6日。

Research on the Dissemination of Chinese Language and Culture in Thailand from the Perspective of 5W Theory

XIAO Lu

School of International Chinese Studies, East China Normal University

Abstract

In recent years, the dissemination of Chinese language and culture in Thailand has rapidly developed. In order to outline the development trend of Chinese language and Chinese culture dissemination in Thailand, this article adopts Lasswell's 5W theory to classify the communicators (who) and audiences (to whom), the content and channels of communication (say what), and the effects of communication (with what effect) on the basis of relevant research and literature. Then we may explore effective strategies for the overseas dissemination of international Chinese education.

Keywords

Chinese; Chinese culture; Thailand; dissemination

西班牙中文教育标准化探究

王小令*

提要：西班牙的中文教育面临全国性统一标准缺失的问题。各自治区教育局为发展本地中文教育,采取了具有地区特色的语言政策,造成了明显的差异,这在一定程度上阻碍了中文的传播。因此,建立全国性的标准已迫在眉睫。为了使《国际中文教育中文水平等级标准》能够发挥实际作用并与本地教育系统相融合,应尽快建立《等级标准》指导下的"西班牙中文能力基准",并作为本土化标准指导实际教学,规范本地中文教育。同时,应在以下几个方面多管齐下:师资队伍培训、教学资源开发和考试证书互认。首先,通过对本土培训师进行专项培训,优化种子教师团队,增加教师队伍稳定性;其次,开发配套教材和数字资源,实现教学资源的标准化;最后,规范教学评估体系,推动官方考试互认机制。通过这些措施,全方位促进西班牙中文教育的标准化进程,为国家层面课程大纲的出台铺路。

关键词:《国际中文教育中文水平等级标准》;标准化;国际中文教育;课程大纲;西班牙

---

* 王小令,马德里康普顿斯大学文学院讲师/博士生联合导师,博士。

引　言

习近平总书记指出:"标准是人类文明进步的成果。从中国古代的'车同轨、书同文',到现代工业规模化生产,都是标准化的生动实践","标准助推创新发展,标准引领时代进步"。① 在全球化背景下,多语言语境将成为文化交流的常态环境。伴随着"数字化"和"智能化"的科技趋势,人工智能语言模型的多种语言间的翻译、编辑和文本生成等功能日益完善,将逐渐使其成为语言学习的主要辅助工具。这意味着,无论在传统课堂还是线上学习平台,都需要中文的标准化和规范化以提升教学质量,保证中文教学的可持续发展。在国际中文教育由高速度发展向高质量发展转变的新时期背景下,教育标准的重要作用愈益凸显。②

2021年3月,《国际中文教育中文水平等级标准》(以下简称《等级标准》)发布,在西班牙引起震动。国际性标准的确立意味着各地教学大纲的建设将有据可依,为将中文全面纳入西班牙国民教育体系奠定基础。但如何做到普适性与多样性的统一③是关键。要实现西班牙中文教育质的飞跃,必须建立起本土化中文教育标准体系,"完善国际中文教育质量系列标准体系本土化建设"④。

西班牙现行中文课程大纲及相关标准主要参考《欧洲语言共同参考框架:学习、教学、评估》(以下简称《欧框》),在与中文兼容的过程中存在较大问题。本文将以现行大纲对照《等级标准》进行分析,梳理《欧框》与《等级标准》的差异,从而提供相关策略和方案。标准的实施离不开本地土壤。首先,我们对西班牙的中文教育现状和动因进行简述。

---

① 《第三十九届国际标准化组织大会召开　习近平致贺信》,《人民日报海外版》(第1版),2016年9月13日。
② 李宝贵、刘家宁:《新时代国际中文教育的转型向度、现实挑战及因应对策》,《世界汉语教学》2021年第1期,第9页。
③ 赵杨:《构建国际中文教育标准体系》,《国际汉语教学研究》2021年第2期。
④ 李秋杨、陈晨、奥斯卡·费尔南德斯·阿尔瓦雷斯:《西班牙中文教育本土化特征、动因与发展策略》,《语言文字应用》2022年第2期,第22页。

一、西班牙的中文教育现状

西班牙是欧洲最重视中文教育的国家之一,中文教育起步虽然较晚,但发展态势良好。① 随着中国经济的发展和中西教育交流的增进,西班牙的中文学生人数逐年上升,到2018年底已超过5万。另外,官方中文水平考试同样发展迅速,西班牙考生人数近年来稳居欧洲前三位。从发展模式来看,西班牙的中文教育呈现多样化和本土化特点,各个自治区教育局依据本区特点制定相应的语言政策和标准。

西班牙17个自治区目前共有9所孔子学院,分布在8个自治区。各区孔子学院因地制宜,与当地的教育机构、协会展开深入合作,积极发展本土化中文教育。另外,西班牙还设有10所孔子课堂。以安达卢西亚自治区教育局为例,该区孔子课堂作为外语学习项目被纳入自治区教育局的"多元语言能力②培养"计划中。2022/2023学年,有42所中小学参与该项目,约2 800名学生。③ 其中15所将中文设为学科课程,另外27所开设中文兴趣班。④ 类似的合作模式还有马德里自治区教育局的中文课程,至2022/2023学年,合作学校为31所,注册学生近500人。

值得一提的是,随着线上教学的兴起,西班牙地区的中文传播对其他西语地区多有影响,形成覆盖其他西语母语国家的趋势。2020年,马德里远程教育集

---

① 陈晨、李乾超、杨湫晗:《西班牙中文教育发展现状与前瞻》,《天津师范大学学报(社会科学版)》2021年第3期,第17页。
② "多元语言能力"即"语言多元化能力"。《欧洲语言共同参考框架:学习、教学、评估》对"语言多元化"的定义是具备各种语言交际能力的综合语言素质。参见欧洲理事会文化合作教育委员会编:《欧洲语言共同参考框架:学习、教学、评估》,刘骏、傅荣主译,北京:外语教学与研究出版社,2008年,第4页。
③ 安达卢西亚自治区公立中学网站数据:https://iesnicolassalmeron.es/concurso-hablamos-chino/。
④ 安达卢西亚自治区教育局第17/2022号指令:https://www.juntadeandalucia.es/educacion/portals/delegate/content/9577daaa-b37e-45f3-8a58-e26488aed6ad/Instrucciones%20aulas%20Confucio%2022-23。

团CEF商学院的线上中文课共有近5 000名学生注册①,创单期课程注册人数最多纪录,其中很多学生来自墨西哥、多米尼加共和国、哥伦比亚、阿根廷、秘鲁和智利等国。2021年9月,西班牙第一所网络中文课堂成立②,此后每年参与"汉语桥'中文+'"项目,学习者覆盖西班牙及拉美地区。

此外,西班牙的高校、官方语言学校③、私立中小学、华校、民间教育机构等也是中文教育的重要组成部分,有各自的教学模式和教学标准。

二、西班牙中文传播的动力体系

从中文国际传播动力体系的角度来看,汉语作为语言资源在中国和对象国之间的传播呈现推拉规律的特征。④ 推拉理论认为语言传播包含传播方和接受方。传播方对语言传播发出的推动力称为"推力";接受方吸引语言进入本社团或本地域,这种吸引性的动力称为"拉力"。⑤ 考虑到西班牙中文教育不论是教学课程还是课外培训,都是根据自治区和教育机构来制定不同的模式,引入推拉理论,分析西班牙的中文传播动力体系,有助于认清西班牙的中文传播动因,对西班牙的中文教育的全景有所了解。

中国与西班牙的语言文化交流,如果从1590年前后由传教士高母羡(Fray Juan Cobo,1546—1592)译介的《明心宝鉴》传到西班牙算起,已经有400多年的历史了。这使得西班牙成为将中国思想传入西方的先驱。然而,由于西班

---

① Luis Miguel Belda,"5 000 alumnos siguen el Curso de Chino online de Hanban y la UDIMA",16 June 2020. Retrieved from https://www.udima.es/es/cinco-mil-estudiantes-curso-chino-online-udima-hanban.html.
② 由马德里远程教育大学与五洲汉风网络科技(北京)有限公司签署协议,合作成立。
③ 官方语言学校"Escuela Oficial de Idiomas"(EOI)是西班牙政府资助的官方外语学习中心,隶属各自治区教育局。
④ 梁昱、卢德平:《语言传播推拉规律及国际中文教育政策原则》,《国际中文教育研究》2023年第2期,第31页。
⑤ 李宇明:《中文国际传播的动力问题》,《全球中文发展研究》2023年第1期,第27页。

牙的国情，此后中国文化在西班牙一直沉寂。① 进入20世纪后，西班牙汉学出现了复苏。② 从20世纪末至21世纪初，西班牙"新汉学"兴起，越来越多的汉学家将目光转向当代中国。他们将考察中国社会经济作为重要组成部分，并融合了当代中国与古代中国研究、哲学与政治研究、经济与社会研究等诸多领域。③

强调中文教育是"新汉学"的重要特征之一。其中代表性的人物是巴塞罗那自治大学的华金·贝尔特兰（Joaquín Beltrán）。他主张将语言学习与专业学习结合起来，这样才能真正了解中国和研究中国。④ 1978年，西班牙格拉纳达大学率先开设中文语言课。20世纪80年代开始，多所高校出现与中文教育、中国文化相关的教育活动，其中包括1988年巴塞罗那自治大学成立东亚研究中心（后并入该校国际与跨文化研究中心），1993年马德里自治大学开设东亚研究中心（CEAO‑UAM），1996年庞培法布拉大学创建了东亚研究学院（Escola d'Estudis d'Àsia Oriental）⑤，2016年马德里康普顿斯大学组建东亚研究调研组（AEAO），等等。目前，西班牙共40余所公立大学和私立大学开设中文语言及文化课程⑥，这为中文教育的发展培养了优质土壤。

随着中西文化交流越来越密切，西班牙第一所孔子学院于2007年在马德里正式成立，标志着中文传播的推力开始发力。上述高校中的巴塞罗那自治大学、马德里自治大学与格拉纳达大学均有合作孔子学院，是西班牙第一批与中国高

---

① Andrés Herrera Feligreras, "La nueva sinología española", *Huarte de San Juan*, 2007, No. 31, p.258.
② 管永前：《从传教士汉学到"新汉学"——西班牙汉学发展与流变述略》，《国际汉学》2020年第3期，第151页。
③ 同上书，第155页。
④ Joaquín Beltrán Antolín (ed.), *Perspectivas Chinas*, Barcelona: Bellatera Edicions, 2006, p.18.
⑤ Raúl Ramírez-Ruiz, Cristina del Prado Higuera & Felipe R. Debasa Navalpotro, *Los estudios asiáticos en España: análisis, evolución y perspectivas*, Pamplona: Editorial Aranzadi, 2023, p.32.
⑥ Raúl Ramírez-Ruiz, Cristina del Prado Higuera & Felipe R. Debasa Navalpotro, *Los estudios asiáticos en España: análisis, evolución y perspectivas*, Pamplona: Editorial Aranzadi, 2023, pp.25‑278.

校合作的大学。此后,随着多所孔子课堂的设立,语合中心与自治区教育局的双向合作,国际中文教师、志愿者项目的发展,官方中文水平考试的举行等,西班牙的中文教育逐步繁荣发展,越来越多的人开始学习中文。

另外,中国经贸、科技的发展也已成为中文传播的拉力。① 目前,西班牙是中国在欧盟内第五大贸易伙伴,中国是西班牙在欧盟外第一大贸易伙伴。2023年前11个月双边贸易额445.51亿美元。② 中国经济与科技的腾飞,与西班牙的贸易往来,大大增强了西班牙中文传播的拉力。中文在西班牙被称为"未来的语言",是私立学校和国际学校的重要外语科目,也是联合国世旅组织③官员的外语课程之一。

由此可见,西班牙中文传播的动力体系处于良性循环,如果各方力量耦合,从推拉之力生成引力,将形成本地中文教育的良性语言生态系统。可由于西班牙各自治区的中文教育政策差异性较大,国家层面中文课程大纲缺失,教育实践缺乏纲领性标准④,现行标准与中文兼容存在诸多问题,西班牙的中文教育处于发展瓶颈期。

三、西班牙中文教育标准化的问题

1.《欧框》标准与中文教育对接的问题

欧洲的外语教学以《欧框》为标准。它是全欧洲的一个共同参照基础,适用于制定现代外语教学大纲和考试大纲,也可用于设计外语能力评估体系表,还是

---

① 李宇明:《中文国际传播的动力问题》,《全球中文发展研究》2023年第1期,第25—26页。
② 中华人民共和国外交部:《中国同西班牙的关系》,2024年4月,https://www.mfa.gov.cn/web/gjhdq_676201/gj_676203/oz_678770/1206_679810/sbgx_679814/。
③ UN Tourism,总部设在西班牙马德里。
④ 李乾超、杨漱晗、陈晨:《西班牙中文教学资源发展特征、现实挑战及提升策略》,《民族教育研究》2022年第6期,第158页。

编写外语教材的指南。① 该框架由欧洲理事会于2001年以英语和法语发表。2002年,西班牙教育部联合塞万提斯学院、卡斯蒂利亚-莱昂自治区政府和阿纳亚(Anaya)出版社共同翻译并出版了西班牙语版本,成为西班牙外语教学的框架性标准。②

《欧框》的发布与实施为建立区域性统一语言政策和标准提供了范例。一方面,《欧框》以保护欧洲语言的多元化为宗旨,鼓励不同的母语者学习其他语言,促进交流与交往,消除彼此的偏见和歧视,进而实现自由流动、互相理解和团结合作③;另一方面,《欧框》汇集了前人研究成果并达成共识,对与语言教学及学习有关的各类术语进行界定和统一,对与教学及学习密切相关的各类理论及方法进行选择、归类和总结,这不仅是研究工作的最终价值体现,也可以为下一步的研究及实践指明方向、奠定基础④。

纵观西班牙的外语教学,佛朗哥时期曾经实行维护国家官方语言的语言政策,社会环境不鼓励学生接触和学习外语,随后的"地方语言复兴"运动又强调对各自治区官方语言的学习,挤压了外语学习空间。⑤《欧框》的推出以及西班牙"双语教学计划"⑥的实施,使西班牙的外语教学得以飞速发展。以英语为主的欧洲其他语言,均依据《欧框》制定了课程大纲,明确了相关教师资质,同时配有完善的教材和教学资源。这给其他外语教学提供了宝贵的经验。

---

① 欧洲理事会文化合作教育委员会编:《欧洲语言共同参考框架:学习、教学、评估》,刘骏、傅荣主译,北京:外语教学与研究出版社,2008年,第1页。
② Consuelo Marco Martínez & Jade Lee Marco, "La enseñanza de 'Chino para Hispanohablantes' dentro del Marco Común Europeo de Referencia (MCER)", *Didáctica. Lengua y Literatura*, 2011, Vol. 23, p.275.
③ 欧洲理事会文化合作教育委员会编:《欧洲语言共同参考框架:学习、教学、评估》,刘骏、傅荣主译,北京:外语教学与研究出版社,2008年,第2页。
④ 白乐桑、张丽:《〈欧洲语言共同参考框架〉新理念对汉语教学的启示与推动——处于抉择关头的汉语教学》,《世界汉语教学》2008年第3期,第59页。
⑤ 陈旦娜、魏婧、常世儒:《西班牙外语教育政策对当地中文教育的影响》,《天津师范大学学报(社会科学版)》2022年第1期,第33页。
⑥ Gobiernode de Espana Ministerio de Educación, Formación Profesional y Deportes, "El programa", https://www.educacionfpydeportes.gob.es/mc/british-council/programa.html.

随着中文教育在西班牙的稳步发展，如何在西班牙语语境下向西语母语者教授中文，实现中文教学的标准化和本土化，成为重要且热门的议题。此时，《欧框》已成为西班牙语言教学的指导性标准，中文教育自然也要对接《欧框》。比如，2005年至2007年期间，马德里康普顿斯大学的马康淑（Consuelo Marco Martínez）受马德里自治区教育厅委托，负责"中文衔接《欧洲语言共同参考框架》"项目，以此作为马德里官方语言学校中文课程大纲的基础。① 除了官方语言学校，各自治区现行中文课程大纲也都以《欧框》作为标准。2018年发布的安达卢西亚自治区大纲明确指出：中文的教学和学习过程必须对接《欧框》和我们的本土化教学模式。中文教育除了要考虑中文学习固有的复杂性，还必须考虑到第二或第三外语教学及其课程设置的灵活性，以适应学生的不同水平和实际情况。②

　　然而，对于《欧框》作为指导中文教学的标准，欧洲的汉学家和中文教育专家一直持批判性接受的态度。他们认为《欧框》是以欧洲语言为核心制定的语言框架，对中文是否完全适用存疑。白乐桑（Joël Bellassen）认为，汉语与《欧框》不完全兼容，其原因与单个汉字内部所包含的知识和信息不具有交际性密切相关。建立符合汉语、符合汉语教学、面向全球汉语教育的"标准"与"框架"是全世界汉语教学工作者共同的心声。③ 马康淑表示，在参考《欧框》设置中文课程的工作中遇到了巨大的困难，并不得不对理想化的内容进行人为的调整，以适应中文的特点。④ 海莲娜·卡萨斯-托斯（Helena Casas-Tost）和萨拉·罗维拉-埃斯特瓦（Sara Rovira-Esteva）对《欧框》在中文教育标准的应用方面提出了强烈疑问。

---

① Consuelo Marco Martínez, "Chino para españoles (adaptación del léxico y de las situaciones comunicativas del HSK al Marco Común Europeo)", *Centro de Lingüística Aplicada*, Madrid: Editorial Palas Atenea, 2007.
② Junta de Andalucía Consejería de educación, "Currículo De Chino Mandarín", pp. 8–9. Retrieved from https://www.juntadeandalucia.es/educacion/portals/delegate/content/6339ac87-2325-464a-95a1-518f5299de04.
③ 白乐桑、张丽：《〈欧洲语言共同参考框架〉新理念对汉语教学的启示与推动——处于抉择关头的汉语教学》，《世界汉语教学》2008年第3期，第70页。
④ Consuelo Marco Martínez & Jade Lee Marco, "La enseñanza de 'Chino para Hispanohablantes' dentro del Marco Común Europeo de Referencia (MCER)", *Didáctica. Lengua y Literatura*, 2011, Vol. 23, p.278.

她们认为不该生搬硬套欧洲语言的内容,中文与西班牙语是差异较大的两种语言,汉字系统与语音系统较弱的关联性,导致西语母语者需要更多的时间来掌握相应的水平。①

在教学实践中,《欧框》标准也存在问题。一方面,其内容偏重对语言教学、学习和评估等方面的描述性建议,注重学习者能力的分级,有详细的语言能力量表和评估量表,但缺少语言量化指标,即未规定某一级别应掌握的音节数、词汇量等,导致与中文考试 HSK 等级在等效关系上出现了不一致的问题。

表1是 HSK 中文水平考试说明中明确指出的与《欧框》的对应关系。其中,HSK 三级需要掌握600个词汇,对应《欧框》B1 等级。而在教学实践中,虽然《欧框》并未具体说明等级对应的词汇量,但实际数量远远高于 HSK 三级的要求——一项西班牙的提案建议 B1 级的中文教学应要求学生掌握1 800个汉字,德语区汉语教师协会提出 HSK 三级应对应《欧框》的 A1 级。②

表1 HSK 各等级与《国际汉语能力标准》《欧洲语言共同参考框架》的对应关系

HSK	词汇量	《国际汉语能力标准》	《欧洲语言共同参考框架(CEFR)》
HSK(六级)	5 000 及以上	五级	C2
HSK(五级)	2 500		C1
HSK(四级)	1 200	四级	B2
HSK(三级)	600	三级	B1
HSK(二级)	300	二级	A2
HSK(一级)	150	一级	A1

另一方面,以《欧框》为标准的中文教育体系内学生水平相对偏低,而学习时间又相对较长。比如,高校学生需要在4年本科专业选修所有中文课程,才可能毕业时达到 B2 水平;官方语言学校学生一般需要5~8年时间可获得 B2 水平

---

① Helena Casas-Tost & Sara Rovira-Esteva, "La adaptación del chino al MCER en España: un análisis crítico", *Inter Asia Papers*, 2018, No. 61, p.11.
② Ibid., pp.17-18.

证书。①

高校方面,如果学生想要提升中文水平,需要继续申请硕士学位。但实际上,很多西班牙大学生综合水平无法达到HSK四级,导致其在申请中国大学奖学金项目时缺乏竞争力。另一方面,虽然越来越多的官方语言学校开设了中文课,但是其水平以《欧框》的A级、B级为主。以安达卢西亚自治区为例,该区52所官方语言学校中有6所开设中文课。其中两所提供B2水平的课程,其他4所为A1—A2水平。即使如此,该区中文学习者人数仍保持增长的态势,2022/2023学年较2019/2020学年增长了59.38%。西班牙的中文学习者动力较强,学习热情高涨,这得益于我们前文所说的推拉合力。数据请见图1。

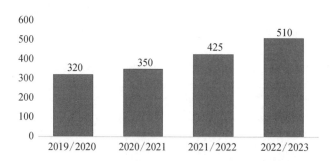

图1 安达卢西亚自治区官方语言学校中文学生注册人数

2. 西班牙教育体制内的中文课程大纲

如前文所述,西班牙各地区可以自主选择中文作为学科内容②,并自行制定中文课程大纲。一些自治区教育局已经率先发布了针对本地中文教育的课程大纲,以指导当地的教学工作。目前已发布的大纲如下。

---

① Helena Casas-Tost & Sara Rovira-Esteva, "La adaptación del chino al MCER en España: un análisis crítico", *Inter Asia Papers*, 2018, No. 61, pp. 10 - 13.
② 巴塞罗那孔子学院基金会编:《西班牙教育体制中的汉语教学状况——促进汉语进入西班牙国民教育》,2018年,https://confuciobarcelona-my.sharepoint.com/: b: /g/personal/chino_curricular_confuciobarcelona_es/ER-Bric1_UhMqGT7cDIOCY8BTV0jgPRvyz0Wyg2kJeEj0w? e = 9QGAjq。

2015年,安达卢西亚自治区议会通过《2016—2020外语教学发展战略》①,并于2018年公布了该区小学阶段的中文课程大纲。该大纲围绕语言能力规定了学习内容,详细阐述了学习中文对培养学生关键能力的重要作用。内容包括教学方法、学习目标、语言学习周期、交际功能、词汇和句法等方面。

2016年,卡斯蒂利亚-莱昂自治区通过官方公报制定了中学阶段中文课程大纲,针对初中开设"中文与中国文化课"。2020年《教育组织法修改法案》实施后,该区于2022年公布了依据新法修改的官方公报②,内容增加了数字化能力要求,强调对学生多元语言能力和跨文化视野的培养。

2020年,加泰罗尼亚自治区教育局发布了该区中学阶段中文课程大纲,同时发布针对教师的《教学手册》,详细介绍了各学年教学任务、教学内容和教学建议等。

3. 《等级标准》与《欧框》标准课程大纲对比分析

上述大纲编写均参考《欧框》,虽然侧重不同,但都针对中文的特点进行了量化和内容的细化,以指导具体的教学实践。鉴于《欧框》在对接中文教育时出现的种种问题,我们认为有必要对《等级标准》与《欧框》及以《欧框》为标准的课程大纲进行系统的梳理。

从本质上看,《等级标准》是中文专项标准,《欧框》是多语言标准,这是它们的根本区别。"《等级标准》最具标志性的特点是构建以汉语为中心、为主导的国家级中文水平等级标准新体系",其核心内容是制定了"'三等九级'的国

---

① Junta de Andalucía Consejería de educación, "Plan Estratégico de Desarrollo de las Lenguas en Andalucía. Horizonte 2020", December 2016. Retrieved from https://www.juntadeandalucia.es/export/drupaljda/plan_estrategico.pdf.
② Junta de Castilla y León, "Boletín Oficial de Castilla y León, Núm. 190", 30 September 2022. Retrieved from https://estaticos-cdn.prensaiberica.es/epi/public/content/file/original/2022/0930/08/lo-que-dice-el-boletin-de-castilla-y-leon-sobre-las-restricciones-covid-este-30-de-septiembre-b1de94a.pdf.

际化新框架"和"'四维基准'的国际化新体系、新规则"①,也就是针对中文特点的、科学的等级划分标准和能力基准;而《欧框》的内容以描述性、建议性为主,侧重学习能力、教学方法和评估标准,强调培养学生的交际和沟通能力。

对以《欧框》为标准的课程大纲进行分析,可以看出现行大纲均强调对学生关键能力的培养及多元语言能力的重要性。其主要特点如下:

(1) 以能力评估量化标准为主;

(2) 强调语言的功能性和交际性,规定句法及语篇能力;

(3) 对中文学习、教学标准以及中文等级的界定相对模糊;

(4) 缺少语音方面的标准;

(5) 词法方面没有统一量化标准。

三份大纲中仅有安达卢西亚自治区给出了三个学年的词汇量化表,即第一学年需掌握 120 个词汇,第二学年增加 203 个词汇,第三学年增加 142 个词汇,但并未对接现有标准。

就语言政策而言,《欧框》已经成为西班牙语言教学的主要指导标准,受到教育法的认可,并被广泛应用于西班牙的语言教学大纲中。相比之下,《等级标准》虽然备受西班牙本地中文教师的关注,但在与本地教育体系对接方面尚未有官方合作。

总的来说,《等级标准》与《欧框》侧重点各异,并不冲突。《等级标准》的科学性与严谨性可以填补《欧框》在针对中文特点开发大纲时所面临的诸多问题。例如,在语言水平等级划分方面,《等级标准》提供了更为科学和精细的等级,并覆盖听、说、读、写、译等关键能力。将《等级标准》融入本地可以促使西班牙中文教育体系更加科学化、规范化,提升教学质量。需要注意的是,《等级标准》的融合应对照《欧框》,利用《欧框》已纳入本地教育体系的优势,开辟《等级标准》本地融合的捷径。

---

① 刘英林:《〈国际中文教育中文水平等级标准〉的研制与应用》,《国际汉语教学研究》2021 年第 1 期,第 6 页。

四、《等级标准》与西班牙中文教育融合的发展策略

中文教育虽然已被纳入西班牙的国民教育体系①,但现行大纲差异性较大,区域性鲜明,各地区间的中文传播沟通有限,对本地的中文教育发展形成了阻力。我们认为西班牙的中文教育亟须建立标准化框架,使自治区间形成开放的中文动力传播子系统。考虑到《等级标准》与《欧框》事实上兼容,我们认为这是西班牙中文教育标准化发展的突破口。

1.《等级标准》与西班牙中文教育融合的可行性

2010—2012 年,欧洲四国四所大学开展了"欧洲汉语能力基准项目"②,参照英语、法语、德语和意大利语词汇表对汉语词汇进行评估和设计,尝试制定应用于欧洲的中文通用参考框架。依据《欧洲汉语能力基准》,学生在 A1 级别应掌握 320 个汉字,A2 级别应掌握 630 个汉字(含 A1 级别);A1—A2 的书面表达应掌握 940 个词语(含 A1 的 430 个词语);A1 级别口语表达应掌握 589 个词语(含书面表达的 430 个词语),A2 级别应掌握 1 245 个词语(含书面表达的 940 个词语)。③ 该能力基准与《等级标准》在字和词的量化指标上几乎对应,请见表 2。

至今为止,该项目尚未更新有关《欧框》A 级之外的其他级别的内容和标准,缺乏连续性,而且在西班牙并未得到重视和应用。④ 但是,《欧洲汉语能力基准》的出现为《等级标准》与《欧框》的融合提供了思路,即建立以《等级标准》为核心和标准框架、参考《欧框》的"西班牙中文能力基准"。这一策略有着非常重要的现实意义,是因为:

---

① 张丽:《西班牙中文教育与国际中文水平等级标准》,《国际汉语教学研究》2021 年第 1 期,第 20 页。
② European Benchmarking Chinese Language,简称 EBCL。参与院校包括英国伦敦大学、德国柏林自由大学、法国雷恩第二大学和意大利罗马智慧大学。
③ 宋连谊:《欧洲语言标准 CEFR 和欧洲汉语能力基准 EBCL》,《国际汉语教学研究》2016 年第 3 期,第 64 页。
④ Helena Casas-Tost & Sara Rovira-Esteva, "La adaptación del chino al MCER en España: un análisis crítico", *Inter Asia Papers*, 2018, No. 61, p.19.

表 2 《等级标准》与《欧洲汉语能力基准》A 级字、词量对照表

《欧框》语言能力等级		《欧洲汉语能力基准》建议词汇量	《等级标准》词汇量	《等级标准》等次	
A1	汉字	320	300	一级	初等
	词语	430(书面)—589(口语)	500		
A2	汉字	310/630	300/600	二级	
	词语	510/940(书面)—656/1 245(口语)	772/1 272		

注：表格中"/"前后两个数字，前面的数字表示本级新增的语言要素数量，后面的数字表示截至本级累积的语言要素数量。

第一，《等级标准》的基本特色除了以汉语为中心，还有"兼容并包，关注与公认的国际语言标准有效衔接"①。可以说，《等级标准》在西班牙的融合是它的天然使命。

第二，《欧框》在西班牙的语言实践方面积累了大量的经验，且已经融入本地国民教育体系。参考《欧框》是《等级标准》本土化融合的捷径。

如前文所述，现行大纲参考《欧框》的标准与中文教育的兼容存在问题。比如，缺少语言量化指标，专用词汇等的对应和翻译不一致，没有考虑中文特点设置大纲内容，缺乏对语音、汉字和书面语的详细指导和评估标准。因此，需要以《等级标准》的科学体系作为标准框架，以更好地适应中文教学需求，提高教学内容和评估标准的科学性和全面性。

西班牙《教育组织法修改法案》②的颁布与实施很可能为国家层面中文课程大纲的出台带来契机。2020 年西班牙教育法大改革，《教育组织法修改法案》颁布并逐步实施，计划到 2023/2024 学年实现新法取代旧法(即 2013 年的《教育质量改善组织法》③)。新教育法以学生为中心，注重学生的能力培养，力求提供更

---

① 刘英林：《〈国际中文教育中文水平等级标准〉的研制与应用》，《国际汉语教学研究》2021 年第 1 期，第 6 页。
② 简称 LOMLOE(Ley Orgánica de Modificación de Ley Orgánica de Educación)。
③ 简称 LOMCE(Ley Orgánica para la Mejora de la Calidad Educativa)。

加灵活和个性化的学习环境,给予各自治区教育局和学校更大的自主权。① 新法发布后,在中文教育方面呈现一些新动态,目前主要体现在课程设置方面。比如,卡斯蒂利亚-莱昂自治区申请在新法背景下,在初中阶段的每个学年都开设"中文与中国文化课"作为选修课,以保证中文学习的连续性。② 另外,在安达卢西亚自治区,一份教育局下设公立中学的声明提到,依据《教育组织法修改法案》,小学不得再有选修科目,因此学校申请,中文应像其他科目一样面向所有学生开设。《教育组织法修改法案》强调每个学生都有获得学习机会的权利,反对精英化教育,强调高效高质学习,注重对学生能力的培养。这意味着应该让更多的学生有接触中文学习的机会,这也是一些自治区和学校正在努力争取的目标。我们认为,应尽快促成《等级标准》在本地的融合,若中文大纲出台,将有据可依。

2.《等级标准》在西班牙融合的发展策略

针对西班牙的中文教育情况,我们认为《等级标准》在西班牙的融合应考虑以下策略。

一是建立《等级标准》指导下的"西班牙中文能力基准",作为本土化标准体系的指导性内容。

---

① 教育法改革重点内容如下:第一,课程设置应致力于培养学生能力;第二,取消可评估的学习标准;第三,制定最低教学要求,在官方语言为双语的自治区中,这些要求将占学校课程时间的50%,而在非双语自治区中,这些要求将占60%;第四,取消课程模块分类,课程将不再设置主干课程、专项课程和自主课程;第五,教育和职业培训部将建立一个部门与自治区合作,审查和更新课程;第六,包容教育将成为基本原则,以满足学生多样化的需求;第七,通过"学习设计原则"(Diseño universal de aprendizaje)的组织方式、教学法和课程准则进行教学,确保儿童权利,给予必要的支持;第八,实施基于能力培养的个性化教学,让学习提质增效;第九,加强不同学段间的协调,以确保学习的连续性;第十,促进正规教育与非正规教育的融合,保障学生全面、个性发展;第十一,取消中小学毕业考试。参见 https://educagob.educacionfpydeportes.gob.es/lomloe/cambios-curriculo.html。
② El Día de Segovia, "Los centros se preparan para incorporar el chino como optativa", 16 January 2023. Retrieved from https://www.eldiasegovia.es/noticia/z20c564fe-b5b9-846c-8d473bda65a340c3/202301/los-centros-se-preparan-para-incorporar-el-chino-como-optativa.

该基准的建立应考虑到"科学性"和"可行性"。一方面,必须以《等级标准》为核心,确立"以汉语为中心"的科学标准化体系。《等级标准》提出的"'三等九级'的国际化新框架",是科学的框架体系,它充分考虑到中文书面语的重要作用①,设立了明确、切合实际的国际中文教育目标体系②,应作为本土标准的支撑内容。另一方面,应将《等级标准》与《欧框》对接,这是实现《等级标准》本土化的重要一环。具体来说,应考虑将《等级标准》的"四维基准"各项能力对照《欧框》的六个能力等级,制作对应的能力量化指标。

此外,基准应依据《等级标准》的两个 5%概念对"四维基准"的各项能力进行本土化调整。两个 5%概念是指,为了方便大家能够更好地、更灵活地、更方便地、更有针对性地基于本地区的教学特色编写教材,进行教学改革,《等级标准》有两个灵活空间,分别可以"替换"和"加减"5%的内容。③ 这一科学性设计允许《等级标准》在与西班牙中文教育融合时,可以因地制宜,考虑当地学生的学习特点和学习习惯,在音节、汉字、词汇、语法方面均可以进行微调,从而实现真正意义上的本土化转变,指导当地的中文教学。

二是对本土培训师进行《等级标准》的专项培训,指导教学实践。

缺乏稳定的中文教师队伍是西班牙中文教育面临的另一个挑战。由于中文尚未被全面纳入本地教育体系,能够符合本地中小学教育法规定的中文教师"凤毛麟角"④,这导致很多学习者将中文看作"加分项",更愿意在其他领域寻找工作机会。面对这一现实,应定制长期目标,先建立起优质的本土培训师队伍,通

---

① 陆俭明:《国际中文教育的发展要顺应时代发展的大趋势》,《全球中文发展研究》2023 年第 1 期,第 208 页。
② 刘英林、李佩泽、李亚男:《〈国际中文教育中文水平等级标准〉的中国特色和解读应用》,《国际汉语教学研究》2022 年第 2 期,第 31—38 页。
③ 第一个概念是替换 5%。比如中国食品里最主要的是米饭、面条、馒头,在海外最主要的食品是面包,国内教学中"面包"这个词可以是比较靠后的。根据本土的词汇、汉字的掌握情况,教师可以灵活替换 5%。第二个概念是加减 5%。根据本土的需要,发达地区教师教授词语可以加 5%,欠发达地区教师教授词语可以减 5%。比如教师若觉得"城乡"比较难,可以将其减掉。刘英林:《〈国际中文教育中文水平等级标准〉的研制与应用》,《国际汉语教学研究》2021 年第 1 期,第 8 页。
④ 陈旦娜、魏婧、常世儒:《西班牙外语教育政策对当地中文教育的影响》,《天津师范大学学报(社会科学版)》2022 年第 1 期,第 32 页。

过对培训师进行"标准化"主题培训,统一和规范教学框架。在《等级标准》的指导下,再由本土培训师展开培训,制订适合各自治区的具体课程计划,指导教学实践。通过这一模式,西班牙中文教育将逐步规范师资队伍,实现教学实践的标准化,从而提升教学质量。

三是开发配套教材和数字资源。

在教学资源的开发和使用上,西班牙的中文教育同样面临着缺乏标准化体系的问题。一般来说,教材开发需要有指导性的课程大纲。然而,正如前文所述,各自治区语言教育政策的差异导致所开发的教材具有鲜明的本地特征。例如,在教材方面,安达卢西亚自治区依据大纲开发的针对该区中小学课堂的本土教材,适用范围仅限于自治区内部,且使用率较低[1];而加泰罗尼亚自治区的大纲和教师《教学手册》以加泰罗尼亚语书写,如果任课教师并非加泰罗尼亚语母语者,且仅接受过西班牙语培训,教学可能会遇到困难。没有大纲的自治区教材的开发和使用情况则更加复杂和不统一。

因此,以《等级标准》为指导,开发配套教材和数字资源至关重要。这不仅能够弥补各自治区教材差异所带来的问题,还能通过统一的数字资源共享平台,实现教学资源的标准化和普及化,加速《等级标准》与本地的融合。此外,通过网络,这些资源可以覆盖其他西语国家,扩大影响,支持教师在不同地区开展更为规范和高效的中文教学。

四是规范评估体系,实现官方中文考试互认。

2005年,欧洲议会批准了Europass的实施,其主要目的是通过统一学术和职业信息,方便学生和工人在不同国家之间的流动。Europass包含语言水平证明,即"语言护照"(Pasaporte de Lenguas Europass),目的是使用《欧框》的六个等级(A1和A2,B1和B2,C1和C2)体现各语言技能(听、说、读、写)的水平。[2]西班牙官方语言教育机构的水平证书均对接《欧框》,方便学生在欧洲地区使用

---

[1] 李乾超、杨湫晗、陈晨:《西班牙中文教学资源发展特征、现实挑战及提升策略》,《民族教育研究》2022年第6期,第157页。

[2] Consuelo Marco Martínez & Jade Lee Marco, "La enseñanza de 'Chino para Hispanohablantes' dentro del Marco Común Europeo de Referencia (MCER)", *Didáctica. Lengua y Literatura*, 2011, Vol. 23, p.276.

"语言护照"。

  目前,HSK考试尚未与本地的官方语言机构实现考试等级的互认,导致西班牙的中文考试水平证书并不统一,在实际应用时受限。《等级标准》发布后,中文水平考试也在逐步更新与改革,上文提到的HSK各等级与《欧框》的对应关系明显已不再适用,迫切需要做出调整。实现中文考试互认需要中西双方的努力,也需要考虑到考试本身对西班牙学生的亲近感和接受程度。2023年,西班牙已开始进行7—9级HSK考试,但实际情况是,由于翻译部分没有西班牙语文本,学生只能通过英语文本进行考试。这种情况限制了本土学生参加考试的积极性和成功率。

结　　语

  纵观而论,西班牙的中文教育事业目前正处于关键时期。西班牙的中文传播体系受到"新汉学"形成的持久拉力,中国综合国力发展带来的经贸、科技和文化强拉力,以及语合中心的支持形成的推力共同作用。然而,各自治区中文教育发展的差异性和国家层面课程大纲的缺失,导致西班牙中文教育的标准化进程缓慢,使本地中文教育处于瓶颈期。

  为了解决这一问题,我们对比了《等级标准》与《欧框》,以及西班牙各自治区的现行中文课程大纲,发现《等级标准》在本地的融合不仅可行,而且非常迫切。具体来说,应以《等级标准》为核心,参考《欧框》,积极开发本土中文能力基准;此外,从师资队伍的稳定性建设,到本土教学资源的开发,再到考试评估体系的互认,都需要进行系统性改革,以实现各自治区中文教学的标准化和规范化。这将有助于将西班牙的中文教育从"欧洲中心"转向"汉语中心",增强西班牙中文教育的科学性和规范性,推动其进一步的发展。

Exploring Standardization of International Chinese Language Education in Spain

WANG Xiaoling

Complutense University of Madrid

Abstract

Chinese language education in Spain faces the challenge of lacking a unified national standard. Each autonomous community has implemented region-specific language policies to develop local Chinese education, resulting in significant differences that hinder the dissemination of Chinese. Therefore, establishing a national standard is urgently needed. To ensure that the *Chinese Proficiency Grading Standards for International Chinese Language Education* can be effectively implemented and integrated with the local education system, it is essential to establish a "Spanish Chinese Proficiency Benchmark" under the guidance of the *Grading Standards* as soon as possible. This benchmark would serve as a localized standard to guide practical teaching and standardize local Chinese education. Additionally, a multi-faceted approach should be taken in the following areas: teacher training, development of teaching resources, and application of assessment systems. Firstly, optimize the stability of the teaching team by providing specialized training for local trainers; secondly, develop local textbooks and digital resources to achieve standardization and widespread accessibility of teaching resources; finally, promote the mutual recognition of official examinations for better use of the HSK exam certificate. These measures will comprehensively advance the standardization of Chinese language education in Spain and pave the way for the introduction of a national curriculum framework.

Keywords

Chinese Proficiency Grading Standards for International Chinese Language Education; standardization; international Chinese language education; curriculum framework; Spain

汉学家专栏

主持人语*

梁　霞**

今年春天，华东师范大学丁安琪教授跟我谈起她负责的刊物想开辟一个专栏，刊登成功中文学习者的回忆文章或者采访录；我也想借这个栏目逐步收集不同学习者的学习经验，我们二人的想法可谓不谋而合。

多年来，我一直有个强烈的愿望，就是收集成功中文学习者的学习体会或者访谈记录，以求发现他们作为一个群体取得成功的奥秘与共同规律。这一愿望在2016年10月得到了初步的实现。其时，普林斯顿大学北京班邀请了18位毕业于普林斯顿大学、普林斯顿大学北京班或者明德暑期中文学校的学生在普林斯顿大学校园召开了题为"汉语如何改变了我的一生和事业"的研讨会。这是中文教学领域一次别开生面的大会，来自美国学界、政界、商界等各领域的成功人士一起分享了他们学习中文的经验和体会（详见《国际汉语教学研究》2017年2期发表的拙作《汉语国际教育研究的另一视角——从成功中文学习者群体的角度看中文学习的过程和规律》），对改进中文教学提出了很有启发意义的见解。

本期专栏将刊登两位美国中国学研究领域的学者的回忆文章。第一篇出自圣路易斯华盛顿大学中国文学与比较文学讲座教授何谷理先生的手笔。何教授是美国研究明清时期通俗文学和戏剧的知名学者，曾在圣路易斯华盛顿大学任教达43年之久，其间培养了数十名优秀的硕士、博士研究生，他们大多数现在在

---

* 基金项目：2022年国际中文教育研究中外联合专项课题"美国高校中文教育调查及发展策略研究"（22YH31ZW）的成果之一。
** 梁霞，圣路易斯华盛顿大学东亚系教学教授，美国中文教师学会理事。

美国、欧洲和中国的大学任教。他发表了两部影响深远的学术专著和数十篇关于虚构和司法叙述、印刷文化和图书历史方面的文章。他的开创性贡献包括研究插图与文学文本的关系、司法与文学的关系等。他最近出版了一系列晚明和清初中国文学作品的英译本,如:话本小说集《豆棚闲话》,李渔的传奇剧《比目鱼》,章回小说《西游补》,章回小说《隋史遗文》,等等。他不但是优秀的文学研究专家、翻译家,也是优秀教师,他开设的中华文明课在圣路易斯华盛顿大学每次都有 150 人左右选课,创造了全系单门课注册学生人数的峰值;同时他还曾担任过美国中文教师学会理事,是杜克-华盛顿大学中国留学项目的奠基人之一,华盛顿大学复旦留学项目的重要推手,也是密苏里州中文教师证书项目的重要推动者。他高度尊重中文语言教师的学术专业性特点,对中文教学事业的发展做出了积极的贡献。何先生于 2018 年荣退。

第二篇回忆录为知名学者莫大伟(David Moser)先生撰写。他是密西根大学博士,曾对认知语言学对汉语和中国哲学的影响做过深入的研究。20 世纪 80 年代后期曾在北京大学做访问学者,后在北京外国语大学担任客座教授,教授翻译理论与心理语言学课程。2007—2017 年任首都师范大学 CET 学术项目中国研究主任,近年担任北京大学燕京学堂副院长。

莫老师曾在多个电视台担任过评论员和主持人,著有《十亿人的声音:一场定义现代汉语的斗争》(*A Billion Voices: China's Search for a Common Language*),也是《哥德尔·艾舍尔·巴赫》(*GEB*)一书的译者之一。他是名副其实的"中国通",已在北京生活超过 25 年,1991 年师从汪景寿教授研究相声,1997 年拜著名相声演员丁广泉为师。他还曾以美国爵士音乐家的身份,与著名二胡演奏家卞留念、数码乐器演奏家楚小帅组成红黄蓝乐队,堪称"新民乐运动的先锋"。

学中文

[美] 何谷理[*]

> **提要**：本文回顾了笔者60年来学习中文的经历，希望借助对个人学习经验的总结，从学习者的视角，提出一些对当今中文教学工作有所助益的想法和体会。笔者最早的外语学习经验是在高中阶段选修西班牙语和德语课获得的。那两门外语课的老师都侧重语法教学，但是学生们都没有听说方面的训练。大学时期选择学习中文是因为发现自己对某些自然科学基础课缺乏天分以及对外国语言、对中国的历史文化的浓厚兴趣。那时密歇根大学的中文课程也很强调句型和语法结构以及词汇训练，每周有听写，一年之后我已经掌握了1 000个左右的汉字。我上大学三年级的中文课时已经开始阅读现当代中国文学作品了，当时采用的课本是耶鲁大学的系列教材。经过三年的学习，大学毕业时得以用美国政府"关键语言项目"的经费资助，获得了去哥伦比亚大学跟夏志清先生攻读中国文学博士学位的机会。研究生时代的学习使我认识到原来的中文基础是远远不够的，还要花大力气坚持钻研。我中文口语

---

[*] 罗伯特·何谷理(Robert E. Hegel)，美国圣路易斯华盛顿大学中国文学与比较文学教授，2018年荣休。

能力的真正提高是到中国台湾在汉语环境中工作了一段时间以后。中文听说读写四项语言技能的关系是彼此依存、相互促进的,而不是彼此割裂或对立的。改正学生的错误发音、学习汉字都是必要的。

关键词:学习语言的天分;学习语法;记住文字;留学的机会;在汉语环境中工作

Learning Chinese

Robert E. Hegel

Abstract

In the 1960s there were far fewer opportunities to study Chinese in the United States than there are now. My instructor at the university emphasized grammar, requiring that we memorize grammatical patterns and Chinese characters. Yet in graduate school classes we students were rarely required to speak Chinese. It was only while working in a Chinese language environment in Taiwan that I had the opportunity to speak Chinese constantly and finally develop fluency in speaking.

Keywords

talent for learning language; methods of study; memorizing Chinese characters; opportunities for study abroad; working in a Chinese language environment

I began studying the Chinese language during the fall quarter of 1966. Because that was so long ago, nearly sixty years, I surely don't remember all the difficulties I had at the beginning. Consequently I'll just point out some of the problems I've confronted since that time, the ones that may be most helpful for language teachers.

First, why did I start studying Chinese? In high school I was interested in every subject: mathematics, science, history, literature—and the two languages I studied at that time, Spanish and German. We were taught grammar rules, with little conversation, although as a final project for second-level Spanish I wrote a simple little story using my limited vocabulary. I graduated from high school in 1961. That was the early stage of the age of space exploration: both the US and the USSR had launched earth satellites in preparation for sending people into space. I found those developments very exciting and wanted to participate, and so I chose mechanical engineering as my major; I wanted to be a rocket scientist.

But no matter how hard I studied, I just could not understand the basic calculus required for all engineers. I just had no talent（天分）for mathematics. To choose a new major I thought about what had been easier subjects for me, and languages were the first choice. Studying the European languages had been easy and fun, and I wanted a new challenge. I discovered that my college, Michigan State University, offered Chinese language courses. Realizing that I knew almost nothing about China, then one-fourth of the world's population, I thought I'd try this new language. In addition, I found written Chinese to be mysterious and beautiful; that was also an important reason behind my choice of Chinese to study.

Our Chinese professor, Wang Penglin（王鹏麟老师）, was a doctoral candidate in Linguistics at Cornell University. As a linguist, he concentrated on teaching us the rules; our first- and second-level Chinese classes met eight hours each week, three of those hours in the language laboratory. Wang Laoshi was from a Beijing family; he spoke the standard version of what was then called Guoyu（国语）and insisted that we students should learn "correct" pronunciation. He began the course by explaining the sound system of

Putonghua（普通话），how the four tones（四声）worked—and how to make these sounds. But he spent less time on explaining pronunciation than he did on grammar. Every day we had grammar drills; with lots of practice we did rather quickly memorize basic sentence structures as we slowly learned vocabulary. (We did complain about practice exercises that we felt were boring, but we did succeed in being able to use those patterns to make our own sentences.) We practiced speaking by repeating sample sentences from our textbook and by making up our own.

　　Very early in that first academic quarter Wang Laoshi began to introduce Chinese characters. As he insisted on proper pronunciation, he also insisted on the correct stroke order and balance in writing *fantizi*（繁体字）(even now I still have difficulty recognizing some *jiantizi*［简体字］). Our first week included saying nihao（你好）and xiexie（谢谢）and writing yi, er, san, si, wu （一、二、三、四、五）. Our textbooks were the Yale series, revised versions of textbooks prepared for US servicemen who were stationed in or near China during the Pacific War (World War II) in the 1940s. *Speak Chinese* was written in the Yale system of Romanization; our readers were the *Read Chinese* series. The two were not fully coordinated; we often learned to write words we had not yet learned in the basic spoken language textbook. Wang Laoshi insisted that to learn Chinese necessarily included learning to read and write. To that end, every Friday we had a character quiz in which he would pronounce the words and we would write down the traditional characters. Altogether we studied 1 000 characters that first year. Others complained about how hard it was; for me it was hard, but I loved learning this complex way of writing. I spent countless hours writing characters, both to memorize how to write them and to make them look like our models. (Although my characters were always "correct" and legible, they were seldom attractive; some years later my calligraphy teacher in Taiwan sent me away after six weeks working with a

Chinese writing brush [毛笔]; I wasn't making any progress, he said.)

I began the study of Chinese during my second year at the University; during my third year I took second- and third-year Chinese courses simultaneously. Apparently, Wang Laoshi was confident that I could survive these demands, although 90% of my study time that year was spent on Chinese and only 10% on all my other courses. Second level introduced more complex sentence structures and a heavy review of the 1 000 characters, many of which we had forgotten over the summer. And of course there were ever new characters as our vocabulary expanded. The third-year course used the Yale textbook on modern Chinese short stories. In effect, after one full year of studying Chinese I was introduced to Lu Xun（鲁迅）, Lao She（老舍）, Zhang Tianyi（张天翼）and others. Having read some May Fourth fiction in translation, I was tremendously excited to read some examples in the original. I made up my mind at that time: I wanted to learn more in order to be able to teach my equally ignorant fellow Americans about Chinese literature.

Perhaps it was its tremendous challenges that made me choose this career. Reading these modern writers, and later, premodern writers, both in Chinese and in English translation, made me painfully aware of how much I needed to know. That is, as a studious foreigner I could read the words, and I could understand what they said. But all too often, I did not know what they meant, the subtexts hidden for the sophisticated reader to discern. It was the earnestness of these modern writers that I found so inspiring, even if I did not fully comprehend the cultural and social clues they provided. It was that third-level literature course that made me decide to go to graduate school in Chinese studies.

During my final year at Michigan State University I had advanced reading courses in modern Chinese and began the study of wenyanwen（文言文）. The classical language course emphasized the origins of various allusions（典故）and adages（成语）(such as "huajiahuwei"［狐假虎威］) by reading selections from their source texts, *Stratagems of the Warring States*（《战国策》）and others. This was fun, but we did not learn guwen（古文）grammar, unfortunately; the instructor's explanations of these texts were in modern Chinese, not all of which I could understand. In graduate school I had several courses in classical language, the entire first year of which was all on grammar; we would read a sentence aloud and translate, explaining the grammar of each. Even now I find myself decoding difficult passages in wenyanwen.

I graduated from Michigan State University in 1965 as one of the two first Chinese majors. At that time, the US Government was offering four-year fellowships for American citizens to study the "critical languages"（Chinese, Russian, Vietnamese, etc.）at the advanced level. Without that financial aid I could never have been able to attend graduate school. I was admitted to the doctoral program at Columbia University in New York to study with Professor C. T. Hsia（夏志清）. I was proud of what I had learned as an undergraduate and looked forward to new challenges. Unfortunately, I was very poorly prepared for serious graduate study.

Because I had nominally taken fourth-level courses at Michigan State, I chose fifth-level Chinese at Columbia. That was a big mistake: instead of simply being able to read and understand the analytical approaches of important secondary works in Chinese history, our texts for the course, I spent hour after hour just looking up words I had never seen before. That was because my study of the language to that time had been neither as broad nor as systematic as my classmates from other universities, some of whom had already spent a year or two in intense language study at the Stanford Center in Taiwan. The Chinese program at Michigan State was new, with few students and fewer faculty—just Wang Laoshi and a teaching assistant from Taiwan, who was a history major rather than a specialist in second language acquisition. Our drill instructors were the more advanced students in the program who could only monitor our ability to repeat pattern sentences. I was invited to take third-level before I was prepared to do so because there was only one other student in that class, not because I was ready to read sophisticated modern fiction.

Quite naturally, graduate courses at Columbia were demanding: we were expected both to absorb huge amounts of factual information (dates, names, titles, places, etc.) and to master the approaches to research that our professors demonstrated. Although this was not the case in other disciplines, instead of classroom discussion, Professor Hsia's seminars were comprised of his lectures with reading aloud and translating fiction and drama texts on the part of the students. He would explain how he understood the texts we read as models for our own research. I could only study even harder than I had as an undergraduate. Through intensive course work on literature and on its political, intellectual, and social contexts I came to feel more confident in my understandings of what writers meant to convey in their writings. But I had no illusions about my accomplishments: I was still reading literary texts as a foreigner, while what I really wanted to understand was what they meant in their original contexts, to both writer and reader.

Another problem for foreign language learners at that time was dealing with various romanization systems. The Yale system was only used in their textbooks, so that it was useless to us outside the classroom. We had to master the Wade-Giles system to use most reference books written in English. Then there was the modified Wade-Giles system found in many English language publications from China (which deleted the aspiration marker' in distinguishing Ch' [chang in *pinyin*] from Ch [zhang] and the umlaut ¨ that distinguished Yu [you] from Yü [yu]). The most useful bilingual dictionary for guwen at that time was in French romanization, just to make things harder. Some Western scholars complained when pinyin (汉语拼音) was introduced, but most of my generation of students applauded the shift to a simple and consistent system. I had a big chart of the 214 bushou (部首) of the *Kangxi Dictionary* (《康熙字典》) over my desk; learning them in their order was easy, given how much I relied on dictionaries organized by that scheme.

Reflecting on these decades of experience, I can see the deficiencies in my training that should at all costs be avoided. And I'm sure that all language programs today do successfully deal with these questions. The first and foremost, in my opinion, is that language learning must include all four skills. Native speakers have all four skills to some extent; so should foreign learners. Even as we use computers to type in Chinese, if we modern people want to maintain our intellectual and artistic ties with China's great cultural heritage, we must be able to read old texts and to appreciate the great art of calligraphy. To do so requires personal experience in learning to write just as Chinese children had learned to write in centuries past: by extensive practice in imitating good models. We need to read and write *jiantizi* for practical purposes, but *fantizi* far more clearly carry the thinking, the cultural legacy, of this unique system of symbols that characterized Chinese civilization for millennia. I was fortunate in having training in all four language skills from the beginning.

My second problem has an obvious solution: various levels of instruction should be integrated to combine new challenges with regular and systematic review, to help students maintain and grow their skills—and their confidence in speaking and writing—at the same time. Courses on Chinese literature taught in Chinese are wonderful ways to excite and inspire students. But the students need to be well enough prepared that they are challenged, not frustrated to the point that they drop out (as my fellow student did from third level at Michigan State).

I'm convinced that using a language outside the classroom is a crucial element in developing real linguistic competence. A major problem for me was that my first experience living in a Chinese-speaking context came only after I had completed all graduate coursework and had begun work on my dissertation. By that time I was fully aware that I am an average language learner. Those with far greater talent than I might not have to work so hard and yet be able to achieve fluency in Chinese. For me, the result of years of "read and translate" courses with never a need to speak extensively in Chinese was that my spoken language skills declined during my time in graduate school. Living and working in Taiwan for two years finally made it possible for me to develop fluency and finally to understand more fully what people meant by what they said.

After teaching English for my first few months in Taiwan I landed a position with an English language monthly magazine, *Echo*（英文《汉声》杂志）as reporter, translator, and assistant editor. My assignments involved spending many days each week traveling with the photographer and the reporter; our one common language was Chinese（中文）/mandarin（普通话）—a second language for all of us (although they were both bilingual in their native language [母语] and Chinese). We visited historic sites and interviewed people from all walks of life; we visited all the popular festivals (庙会). Not only did I have hours and hours of speaking and listening practice with these colleagues; working for the magazine introduced me to areas of popular culture and values that were barely mentioned in graduate school classes. Working in Chinese for nearly two years finally helped me better understand ways of thinking and speaking to a degree that could hardly be reproduced in a classroom. To me, living and working in a Chinese-speaking environment for an extended period was a crucial part of my education. Among other benefits, it gave me the confidence to look for the complexities in Ming-Qing fiction that I had missed before.

From dissertation research onward, my interests have focused on 17th century (明末清初) fiction and drama, especially novels (章回小说) and huaben short stories (话本小说). I found that period especially interesting because it was a time of enormous political and social upheavals and a time of great literary experimentation. Writers tried new forms, themes, and techniques for writing fiction and plays. Moreover, seventeenth-century fiction and drama commentators demonstrated ways to interpret these literary texts. Many of their insights seemed very familiar to me. These writers addressed both general human concerns and the specific needs of their society; I found their responses to the perils and promises of their times relevant to similar concerns of our own day. The considerable cultural differences between the seventeenth century and modern China, and the even greater differences between Ming-Qing culture then and that of the United States today, provide perspectives on ways to understand and to cope with our modern needs as well. Having a broad and growing understanding of both Chinese language and cultural history has finally given me the confidence that, despite being a foreigner to China, I could understand and teach Chinese literature as true and often profound expressions of the human spirit, the common humanity that binds all cultures together. Being a successful scholar and teacher, in my opinion, requires acceptance of the mutual comprehensibility of human cultures as a foundation for the exploration of the inevitable differences between traditions, groups, individuals, and literary works though time. This is, to me, why literature is so important in humanistic study in general.

Finally, some general thoughts on language teaching and learning. Should the instructor correct every mistake a learner makes? My instinct is to say yes; I really wanted to sound authentic by being able to produce the pronunciation and grammar of a native speaker. However, it is also important that the learner be fluent and able to converse easily, even if his pronunciation is substandard and he occasionally makes mistakes in grammar. The key question there is whether a language learner can communicate his ideas effectively. A good friend of mine, a distinguished scholar, regularly mispronounces some words and seldom articulates the tones. And yet when he interviews people—and both sides know the subject they are talking about—he has no difficulty asking questions and presenting his own ideas effectively. He has an extensive working vocabulary for his profession and perfect confidence in his ability to communicate; these seem to be the essential elements for his success. He is an example of a learner whose small errors were not corrected and whose conversational abilities were encouraged. But for me, given my training, I personally feel that learners should be strongly encouraged to sound like native speakers. When we do, people will listen to what we say and will not be distracted by our foreign accent or our mistakes. This requires that the instructor both provides excellent models and corrects the inevitable errors that learners make—before incorrect pronunciation and grammar become habitual for the learner.

Nineteenth-century foreign scholars of China generally assumed that a knowledge of modern Chinese was irrelevant for understanding the classic texts of the Chinese tradition. My experience—as well as that of other generations of twentieth- and twenty-first-century students of Chinese—shows just how short-sighted that opinion was. Having studied Chinese writings for sixty years, I find that distinctions between oral and written traditions, between classical and vernacular writing styles, between 'high' culture and popular culture—all seem arbitrary in light of the constant interactions among all aspects of culture. Studying the ways that China's traditions differ from those of other parts of the world, for Chinese students as well as for foreigners, is a big undertaking, but it opens the door to a more general and a more nuanced understanding of what it means to be human.

我是如何学中文的

[美] 莫大伟*

> **提要：** 我的中文学习之旅充满了不寻常与巧合，它始于高中时与两名台湾交换生的偶遇。此经历让我对中文产生浓厚的兴趣，并且通过日常生活中的非正式学习和自我探索，我逐渐敲开了中文语言的大门。在波士顿，我经常光顾中餐馆，对菜单上的中文字符尤为青睐。我购置了一本初级中文教材作为指导，同时邀请中国朋友到家中，用中文交流并录制对话，以提升自己的口语表达能力。听力理解是一大挑战，但我通过反复听录音带，克服了这一难题。在印第安纳大学攻读硕士学位期间，我偶然结识了一位热爱音乐的计算机科学教授。他的著作正在被翻译成中文，这让我有机会前往北京大学参与翻译工作。在北京大学，我不仅参与了翻译，还开始接触并研究相声。我把相声定为硕士论文的研究主题，并有幸采访了多位著名的相声表演艺术家。这段经历不仅极大地提升了我的中文水平，更让我深切体会到了成为"另一个语言世界中的自己"的奇妙感受。回顾过去，我深刻体会到沉浸在中文环境中的重

---

* 莫大伟（David Moser），美国密歇根大学中国研究专业硕士、博士，现任北京首都师范大学外国语学院副教授。

要性,以及通过个人兴趣和经历提升自己中文词汇的有效性。它已悄悄地改变我的人生,使我成为一个更加多元化和全球化的人。每个人的学习经历都是独一无二的,我们的词汇反映了我们的"自我"——我们的兴趣、才能和个人经历。要成为一个真正会说中文的人,就必须置身于一个这样的环境:你的朋友、老师、同事和亲人都是中国人。

关键词: 中文学习;独特经历;沉浸环境;个人兴趣;多元化和全球化

How I Learned Chinese

David Moser

Abstract

My Chinese learning journey was full of surprising events and coincidences. It began with a chance encounter with two Taiwanese exchange students in high school. This experience sparked my strong interest in Chinese, and through informal learning and self-exploration in daily life, I gradually became obsessed with the Chinese language. In Boston, I often visited Chinese restaurants, and was particularly curious about the Chinese characters on the menu. I bought an elementary Chinese textbook as a guide, and invited Chinese friends to my home to have conversations in Chinese and record conversations to improve my oral Chinese. Listening comprehension was a big challenge, but I overcame this difficulty by repeatedly listening to these tapes. While studying for my Master's degree at Indiana University, I met a computer science professor who, like me, loved music. His book was being translated into Chinese, which gave me the opportunity to go to Peking University to participate in the translation work. At Peking University, I not only participated in the translation, but also began to participate in a Chinese humor form called "crosstalk". I chose crosstalk as the research topic for my Master's thesis and had the honor of interviewing many famous crosstalk performers. This experience has not only greatly improved my Chinese proficiency, but also gave me a deep appreciation of the feeling of being "myself in another language world". Looking back, I deeply appreciate the importance of immersion in a Chinese environment and the effectiveness of improving one's Chinese vocabulary through personal interests and experiences. Learning Chinese has quietly changed my life, and has made me a more diverse and globally aware scholar. Everyone's learning experience is unique, and our vocabulary reflects our "self"— our interests, talents and personal experiences. To become a true Chinese speaker, you must be in an environment where your friends, teachers and colleagues are all Chinese.

Keywords

Chinese learning; immersion environment; crosstalk; translation; diversity and globalization

I cannot explain why I became fascinated with the Chinese language, but I do believe it involved the Chinese concept of *yuanfen* (the fate that brings people together). My path in studying Chinese was somewhat unusual. In my 35 years of studying Chinese, I never took a formal course in the language. What drove me to learn the language? My interest may have started when I was in high school. My parents had befriended two female exchange students from Taiwan who attended their church, and they invited the women to live free-of-charge in a spare bedroom in our house.

I enjoyed chatting with the two students, making Chinese food with them, and learning about their language and culture. When I asked them to teach me a Chinese sentence, they thought that rather than teach me a mundane phrase such as "*Ni hao ma?*" ("How are you?"), it would be amusing to teach me a tongue twister. Therefore, the first Chinese I ever learned was a well-known tongue-twister.① The two students thought my performance of the tongue-twister was so hilarious that

---

① This classic Chinese tongue-twister was *Chi putao bu tu putaopi, bu chi putao dao tu putaopi*(吃葡萄不吐葡萄皮,不吃葡萄倒吐葡萄皮) meaning "When you eat grapes, don't spit out the grape peels; When you don't eat grapes, then spit out the grape peels."

they tape-recorded it and mailed it to a radio station in Taipei. Thus, my clumsy first attempts at Chinese were broadcast on Taipei radio. This was my introduction to the Chinese language.

I learned a few more words and phrases from the two women, totally by ear. They were not familiar with Pinyin, and *Bopomofo* was far too complex for me to master in a short time. I remember that they were amazed that I could hear and pronounce the four tones with little difficulty. I think my musical ability was an advantage for me in mastering the tones. Though I still often make tone errors, from the outset I never had any difficulty perceiving the tonal distinctions.

Eventually the two students moved back to Taiwan, and I temporarily abandoned Chinese to devote all my attention to my music theory studies. My goal was to be a composer.

Years later, after graduating with an undergraduate degree in music, I was working as a professional musician in Boston, Massachusetts. There were many Chinese restaurants near my apartment, and since I loved Chinese food, I spent many hours dining in these local restaurants. My fascination for Chinese was revived when I began to pay attention to the Chinese characters on the menu. I was especially captivated by the writing system, which seemed beautiful and mysterious. I began to ask the Chinese waiters how to pronounce the characters, how they were written, and what their meanings were. I found these informal study sessions to be great fun, and I began to scour the bookstores for beginning Chinese language books. I bought the first volume of the John DeFrancis series *Beginning Chinese*, published by Yale University Press, and this became my Chinese learning "Bible" for the next couple of years.

As my spoken Chinese improved, I began to invite some of my newfound Chinese friends to my home to chat in Chinese. I would ask them if I could tape-record our conversations to study on my own. To my delight, they were happy to oblige my request — many of them were tired of struggling with English in daily life, and welcomed the chance to relax and speak their native language — and by repeatedly listening to those tapes, I was soon able to speak and understand very simple sentences in Chinese.

My listening ability was still quite abysmal, however. It seemed I could never understand more than 10% of anything the other person said, and it didn't help that they all spoke with different accents. Someone from Fujian told me he had studied the philosopher "*Náozǐ*." He was referring to the Chinese philosopher Laozi, but because of his Fujian accent, the word sounded to me like the Chinese word for "brain" (*nǎozi*), so for several days I was under the misimpression that there was a Chinese philosopher named "Brain". I realized that, for me listening comprehension was the most difficult aspect of learning Chinese, and at the same time the most crucial skill. If I could basically understand what my interlocutor was saying, I could at least respond with a simple phrase like "Really?" or "That's very interesting." But if I couldn't understand at all what the other person was saying, the conversation was dead from the start.

Many of my American friends found my obsession with Chinese to be somewhat puzzling. What was the point of all this Chinese studying? When would I ever have the chance to make use of this esoteric skill of speaking Chinese? I admit I had no sensible answer to these questions. For reasons that are still unclear to me, I had simply become hooked on learning Chinese.

Two years later, my *yuanfen* with the Chinese language became more evident. I was then at Indiana University pursuing a Master's Degree in music composition. During my first year there, I happened to meet a professor in the Computer Science Department named Douglas Hofstadter. Doug was a great lover of music, and he had also spent several years learning Chinese at Stanford University. With these two interests in common, we became good friends. Doug had written a Pulitzer Prize-winning book entitled *Godel, Escher, Bach: An Eternal Golden Braid*, which was one of the first books on Artificial Intelligence and its implications for society and human progress. In 1985, Doug learned through a colleague that a team of translators at Peking University were beginning to translate his book into Chinese. Doug's book was quite complex, filled with technical jargon, esoteric topics, and playful dialogues filled with puns, acrostics, and all kinds of wordplay. He therefore took a great interest in the translations of his book, and was very much a perfectionist about the rendering of the wordplay.

"I want you to go to Peking University and join the translation team," he told me. "Your Chinese is good enough to at least check the translation for errors. I'll pay for your plane ticket and lodgings." Of course, he didn't have to ask me twice. This was a once-in-a-lifetime opportunity to immerse myself in Chinese language and culture.

When I arrived at Peking University, I found that several of the book chapters had already been translated into Chinese by three different translators. The year was 1986, and at that time, China did not have word processors or the Internet. This meant that the first drafts of the translation were all written by hand on stacks of ruled paper. The task of reading hundreds of pages of handwritten Chinese seemed very daunting, even impossible. I admit I was quite terrified. "I can just barely read printed Chinese," I thought to myself, "I might as well give up and go home."

Luckily, I had a "skeleton key": the English language source text. If the word "computer" was in the English original, then surely the word *jisuanji* (computer) must be in the translation. With this advantage, I was able to make great headway into checking the text for mistranslations. The translated text combined with the source text became my Chinese language "textbook" for the next two years. And in passing, I made great progress in learning how to read handwritten Chinese.

Of course, another annoying obstacle was the necessity of looking up a huge number of Chinese characters in the dictionary. Back in those "dark ages", we still had to look up characters by searching through long lists of radicals and Chinese character components, which made character search a frustrating steeplechase that could take several minutes. Thankfully, in this new digital age, the phrase "looking a word up in a dictionary" is an obsolete concept.

Being self-taught, I was always searching for interesting Chinese language materials that could improve my vocabulary and listening ability. Most Chinese textbooks at that time were rather boring and clichéd, so I began to seek out other kinds of printed material that could serve as a learning method. I was always interested in Chinese humor, and I bought many Chinese joke books, but reading short humorous passages did not help improve my listening ability. Luckily, I happened to meet a professor in Peking University's Chinese

Department, Wang Jingshou, who was an expert in Chinese verbal performing arts. He recommended that I listen to a humor form called *xiangsheng* (crosstalk), which turned out to be exactly the kind of language material I was looking for.

Soon I had amassed a stack of crosstalk tapes, and with the help of my friends, I began to transcribe the crosstalk performances so that I could study them more carefully. This humor form contained many aspects of the Chinese language I was interested in: Beijing dialect, puns, Chinese operas, and the lives of the ordinary Chinese people. After a few months of immersing myself in crosstalk, I decided to write a scholarly introduction to the art of crosstalk, to introduce the art form to English-speaking readers. Prof. Wang thought this was a great idea, and since he was friends with many crosstalk performers, he arranged for me to interview several of them.

And so it was that for the next few weeks, I was privileged to welcome famous performers such as Li Jindou, Jiang Kun, Li Wenhua, Hao Aimin, and Tang Jiezhong into my modest Peking University student dorm room. Based on these interviews, I was able to write a long article in English on crosstalk, which eventually became my Master's thesis at University of Michigan. My obsession with crosstalk was to change my life in many ways.

While I was studying crosstalk at Peking University, a young Canadian student in my dorm, Mark Rowswell, was invited on CCTV to perform a skit in Chinese. His character in the skit was named Dashan, and when the piece was aired on Chinese TV in 1988, Mark became an overnight sensation. Suddenly Chinese audiences all knew about this blond-haired, blue-eyed foreigner named Dashan, who could perform on TV in Chinese. This phenomenon led to a demand for Chinese-speaking foreigners to appear on television. Little did I know that this phenomenon would one day be a part of my life as well.

In the early 1990s, I began to be frustrated by the fact that I still could not read Chinese very well. While I could glean the essential information in any text, the effort was very strenuous and time-consuming. I realized that after more than 5 years of learning Chinese, I still had never read a book from beginning to end. And there was no fun in reading short stories or newspaper articles. Reading was a chore, not a pleasure. And I realized the main reason for this was the Chinese characters themselves.

This realization become quite clear one day when I was having lunch with three Ph.D. students in Beida, two were from China's mainland, and one from Hong Kong. I was trying to write a short note to my roommate saying that I had a slight cold, and asking about buying Chinese medicine. I wanted to write the word for "sneeze", *penti*, but I found I had no idea how to write *ti*, the second character in the word.① When I asked my three Chinese how to write the character, I found that none of them could write it. I found it astonishing that three Chinese Ph.D students could not write the characters for "sneeze" in their native language.

This was one of my first encounters with the "character amnesia" phenomenon, and it inspired me to write an article about the difficulty, the humorous title of which was "Why Chinese Is So Damn Hard."② This paper

---

① The characters for the word "sneeze" are 喷嚏 *penti*. Many educated Chinese people are unable to remember how to write the second character *ti* 嚏, even though the word is very common in daily usage.
② David Moser, "Why Chinese Is So Damn Hard", 2010. Retrieved from https://pinyin.info/readings/texts/moser.html.

was written in a humorous style, but the issues I mentioned were quite real. This short paper was gradually passed around by Chinese learners all over the world, and by now has been read by hundreds of thousands of readers worldwide. Of course, Chinese is much easier to learn now, what with the proliferation of digital tools and Chinese learning websites. But the paper evidently struck a nerve, and the basic points I raised are still somewhat valid.

I completed my Ph. D. at University of Michigan in 1993, and my thesis topic was on implications of cognitive linguistics on the Chinese language and Chinese philosophy. I was back in Beijing in 1994 teaching at the Beijing Foreign Languages University. I was expecting to dedicate my time exclusively to carrying out psycholinguistic experiments on Chinese subjects. But once again, by sheer chance, crosstalk became a big part of my life.

Prof. Wang at Peking University called me up one day. "David, I think it's time you start performing crosstalk instead of only studying the art form," he said. "A CCTV producer asked me to recommend a foreigner to perform a skit with Hou Yaohua, who is the son of famous crosstalk performer Hou Baolin. This will be a great opportunity for you!" I was reluctant at first. I was only a nerdy linguistics scholar, with no experience in the theater. How could I actually perform on national TV in Chinese?

However, once again this was a chance I could not turn down. The next week I began to rehearse with Hou Yaohua for the skit. I was, of course, very nervous about appearing on TV. I asked the producer how large the TV audience would be for this show. "About 400 million," the producer told me. I was scared out of my wits. I'd never performed in a skit before, much less a skit in Chinese. But when we performed the skit, I found that when reciting the lines "in character", I was able to speak more naturally and fluently. At least I made no mistakes, and the skit was very successful. The next day when I was out on the street, many people recognized me, and even asked for my autograph. I was experiencing just a taste of the fame that Dashan enjoyed.

Soon after, Prof. Wang recommended me to a crosstalk performer named Ding Guangquan. Mr. Ding was a disciple of Hou Baolin, and he had already taught a number of foreigners the art of crosstalk. Mr. Ding was one of the most kindest, most generous people I have ever met. He was very patient with my non-native Chinese, and he made every effort to revise his crosstalk scripts to accommodate my limited Chinese. I was suddenly appearing on TV or performing on the stage many times each month. As I became more familiar with the script I was able to relax and put myself into the character I was playing.

Performing with Mr. Ding regularly, I began to realize that many of the lines and phrases I was learning were gradually becoming a part of the vocabulary of my daily language. And this made me aware of the importance of repetition, of practicing the words and phrases over and over again, so that they could be mentally retrieved and uttered effortlessly. And I gradually came to the conclusion that speaking a foreign language is like acting in a play. The better you memorize your lines, the more fluent and communicative you become. The Chinese phrases feel unnatural and awkward at first, but as you master them, you suddenly become "yourself"; that is, your true personality — your "role" — is able to gradually emerge, and you become yourself in a different language world.

Perhaps the summit of my crosstalk experience was performing on the 1999

CCTV Spring Festival Gala show. Four disciples of Ding Guangquan, including Dashan were asked to perform what is called a *qunkou xiangsheng* (group crosstalk), four of us on the stage engaging in rapid-fire repartee. Though the skit was not actually very funny, the four of us had fun performing, and since this program is the most-watched program on Chinese TV, it was estimated that almost a billion Chinese people throughout the world viewed the show.

I sometimes regret that I never took a formal Chinese class. My basic skills are lacking in many aspects, and my grasp of grammar is somewhat idiosyncratic. But overall, my experience has been that the best way to learn Chinese is to pursue some aspect of Chinese culture, whether it be literature, music, arts, history, politics or comedy, and immerse yourself into that language world. Every human being is unique, and each one of us has a vocabulary the reflects who we are — our interests, our talents, our personal history. The person who you are cannot be found in a textbook or an educational video. The Chinese language digital tools we now possess are a miracle of technology, and have revolutionized the way we learn Chinese. But the only way to become a real speaker of Chinese is to immerse yourself into an environment where your friends, your teachers, your colleagues, and your loved ones are all Chinese. Only this way can you "speak the same language", and recreate your own self in a new language world. The effort is enormous, but the rewards are life-changing.

国家通用语言文字推广普及研究

西藏自治区国家通用语言文字推广普及问题的研究思路

王宝红[*]

> **提要**：通过对汉藏文化交流背景下西藏汉语文习得和使用历史的回顾，可以得知，藏族人民习得汉语文的现象在历史上不曾断绝，这就为当今西藏的国家通用语言文字教育打下了良好的基础。自西藏和平解放以来，藏汉双语教育的发展与汉语文教育的推进，为国家通用语言文字在西藏的推广普及起到了奠基作用。在新时代，西藏的跨越式发展，对西藏不同领域不同群体的国家通用语言文字能力提出了新要求，也由此产生国家通用语言文字在西藏高质量推广普及的紧迫性。对当下西藏自治区推广普及国家通用语言文字过程中存在的几个问题的思考，有助于我们找到新的研究思路，为制定在西藏高质量推广普及国家通用语言文字的有效策略提供理论基础。
>
> **关键词**：西藏；汉语文；双语教育；国家通用语言文字

---

[*] 王宝红，西藏民族大学文学院教授，华东师范大学兼职博导，西藏民族大学民族地区语言文字教育协同研究中心主任。

一、历史回顾：汉藏语言文化上的联系及
西藏汉语文教育的发展历程

（一）汉藏两民族的亲密关系

1. 人同根，语同源

考古最新发现显示，16万年前人类就已经在青藏高原活动。科学家通过遗传Y染色体的对比分析，证实汉藏民族同根同源，拥有共同祖先。①

汉语与藏语是史前的原始汉藏语发展出来的，两者之间有同源关系。据初步统计，汉藏语同源词或准同源词共有约3 000对。② 从原始祖语分化以后，汉语和藏语朝着不同的方向发展，成为亲属语言。世界第二大语系——汉藏语系，就是以汉语和藏语的名称概括与其有亲属关系的语言群。因此可以说，汉族与藏族人同根，语同源。

2. 藏语中的汉语借词

民族间的文化交流、经济往来、通婚等引发语言接触，语言接触最典型、最常见的现象是语言成分的借用。在语言三要素中，词汇是最活跃、最易变化、最易渗透的部分。藏民族在与汉族交往的过程中，特别是在吸收汉族先进的政治、经济、文化的同时，藏语也在不断吸收汉语词汇。自7世纪藏文始创，藏语借用汉语的词被藏文记录下来。

20世纪初以来，一些学者开始关注并研究历史上藏语中的汉语借词现象。历史上藏语从汉语中借用的词，主要分布于敦煌吐蕃文书、写卷、碑铭、简牍、辞书等文献中。语言是民族交流的基本工具，也是一个民族与周边其他民族间文

---

① 任树民：《汉藏同根同源历史踪迹溯源考》，《西藏大学学报（社会科学版）》2004年第2期，第22页。
② 冯蒸：《汉藏语比较语言学重要论著述评与初步研究——附论：提高汉藏语比较研究水平亟须编纂〈从现代汉语查找古汉语同义词的词典〉〈按韵母编排的藏汉词典〉两部基础性词典》，《汉字文化》2009年第1期，第20—47页。

化交流程度的晴雨表。藏语中大量的汉语借词和汉语中为数不少的藏语借词充分说明,汉、藏两个民族间关系密切,交流频繁。①

现代藏语继续借用吸收汉语的词,用以丰富自身。一些来自汉语的新词、术语,藏语已有规范译法,但是在非正式场合,藏语文化教育程度较低的人群一般说汉语借词,而在正式场合,藏语文化教育程度较高的人使用藏语的说法。

(二) 西藏古代、近代的汉语文教育

1. 唐代吐蕃贵族学习汉语文的热潮

公元 7 世纪吐蕃王朝建立,唐蕃之间通过使臣往来、王室通婚、会盟等活动,建立起密切的关系。吐蕃赞普重视学习唐文化,加强了唐蕃之间的交流往来。松赞干布既大力提倡推广藏文,令藏民学习藏文化,又令藏民学习汉语和大唐文化。唐时吐蕃人对学习汉语文与汉文化是十分重视的,学习汉语文的风气也十分浓厚。唐高宗时的吐蕃使臣仲琮,中宗时的名悉猎,都是精通汉语文的吐蕃学者。据统计,整个吐蕃王朝时期,唐蕃之间使臣交往共计 290 余次,其中蕃使 180 余次,唐使 100 余次。② 藏汉两族的友好往来,为西藏经济文化的发展起了积极的推动作用。"自从贵主和亲后,一半胡风似汉家"③,正是中原文化自唐蕃和亲以来浸润吐蕃社会、唐蕃之间交往交流彼此融入的盛况的写照。

2. 大规模的汉译藏活动

早在唐朝时,吐蕃藏族就开始从汉地大量引进翻译佛经、天文历算和医药等书籍。赤松德赞执政时,请汉僧到吐蕃翻译佛经、从事佛教活动,吐蕃也有一些佛经译师从事汉译藏的工作。除了把大量的汉文佛经译成藏文,藏族译师们还

---

① 罗伯特 B. 埃克瓦尔、波塞尔德・劳费尔:《藏族与周边民族文化交流研究》,苏发祥、洛赛编译,北京:中央民族大学出版社,2013 年,第 6 页。
② 石硕:《历史上藏人向中原地区的流动及与西藏社会发展的关联》,《中国藏学》2012 年第 2 期,第 33—39 页。
③ 陈陶:《陇西行》,见《御定全唐诗》卷七百四十六。

翻译了《尚书》《春秋后语》《孔子项橐相问书》等汉语文史学名著,以及占卜、医药等书。元朝政府召集吐蕃佛教学者同汉族等民族学者一起进行规模宏大的佛经核对勘察工作。① 翻译活动必然伴随藏、汉两种文字的交流。自吐蕃时期以来形成的重视翻译汉语历史文献的传统,延续至今。

根据劳费尔(Berthold Laufer,1874—1934)的观点,起源于我国春秋时期、以时间为线索记载历史事件的史书体例——编年体,从热巴巾统治时期开始,成为西藏人学习的楷模。藏语文学领域有着大量的汉文名称的转写,一些汉语的词被藏文音译进入藏语的文本时,效仿了汉语的风格,为藏语言增加了汉语的因素。②

3. 考古发现的汉藏对音资料及双语文献

从考古发现来看,吐蕃时代,藏族与汉族交往的主要场域在西北一带。唐代后期,吐蕃占据河、陇地方近百年,形成汉藏民族杂居局面,为汉藏民族民间层面互学语言创造了条件。在敦煌文书中,存有写于公元890年的吐蕃文、汉文对译字书《蕃汉字书》。③ 2006年出版的《敦煌吐蕃汉藏对音字汇》,从《藏汉对照词语》等18种汉藏对音或译音文献中整理出对音汉字1 432个。④ 在西域的考古资料中也发现大量汉藏双语文献。考古发现有力地证实了这一时期藏族民众学习和使用汉语文的历史事实。

4. 元明清时期藏族社会各阶层使用汉语的情况

13世纪中期,西藏纳入元朝政府管辖,内地大批人员入藏并长期定居,促进了藏汉通婚,形成血缘与文化的交融。在明代安多和康区藏族中,有一批兼通藏

---

① 陈楠、任小波:《藏族史纲要》,北京:中央民族大学出版社,2014年,第149页。
② 罗伯特 B. 埃克瓦尔、波塞尔德·劳费尔:《藏族与周边民族文化交流研究》,苏发祥、洛赛编译,北京:中央民族大学出版社,2013年,第120、121、139、150页。
③ 黄永武:《敦煌宝藏》第124册,台北:新文丰出版公司,1985年,第30页。
④ 聂鸿音:《〈敦煌吐蕃汉藏对音字汇〉读后》,《中国民族古文字与文献研究论文集》,黄健民主编,北京:中央民族大学出版社,2010年,第47—53页。

汉语言的民众,充任通事舍人的职务,在朝廷与西藏的联系中起到沟通交际的作用。① 清朝对西藏的管理进一步加强,清廷在西藏派有驻藏大臣,内地赴藏人员逐渐增多,清代笔记记录了不少藏族平民通习汉语的情况。

清代和民国时期,从北起甘青交界的河湟洮岷地区,经川西北藏地、康区到滇西北藏地这一南北向带状区域,汉藏通婚逐渐成为普遍现象。跨族婚姻中的夫妻双方必须通过学习达到语言互通的状态,其后代因父母影响而成为掌握汉藏双语的人才,借此成为沟通汉藏的"通司"群体的主干力量,客观上为汉藏文化交流做出了贡献。②

5. 清末以来西藏的汉语文教育

在西藏,通过学校教育途径学习汉语文的方式出现较晚。1906 年,张荫棠在藏期间,提出广设汉文学堂、创办汉藏文白话报等设想。1907 年,驻藏大臣联豫在拉萨设立汉文传习所,办学范围从拉萨逐渐推广到贡布、达木、山南等地。到 1908 年,据不完全统计,西藏已设立初级小学堂、藏文传习所、汉文传习所、陆军小学堂等 16 所学校。③ 这些学校的创办,对于在西藏地区推广学习使用汉语文、消除藏汉民族之间的语言隔阂、促进民族融合,有着重大作用。

民国政府在拉萨和昌都等地也创办过学校,以 1938 年设立的"国立拉萨小学"最为知名,1946 年前后该校学生规模达到 300 人,有藏族、汉族与回族,主要进行藏汉双语教学,教学效果较好,毕业生基本都通晓藏汉双文。④

历史上藏汉语言的接触,藏汉语兼通的情况,以及清末以来较正规的汉语文教育,为当今西藏的国家通用语言文字教育提供了历史借鉴,也打下了良好基础。

---

① 陈楠、任小波:《藏族史纲要》,北京:中央民族大学出版社,2014 年,第 167 页。
② 石硕、王志:《清代民国时期汉藏连接地带的汉藏通婚及其影响》,《民族学刊》2021 年第 5 期,第 87—88 页。
③ 韩达主编:《中国少数民族教育史》(第二卷),昆明:云南教育出版社,1998 年,第 281 页。
④ 常希武:《国民党在拉萨办学简介》,转引自张廷芳主编:《西藏少数民族汉语教学论文选编》,北京:中国藏学出版社,2007 年,第 51—52 页。

二、奠基作用：西藏现代汉语文教育的发展与国家通用语言文字的推广

（一）藏汉双语教育体系的建立

1951年西藏和平解放前后，人民解放军在进军西藏途中，先后在昌都、拉萨兴办了一批学校。1952年后，日喀则、江孜等地陆续办起一批小学。1956年，西藏第一所初级中学拉萨中学创立。1957年，在陕西咸阳创办西藏公学（1965年改建为西藏民族学院，2015年更名为西藏民族大学）。1961年成立拉萨师范学校。到1958年，西藏已有中小学及干校、公学16所，各类在校生近6 000人，西藏的现代教育开始起步。这一阶段，实行以藏语文为主兼学汉语文的教学原则，接受汉语文教学的人数逐渐增多。同时，西藏的一些主要城镇由单一语言社会逐步向双语社会过渡。到1965年西藏自治区成立时，西藏已有大中小学共1 831所，各类在校生72 000余人，其中90%以上为少数民族。① 从和平解放到西藏自治区成立（1951—1965），是西藏现代民族教育的创建时期，也是西藏少数民族汉语教学的初建阶段。

"文化大革命"时期，西藏的教育连同汉语教学经历了盲目的、畸形的发展阶段。"文化大革命"结束后，西藏迎来教育的恢复与调整时期。1980年，中央第一次西藏工作座谈会提出逐步发展小学教育、提高教学质量等指示。1983年，西藏提出并确立了教育改革的指导思想。1984年，西藏的教育格局得到调整，西藏少数民族汉语教学进入了规范建设阶段。在20世纪80年代，西藏的大中小学均展开汉藏双语教学。1987年，《西藏自治区学习、使用和发展藏语文的若干规定（试行）》中明确规定"学习和使用汉语"。1994年，《西藏自治区实施〈中华人民共和国义务教育法〉办法》以及西藏自治区第五次教育工作会议和中央第三次西藏工作座谈会，均明确规定了"汉语在教学中的地位"。经历了初创、形

---

① 周润年：《西藏教育70年发展的历程及成就》，郑堆主编：《纪念西藏和平解放70周年学术研讨会文集》，北京：中国藏学出版社，2021年，第355—357页。

成、发展与完善的几个实践阶段,到 20 世纪末,西藏逐步形成以藏语文为主、藏汉语文并用的双语教学体系。双语教育即汉语文和藏语文双语并行,教育的对象主要是西藏的少数民族,也包括在藏干部子女(汉族为主),教育的主要目标是培养西藏社会发展所需要的藏汉兼通的人才。

(二) 藏汉双语教育发展与汉语文教育的推进

西藏和平解放后,汉族各类人才相继进藏参加西南边疆建设。在拉萨,随着汉族人口的增多,一种新型的藏汉等民族杂居格局逐步形成。在新西藏的建设过程中,汉语文作为有效的交际工具,扩大了通用的范围。20 世纪 60 年代后期,在社会用语中,藏汉双语现象已初见端倪。自 80 年代初开始,西藏的不同群体分别通过学校教育、与汉族共事、电影电视等渠道学习汉语文,或通过藏汉杂居环境、操双语的家庭环境自然习得汉语文。西藏地区尤其是拉萨市,掌握藏汉双语的人数不断增多。在操双语的人群中,还产生了一种在藏语表述中夹杂汉语词句的"杂语"现象,使用者以藏族青少年居多。① 自 20 世纪 90 年代到 21 世纪初,自治区双语教育政策的发展,2000 年西部大开发战略的提出,2006 年青藏铁路的开通,人口的流动及城市化的加快,经济形态的转变等,这些社会因素使得西藏双语的发展速度加快,并出现由双语向汉语一端倾斜的发展趋势,汉语普及率进一步提高。

(三) 国家通用语言文字在西藏的推广普及

1. 国家通用语言文字在西藏推广的历程

2000 年 10 月,《中华人民共和国国家通用语言文字法》颁布,普通话和规范汉字作为国家通用语言文字的地位得以确立。西藏自治区政府积极响应国家出台的各项语言文字法律法规、方针政策,在国家通用语言文字推广普及工作中发挥着主导作用。2002 年 5 月,西藏自治区人大颁布修正后的《西藏自治区学习、使用和发展藏语文的规定》,其中第六条修改为"义务教育阶段,以藏语文和国家通用语言文字作为基本的教育教学用语用字,开设藏语文、国家通用语言文字课

---

① 邓卫群、叶雪音:《西藏的藏汉双语现象》,《民族语文论丛(第一集)》,中央民族学院少数民族语言研究所编,1984 年,第 324—325 页。

程,适时开设外语课程"。自2005年西藏自治区国家语委成立以来,在全区范围内推广国家通用语言文字成为其核心工作。这一时期,自治区设立普通话培训测试机构、创建语言文字规范化示范校、启动城市语言文字达标评估工作、开展中华经典诵读等活动,这一系列的举措,增强了全区各族人民的语言文字规范意识,提高了社会用字的规范化水平,促进了国家通用语言文字在西藏的深入推广。近年来,西藏的推普工作又与全国的对口援藏项目相对接,内地部分城市启动了语言文字援藏工程。① 总之,国家通用语言文字在西藏的推广普及取得了不小的成绩,西藏的语言生活已形成藏汉语并用的格局。

2. 国家通用语言文字在西藏的普及程度

《国家中长期语言文字事业改革和发展规划纲要(2012—2020年)》指出:"到2020年,国家通用语言文字在全社会基本普及。"受特殊的地理环境、经济发展水平、信息技术等因素的影响,西藏的普通话普及率偏低,国家通用语言文字使用的社会氛围相对薄弱,与《规划纲要》的目标还有距离。而且,全区各地使用国家通用语言文字的情况是不均衡的:在城镇,汉藏语言的接触较为密切,国家通用语言文字已得到大多数人的接受和认同;在农牧区,因缺乏使用国家通用语言文字的语言环境,农牧民群体习惯使用本民族语言文字进行交际,普通话普及率较低。从整体上看,国家通用语言文字在西藏的推广普及存在区域、人群、途径、方法等方面的差异,具有复杂多样的特点。

2021年12月,教育部、国家乡村振兴局、国家语委联合印发了《国家通用语言文字普及提升工程和推普助力乡村振兴计划实施方案》,其中提出,到2025年,全国范围内普通话普及率达到85%,基础较薄弱的民族地区普通话普及率在现有基础上提高6—10个百分点,接近或达到80%的基本普及目标。② 西藏的国家通用语言普及程度要达到这个目标,仍是一个具有挑战性的课题。

---

① 重庆第二师范学院:《重庆:启动援助西藏昌都市国家通用语言文字推广普及工程》,2023年11月19日,https://www.cque.edu.cn/info/1518/36876.htm。
② 教育部等:《国家通用语言文字普及提升工程和推普助力乡村振兴计划实施方案》,中华人民共和国教育部网站,2021年12月28日,http://www.moe.gov.cn/srcsite/A18/s7066/202201/t20220106_592708.html。

三、时代命题：新时代西藏国家通用语言文字高质量推广普及的紧迫性

（一）西藏推广普及国家通用语言文字的多重引力

1. 法律和政策的保障与激励

自《中华人民共和国国家通用语言文字法》颁布实施后，各省市相继制定了《实施〈中华人民共和国国家通用语言文字法〉办法》或《国家通用语言文字条例》。西藏自治区1987年通过、2002年修正、2019年再次修正《西藏自治区学习、使用和发展藏语文的规定》。2020年1月通过《西藏自治区民族团结进步模范区创建条例》，其中第二章工作职责第十二条为："各级人民政府应当全面加强国家通用语言文字教育，推进双语教育事业不断发展，鼓励各民族相互学习语言文字"；第三章第二十二条为："公共场所、公用设施以及公共服务行业的招牌、广告、告示、标志牌等应当同时使用国家通用语言文字和当地通用的少数民族语言文字，公共服务行业应当设立双语服务窗口"。上述地方性法规的出台，为西藏自治区推广普及国家通用语言文字提供了法律保障。

党的十八大以来，习近平总书记就加强国家通用语言文字多次作出重要指示批示，为新时代高质量普及国家通用语言文字指明了方向，提供了根本遵循。党的十九届六中全会通过的《中共中央关于党的百年奋斗重大成就和历史经验的决议》（以下简称《决议》）从13个方面分领域总结了新时代党和国家事业取得的伟大成就，在其中的"社会建设"部分指出，"全面推行国家通用语言文字教育教学"。《决议》的这一重大论断，充分表明国家对语言文字教育工作的高度重视。

目前，西藏自治区各群体对于掌握国家通用语言文字的重要性的认识是到位的。通用语言作为族际交际语，在西藏的普及率呈逐年上升趋势，各群体的语言能力也有了明显提高，民族语言文字和国家通用语言文字兼通的多语人才数量逐年增多。

2. 研究热点的形成

推广普及国家通用语言文字,是民族地区自身发展的需要,是铸牢中华民族共同体意识的重要途径,是建设高质量教育体系的基础支撑。民族地区因地缘环境复杂、文化多态、语言多样,成为继续推进国家通用语言文字推广普及的重点地区。作为边疆少数民族聚居地区之一,西藏推广普及国家通用语言文字的重要性自不待言。在近些年国家大力提倡推广国家通用语言文字的政策激励下,出现了一批西藏自治区国家通用语言文字教育的研究成果,包括各类科研项目、专著、论文等,而且形成了一个研究热点。

其中,在近年来立项的国家级项目中,与西藏自治区国家通用语言文字推广普及工作相关的,有2022年刘朋建的社科基金重大项目"少数民族地区国家通用语言文字推广普及策略研究",国家社科基金一般项目有：2022年张院利"新时代西藏农牧民国家通用语言文字教育提升策略";2021年陈丽湘"新时代民族地区国家通用语言文字推广的理论与实践研究";2020年任伟"西部民族地区国家通用语语用能力发展研究";2019年焦江丽的"课语整合式学习视角下的少数民族学生国家通用语言学习策略研究";2019年王兆宁的青藏地区国家通用语言文字的认同价值与推普策略研究(西部项目);等等。省部级项目有：2022年周作明的国家语委科研规划项目"涉藏地区国家通用语言文字推广普及路径创新探究与实践",2020年吴瑞林的全国教育科学"十三五"规划一般项目"西藏地区加强国家通用语言文字教育的效果及影响因素研究",等等。

有关西藏地区国家通用语言文字教育的专著及论文类研究成果包括语言文字政策研究,教育教学研究,推普与脱贫相结合的综合研究,等等。这些学术成果为高质量推广普及国家通用语言文字提供了借鉴。

3. 西藏各地市推广普及国家通用语言文字的举措

《中华人民共和国国家通用语言文字法》第一章总则第四条规定："地方各级人民政府及其有关部门应当采取措施,推广普通话和规范汉字。"自2020年以来,西藏各地市因地施策,结合行政工作,采用多种方式,提高国家通用语言文字普及推广质量。2023年12月,西藏自治区推出了"万名村(居)干部文化素质提升工程",统筹多方资源,采取多种形式、多渠道为拉萨市基层干部队伍开展国家通用语言文字教育培训,通过国家通用语言文字的学习,提升村(居)干部的履职能力。在教育培训方式上,坚持集中培训与分散学习相结合,以远程教育、文化补习夜校、结对帮学等方式,开展形式多样的教育培训。具体来说,既依托新时代文明实践站、"四讲四爱"群众教育实践活动、道德讲堂、"四学"课堂、巾帼夜校、流动课堂等平台开展教育培训活动,又推出演讲比赛、讲故事比赛、红歌大赛、观看红色电影等接地气的实践学习活动。与此同时,充分发挥互联网+平台作用,开发利用"学习强国"、"云课堂"、"藏译通"手机 App、抖音、微信公众号和工作群等新媒体平台,采取开设"每周一学专栏""直播带学"等方式,推进线上线下国家通用语言文字的学习活动。各县(市)还编写、发放了《实用藏语》、村(社区)干部小学读本《藏语、汉语、英语》、《西藏自治区"村(社区)干部文化素质提升工程"专用视频教材课件》,发放学习工具包,以及国家通用语言教学的"口袋书"。培训中注重强化教育培训考核,建立了考核激励机制。2022 年 5 月 11 日,拉萨市开展了全市村(居)干部国家通用语言文字使用水平市级测试。在推广普及国家通用语言文字的工作中,自治区的党政机关的确发挥了带头作用。

(二) 三个"跨越式"发展对语言文字的需求

1. 西藏经济社会的跨越式发展

和平解放 70 余年来,西藏的经济社会发展取得了举世瞩目的成就,实现了"短短几十年,跨越上千年"的历史变迁,历史性消除了绝对贫困,全面建成小康社会并开启全面建设社会主义现代化新西藏的新征程。在伟大的历史进程中,西藏经济社会经历了"稳定发展到休养生息、加快发展到跨越式发展、长足发展到高质量发展"三个发展阶段。① 中央第七次西藏工作座谈会提出"推动新时代西藏长治久安和高质量发展",2021 年 11 月,西藏自治区第十次代表大会提出"创建高原经济高质量发展先行区"。在创建高原经济高质量发展过程中,开展经贸合作,城乡融合发展,发展文化旅游业,推进乡村振兴战略,融入国内大循

---

① 徐伍达、久毛措:《西藏推动高原经济高质量发展研究》,《西藏研究》2023 年第 6 期,第 114—127 页。

环,加强同全国各地经济、文化、人员的双向交流互动,这些都离不开国家通用语言这一族际交际语。

2. 西藏交通事业的跨越式发展

西藏地域辽阔,在和平解放前,由于地势险峻,高山大川阻隔,西藏的交通极为落后。在 70 余年的发展过程中,进出西藏的航空、铁路和公路体系逐渐建立并完善,八大进藏公路线路建成。自党的十八大以来,从拉萨到林芝、山南、那曲、日喀则的高速公路陆续建成通车,每个建制村通了公路,以拉萨为中心的 3 小时综合交通圈正加快形成。2021 年 6 月拉林高铁开通,预计 2026 年成都到拉萨的高铁全线通车。西藏的交通实现了跨越式大发展,为全区经济社会高质量发展提供了强有力的保障。交通的发达带动交往的频繁,会使语言朝着互通的方向发展。"交通如果发达,直接可以帮助言语的统一,间接可以促进人类的联合和文化的进步。"①

西藏是重要的中华民族特色文化保护地,得天独厚的旅游资源吸引世界游客慕名而来,蓬勃发展的文旅产业成为富民兴藏的支柱产业。西藏交通体系的跨越式发展,使得文旅产业成为西藏经济新的增长点。区内外人员的密切交往交流,需要以国家通用语言文字为桥梁。

3. 我国国家通用语言文字教育的跨越式发展

在新的历史时期,国家通用语言文字教育被赋予服务中华民族共同体建设的新使命,成为中华民族共同体建设的一项重要基础工程,得到各级政府前所未有的高度重视和全社会的广泛支持。近 10 年来,我国在普通话普及率提升、双语教学转型、推普助力脱贫攻坚、国家通用语言文字学习途径拓展等方面成效卓著,实现了国家通用语言文字教育跨越式发展。②

目前,与其他地市相比,西藏的国家通用语言文字普及程度仍然偏低,如何

---

① 刘光华:《交通》,北京:商务印书馆,1927 年,第 75 页。
② 张博:《国家通用语言文字教育的跨越式发展及其多重动力》,《中国民族教育》2022 年第 7—8 期,第 16—19 页。

使西藏的国家通用语言文字教育发展水平赶上其他地区,是一个新的命题。

(三) 网络社会空间生活和生产的需求

自 20 世纪末互联网进入西藏,西藏开启了信息化时代。在过去的 20 多年里,西藏的互联网事业飞速发展。西藏通管局数据显示,2021 年 7 月,西藏的固定互联网宽带接入用户 107.87 万户,其中,城市宽带接入用户 74.41 万户,农村宽带接入用户 33.36 万户。① 西藏信息通信行业也快速发展,居民的电脑、手机普及率逐年递增。在西藏农村地区,手机上网流量使用量更高一些。在西藏乡村,大部分村民拥有智能手机,有的村民家中也安装了无线 Wi-Fi 网络。

西藏的通信基站建设完善,西藏青年用手机就可以获取新闻资讯、查找资料、办理电子业务、线上购物、听音乐、看视频、刷微博、聊微信、打游戏等。西藏牧区"人人有手机、人人玩手机"已经成为一种常态。②

互联网对社会语言生活的影响是全面而深刻的。语言文字是信息的载体,语言文字本身也是信息系统。应对网络空间的生活生产,促进西藏的数字乡村建设,推进乡村全面振兴战略,这些都对人民的国家通用语言文字应用能力提出了更高要求。

四、问题思考:如何全面提高国家通用
语言文字推广普及程度和质量

(一) 学校的国家通用语言文字教育中的问题

1. 师资问题

西藏双语教育的发展经历 70 余年,逐渐形成了具有西藏特色的双语教育政

---

① 今日头条:《国内手机流量使用量榜单,西藏高居第一、上海倒数第二》,51CTO,2021 年 9 月 22 日,https://www.51cto.com/article/683113.html。
② 王煦樟:《互联网已成为推进牧区乡村治理现代化的加速器——基于藏北某行政村的田野调查》,《新西藏》(汉文版)2022 年第 3 期,第 51—52 页。

策。西藏自治区的教育具有特殊性和复杂性,双语教育一直是西藏教育的重点和难点。当前,藏汉双语学校的教师普遍存在量少质弱、队伍不稳定及综合素质偏低等问题,导致了双语教学质量偏低的现状。高海拔地区小学如昂仁县卡嘎乡完全小学,语文教师均为民族教师,没有汉族教师,教师的综合教学素质有待提升。此外,县、乡镇及村级幼儿园或学前点教师普通话水平大都是二级乙等的水平。

2. 国家通用语言文字的高质量推广普及问题

从我们参加教育部"童语同音"培训活动的了解与观察来看,西藏的部分学校师生的国家通用语言文字水平亟须提升。以日喀则市乡级以上幼儿园的民族教师为例,他们在发音时,舌头不到位,嘴巴张不大,口腔肌肉力度不够,达不到字正腔圆的效果。再如,音素发音不准,多数人容易把 a 发成 e。声调方面,分不清第二声和第三声的字调,说话时带有"藏腔"。在汉字书写方面,藏族中小学生容易受藏文笔顺干扰,汉字书写带有倒插笔现象。

2019 年 12 月,教育部教材局印发《中小学三科统编教材"铸魂工程"推进实施方案》,西藏自治区据此制订了全区"三科统编"教材实施计划:在三年内分步骤、有顺序地实现"三科统编"教材的全覆盖。中小学三科统编教材的推行,能够促进西藏的国家通用语言文字应用水平提高,同时,也对师生的国家通用语言文字应用能力提出了挑战。解决这些问题,需要尽快培养双语教师,提升其国家通用语言文字的教学能力,同时改进教学手段,以提升国家通用语言文字教育教学的质量。

(二)面向不同群体的国家通用语言文字教育培训中的问题

1. "童语同音"培训情况分析

按照《教育部办公厅关于实施学前儿童普通话教育"童语同音"计划的通知》(教语用厅函〔2021〕3 号)要求,为贯彻落实《西藏自治区关于组织幼儿园参加教育部语用司 2021 年"童语同音"计划师资线下培训工作》,西藏民族大学承担并完成了对西藏那曲市、昌都市共 200 名基层一线幼儿园教师的线下培训任务。

在实际参培教师中,少数民族教师189人,汉族教师4人,普通话等级水平二级甲等4人,二级乙等74人,三级甲等96人,三级乙等12人,7人未获普通话等级水平认定。

培训围绕加强学前儿童普通话教育、助力乡村振兴战略、服务铸牢中华民族共同体意识等主题,紧密结合学员实际需求制定了培训课程。训后测试数据综合统计分析显示:二级甲等人数训前4人,训后增加至26人;二级乙等训前74人,训后增加至124人;三级甲等训前96人,训后减少至41人;三级乙等训前12人,训后减少至2人。结果表明,参训学员普通话水平整体大幅提高。

根据训后满意度调查问卷,本次课程培训设计模块学员满意度为96%以上。根据学员的反馈,一名来自那曲的学员说,培训课上学到了提升普通话的方法——朗读,培训结束后,也坚持朗读一些文章,以保持普通话的能力。一名汉族教师说,培训对于汉族老师的作用是非常显著的,尤其是方言口音重的人。民族教师对于培训课程的内容接受能力较弱,有些课程内容比较深,他们理解得不是很透,为期7天的培训只能让他们有一个学好用好普通话的意识。从总体上来说,培训活动对学员的普通话水平都有不同程度的提升。

我们还了解到,培训对象倾向于45周岁以下的青年教师,但一些老教师尤其是一些快要退休的教师,因为汉语方言口音较重,普通话底子薄弱,说得也不利索,工作中会遇到很多尴尬的事情。因此他们对于提高自身汉语普通话的积极性是很高的。相反,年轻的民族教师的普通话基础普遍较好。

此外,在西藏的青壮年劳动力群体中,那些从没上过学的、在工作中不成体系地自学了一点并不规范的普通话的人员,他们也有对提升自身国家通用语言文字学习质量的培训需求。

2. 推普教材的分析

近年来,西藏自治区各地市(县)基本上都编写了推普教材。比如,2023年编印的汉藏双语版《芒康县农牧民国家通用语言文字》学习资料,分拼音、偏旁部首、常用生字(152个)、常用词汇、常用对话五章内容,另有附录1"应用文范例"、附录2"汉字偏旁部首大全"、附录3"红色经典歌曲拼音版歌词"三部分内容。再如,西藏民大驻村工作队编制的《国家通用语言文字知识手册》,是面向当地农牧民学习国家通用语言文字的一本教材。教材内容主要是日常使用的词语和句子,词语的编写体例如下:

（藏语）　　　　　　ཞལ་ཐུག

（藏语译音）　　　　普突

（汉语译音）　　　　ཙང་མིན།

（普通话）　　　　　藏面

这些藏汉双语学习教材的编写方法,延续了我国历史上多语辞书编写的传统。这种形式易学易记,内容上注重实用性,但是体量较小。

此外,在教材内容的设计上,前面的篇章中单独介绍的每一个新词,在后面的句子或篇章里再现,就会产生有益的效果。而自编的推普教材中,单独教授的词,很少在后面章节的日常用语中重复出现,在附录的应用文中出现得更少。因此,面向农牧民群体的推普教材的内容设计也有待提升。

3. 易地搬迁群体的语言服务问题

西藏作为我国唯一一个省级集中连片特困地区,在完成脱贫攻坚任务中,累计实现62.8万贫困人口脱贫,74个贫困县区全部脱贫"摘帽"。作为脱贫攻坚的关键之举,西藏近年来实施了超大规模的易地扶贫搬迁行动,共建成964个易地扶贫搬迁区,易地扶贫搬迁总人口26.6万人,占西藏总人口的7.6%。以昌都地区为例,至2020年,昌都市三岩片区跨市整体易地搬迁1 801户共11 605人,分别安置于拉萨柳梧、墨竹工卡、林周、曲水及日喀则、林芝等地,搬迁群体完成了从农牧民到城市新居民的跨越式转变。但是,由于迁居群众原本文化程度较低,语言能力低下,脱贫主动性不足,而语言能力的不足直接制约了他们就业技能的学习及内生发展动力。搬迁居民还面临着语言生活的新变化:新时代、新社区生活对语言能力有了更高要求,伴随着交际范围的扩大,语言使用场域发生变化,语言传播载体快速更新,语言职业化倾向的逐渐增强,他们的语言使用能力诉求也随之提高。

自治区政府在致力于保障和改善民生的同时,也应重视易地搬迁移民语言文化适应以及相应的文化心理、身份认同和构建等精神层面的问题。在新居住地,环境发生了很大变化,该群体特别需要政府引导和帮助,以尽快适应现在的生活。政府对易地搬迁群体可考虑实施系列语言服务措施,比如,为他们提供语言知识服务、语言教育类培训服务、语言经济服务、语言技术服务以及语言文化资源开发服务等多样化公益性服务,这些举措对于重塑易地搬迁群体的语言能力,帮助其适应新生活、获得新发展具有重大意义。

(三) 加强对西藏社会各方面的研究

1. 加深对藏语文重要性的认识

2016年教育部国家语委印发《国家语言文字事业"十三五"发展规划》,其中提出"科学保护各民族语言文字"。藏族是西藏的主体民族,藏民族主要使用藏语文。当今时代,藏语仍然是一种具有巨大活力和生命力的语言,藏语文在记录传承藏民族语言文化、促进民族内部的思想文化交流方面,有着不可替代的社会效用。伴随着时代的发展,藏语文正朝着规范化、标准化、信息化、法治化的方向发展。同时,藏语文也在与时代接轨,积极吸收、规范、推广藏语新词术语。2013年,西藏已审定发布藏文新词术语7 000余条[①],2018年,近1 500条党的十八大以来的藏语新词术语发布。这些新词术语成为藏语词汇的新成员,保证了藏语文的科学使用和发展。

目前,藏语文应用于多个领域。西藏自治区有中国藏语广播、央视网藏文版、新华网藏文版、人民网藏文版、中国西藏网藏文版、西藏日报藏文版、西藏电视台、西藏藏语广播、康巴卫视、康巴藏语广播等机构。西藏公开发行藏文期刊16种、藏文报纸12种,累计出版藏文图书7 185种40.09万册。[②] 近年来,一大批优秀藏语文图书如"西藏经典文化丛书""藏族历史典籍精选"和《八大藏戏》《格萨尔王传》等,也出版面世。

---

① 中新社:《西藏已审定发布藏文新词术语7 000余条》,中国新闻网,2013年12月4日,https://www.chinanews.com.cn/cul/2013/12-04/5579803.shtml。
② 《近5年来西藏累计出版藏语图书2 500多种》,中国新闻网,2021年12月17日,https://www.chinanews.com.cn/gn/2021/12-17/9632002.shtml。

在西藏推广普及国家通用语言文字的过程中，藏语文发挥着桥梁作用。与此同时，我们也要看到藏语言文字在加强民族团结、促进各民族共同繁荣与发展、维护民族地区稳定等方面的重要作用。

2. 加强对西藏历史文化社会等各方面的研究

青藏高原是世界第三极，西藏位于青藏高原腹地，拥有独特的地理位置与生态环境。藏民族在长期的历史发展过程中所创造的独特的语言文化，是中华文化的有机组成部分，在国内甚至全世界占有重要地位。西藏是重要的中华民族特色文化保护地，也是面向南亚开放的大通道。综合利用历史文献、语言学、考古学、人类学的资料，探索历史上藏族与周边各民族的历史文化关系，乃至与西亚、东南亚许多民族的关系，弄清这些关系的来龙去脉，有助于说明藏族一直向心于中华民族并加入中华民族大团结的原因。这样的综合研究，也能够为制定在西藏高质量推广普及国家通用语言文字的有效策略，提供理论基础。

Research Approaches to Popularize the Standard Spoken and Written Chinese Language in Xizang

WANG Baohong

School of Literature, Xizang Minzu University

Abstract

A review of the historical context of Han-Zang cultural exchanges reveals that the acquisition of the Chinese language by the Xizang people has never been cut off in history. This continuity has established a solid foundation for the education of the Standard Spoken and Written Chinese language in contemporary Xizang. Since the peaceful liberation of Xizang, the development of bilingual education, along with the advancement of Chinese language education, has played a foundational role in promoting the Standard Spoken and Written Chinese language in the region. In the new era, the leap-forward development of Xizang has created new demands for the proficiency of the Standard Spoken and Written Chinese language among diverse groups in various fields, thereby highlighting the urgency of effectively promoting the Standard Spoken and Written Chinese language in Xizang. Reflecting on several issues encountered in the current process of popularizing the Standard Spoken and Written Chinese language in Xizang can help identify new research directions and provide a theoretical basis for formulating effective strategies to enhance the quality of the Standard Spoken and Written Chinese language promotion in Xizang.

Keywords

Xizang; Chinese language; bilingual education; the Standard Spoken and Written Chinese language

《全球中文发展研究》征稿启事

《全球中文发展研究》是华东师范大学国际汉语文化学院、匈牙利罗兰大学及丹麦奥胡斯大学全球研究与中国研究学系联合主办的刊物,旨在为从事全球中文发展研究学者、国际中文教育工作者和中文爱好者搭建学术研究成果的交流平台。发行范围涉及该领域研究人员、国内外各大高校及相关教育部门,期刊为半年刊。为推动新时代国家语言文字事业高质量发展,提升中华文明传播力影响力,本刊热诚欢迎海内外从事语言研究工作的专家、教师以及相关学科的学界同仁为本刊赐稿!

一、期刊宗旨

本刊以全球中文发展研究为特色,关注全球中文学习的政策与方略、全球中文发展的话语创新与舆情研判、全球中文语言生活调查、国家通用语言文字推广普及等方面的研究,同时积极搭建跨学科交流平台,更好地服务于国家语言文字事业,推进中华优秀语言文化传承传播与创新发展,增强中华文明的国际传播力和影响力。

二、主要栏目

《全球中文发展研究》以"全球""中文""发展"为关键词,重点关注以下几个方面：(1) 全球中文教育研究,(2) 全球中文教材教法研究,(3) 全球中文发展事业的中文思维研究,(4) 全球中文发展的翻译研究,(5) 汉学家的养成研究,(6) 全球中文使用的个案研究,(7) 语言对比研究,(8) 中国境内语文改革、语言政策研究等。

《全球中文发展研究》设有多个栏目,并会根据形势需要及来稿情况做出相应调整,如：

1. 区域国别中文发展研究
2. 全球语言政策研究
3. 国家通用语言文字推广普及研究
4. 中国境内语文教育、语文改革、语言政策
5. 全球/国际中文教育研究
6. 全球中文教材教法研究
7. 全球中文使用研究
8. 语言对比研究
9. 翻译研究
10. 资讯
11. 学术争鸣

三、投 稿 细 则

1. 稿件以不少于 8 000 字为宜。
2. 投稿需提供打印稿（一式两份）或电子文档。为方便匿名评审,正文中应注意避免出现与作者身份有关的信息,打印本请另纸注明文章题目、作者姓名与联系方式。
3. 电子文档请用 WORD 排版,以附件形式发送到编辑部的邮箱。文件名格式为"姓名-文章名-单位名称-日期"；邮件主题格式为"《全球中文发展研究》投稿-姓名-文章名-单位名称"。

4. 本集刊接收原创研究论文、综述、实践研究和案例分析等稿件,均需为中文或英文撰写。稿件应具有一定的学术价值和研究意义,符合本刊的出版范围和方向,请遵循学术规范与投稿要求,勿一稿多投,且文责自负。

5. 请在稿件中注明作者电话、通信地址、邮箱,以便栏目责任编辑与作者及时沟通。本刊实施三审三校制度,审稿周期一般为两个月。来稿一经录用,编辑部会在出版后寄奉样本。两个月后如未接到审稿结果通知,投稿人可自行处理。来稿恕不退还,请自留底稿。

6. 本刊对作者原稿所进行的技术上的编辑删改加工,将不另行通知作者。如需要保留修改权的作者,请来稿时特别注明,否则视同全权委托本社编辑部编辑加工。特此声明。

7. 稿件一旦被本刊备用,文章的著作版权(包括光盘版版权、网络版版权)即属本刊所有,如不能接受请在投稿时说明。

四、联系方式

地址:上海市普陀区中山北路 3663 号华东师范大学格致楼(物理楼)306 室《全球中文发展研究》编辑部;邮编:200062

邮箱:globalchinese@ecnu.edu.cn

《全球中文发展研究》杂志刊例

1. 稿件内容和格式

整篇稿件相关部分的内容及其序次为:标题,作者,中文提要(限 300 字内),中文关键词(限 5 个),正文,参考文献,附录(如需要),作者简介,通信地址。英文题目、作者(汉语拼音名或英文名)、英文单位名、英文提要(限 100~200 词)、英文关键词(与中文关键词对应)以及作者姓名、通信地址、电话、传真及电子邮件请另页提供。

用英文撰写的论文须提供中文提要和关键词。

如论文属省部级以上科研立项的成果,请在正文第 1 页加题注说明项目名称、项目编号、起讫时间、管理单位等。

稿件须提供详细准确的参考文献信息,引用以页下注的格式标注,如作者姓名(多名作者,姓名请全部列出)、出版年、著作名、出版地、出版单位、文章名、期刊名、出版时间及页码等。

2. 正文格式要求

正文中所有的标题均需独占一行,序号使用格式为:一级标题用汉字"一、二、……",居中排列;二级标题用"(一)……",三级标题用"1.",若只有两个级别的标题,则二级标题用"1.",依此类推,均前空两汉字格,跟行文同。例句编号采用(1)(2)……的形式编排,全文所有例句连续编号。例句首行前空 2 字格,回行文字跟首行文字上下对齐。注释用页下注。

3. 文中参引

正文中引述文献、转述文献均以页下注形式标注,页下注符号采用"①②

③……",设置每页重新编号,页下注格式同以下参考文献格式。

4. 随文圆括号夹注

随文圆括号夹注主要用于简短的说明、译文的原文、全名的缩写或全称的简称等。外国人名在正文中要翻译为汉语,并加括注,例如:在亨普尔(Carl G. Hempel)的渡鸦悖论中,如果背景假定是世界上渡鸦的数量远远少于非黑色的东西;那么观察到一只白色的鞋子是无关乎所有渡鸦都是黑色的。

5. 参考文献

参考文献以页下注格式标注。

中文作者按照"姓+名"顺序给出全名,两人以上姓名之间加顿号。英文作者按照"名+姓"顺序给出,两个姓名之间加"&",前后各空一格;三个及以上姓名之间加英文逗号,逗号后面空一格,最后一处间隔用"&"连接,前后各空一格。

外文论文(包括学位论文)的篇名以正体书写,前后加双引号,外文书名以斜体书写。篇名及书名的首词、尾词以及其他实词的首字母大写。

参考文献页下注格式:

(1) 独著

姓名:《书名》,出版地:出版社,出版年,页码。

吕叔湘:《吕叔湘语文论集》,北京:商务印书馆,1983年,第10页。

Renford Bambrough,*The Philosophy of Aristotle*,New York:The New American Library,1963,p.10.

注意:外文引述文献作者两人或两人以上,用符号"&"连接。单页用"p.";多页用"pp.",起讫页码用"-"连接。

(2) 编著

姓名主编(编著):《书名》,出版地:出版社,出版年,页码。

赵世举主编:《语言与国家》,北京:商务印书馆,2015年,第10—11页。

Paula R. Feldman(ed.),*British Women Poets of the Romantic Era*,Baltimore:Johns Hopkins University Press,1997,pp.10-11.

Theres Grüter & Johanne Paradis(eds.),*Input and Experience in Bilingual Development*,Amsterdam:John Benjamins Publishing Company,2014,p.11.

注意：外文单人编著用"(ed.)"，两人及两人以上编著用"(eds.)"。出版地精确到城市，不需要写州的名称。外文引述文献作者两人或两人以上，用符号"&"连接。单页用"p."；多页用"pp."，起讫页码用"－"连接。

(3) 译著

原作者姓名：《书名》，译者姓名，出版地：出版社，出版年，页码。

让-雅克·卢梭：《爱弥儿》，李平沤译，北京：商务印书馆，1996年，第10页。

Jacques Lacan, *Ecrits: A Selection*, Trans. Alan Sheridan, New York：Norton, 1977, p.10.

注意：外文引述文献作者两人或两人以上，用符号"&"连接。单页用"p."；多页用"pp."，起讫页码用"－"连接。

(4) 论文集中的文章

文章作者姓名：《文章标题》，《论文集名称》，论文集编者姓名，出版地：出版社，出版年，页码。

陈章太：《语言资源与语言问题》，《语言规划与语言政策：理论与国别研究（续）》，王辉、周玉忠主编，北京：商务印书馆，2009年，第13—24页。

Hannah More, "The Black Slave Trade：A Poem", in Paula R. Feldman (ed.), *British Women Poets of the Romantic Era*, Baltimore：Johns Hopkins University Press, 1997, p.468.

Colette Grinevald & Michel Bert, "Speakers and Communities", in Peter K. Austin & Julia Sallabank (eds.), *The Cambridge Handbook of Endangered Languages*, Cambridge：Cambridge University Press, 2011, pp.1‑17.

注意：外文单人编著用"(ed.)"，两人及两人以上编著用"(eds.)"。外文引述文献作者两人或两人以上，用符号"&"连接。单页用"p."；多页用"pp."，起讫页码用"－"连接。

(5) 期刊中的文章

文章作者姓名：《文章标题》，《杂志名称》，出版年，期数，页码。

周芬芬：《论微语言的社会语用平衡》，《湖南科技大学学报（社会科学版）》

2014年第2期,第124—127页。

Maria Carreira,"Seeking Explanatory Adequacy: A Dual Approach to Understanding the Term 'Heritage Language Learner'", *Heritage Language Journal*, 2004, Vol. 2, No. 1, pp. 1 - 25.

Kendall A. King, Lyn Fogle & Aubrey Logan-Terry,"Family Language Policy", *Language and Linguistics Compass*, 2008, Vol. 2, No. 5, pp. 907 - 922.

注意:外文引述文献作者两人或两人以上,用符号"&"连接。单页用"p.";多页用"pp.",起讫页码用"-"连接。

(6)报纸文章

文章作者姓名:《文章标题》,《报纸名称》(版),出版年月日。

彭聃龄:《理论研究须根植基础研究》,《人民日报》(第7版),2015年9月17日。

Anita Manning,"Curriculum Battles from Left and Right", *USA Today*, 2 Mar. 1994, 5D.

(7)网络作品

作者(机构,政府):《网页标题》,网站名,网页制作时间,访问路径。

教育部语信司:《〈普通话异读词审音表〉修订初见成效》,中国语言文字网, 2015年9月14日,http://www.china-language.gov.cn/14/2015_9_14/1_14_6100_0_1442210891046.html。

Johndan Johnson-Eilola, "Little Machines: Rearticulating Hypertext Users", 1994. Retrieved from ftp://ftp.daedalus.com/pub/CCCC95/john-eilol.

National Heritage Language Resource Center (NHLRC),"Tenth Heritage Language Research Institute". Retrieved from http://www.nhlrc.ucla.edu.

(8)学位论文

作者姓名:《论文标题》,硕士/博士学位论文,大学所在地:大学名,出版年。

赵健:《学习共同体——关于学习的社会文化分析》,博士学位论文,上海:

华东师范大学,2005年。

Namhee Suk, "Impact of Extensive Reading in a Korean EFL University Setting: A Mixed Methods Study", PHD thesis, Flagstaff: Northern Arizona University, 2015.